U0853648

"十三五"普通高等教育应用型规划教材·会计与财务系列

财务管理

（第五版）

陈兴滨　编著

FINANCIAL MANAGEMENT

中国人民大学出版社

·北京·

前　言

今日之财务管理，无论深度与广度，都是以往无法想象的。财务管理要有时代性，在现代企业管理时代，需要具备现代的理财理念和方法；财务管理要有全球性，在经济全球化时代，需要具备全球化视野；财务管理要有辩证性，在经济不确定性日益加大的时代，需要理性面对收益与风险。财务管理本是一个微观的理财决策系统，它是针对公司的筹资、投资、分配等财务活动做出的理财决策，所以应当采取精细、科学的方法，不可以用粗放、侥幸的方式草率决策。但是，财务管理不可以因其微观而被视为一个封闭的理财决策系统。我们学习财务管理，应将公司放在一个开放的、大的外部环境中去分析、去研究。在经济全球化的时代，不联系外部环境，孤立地进行公司的理财决策是不可能有效的。市场经济的复杂多样性、世界经济形势的不确定性，使公司应密切联系外部环境，特别是经济环境的变化，从而做出科学、理性的理财决策。正是因为财务管理外部大环境的复杂多变，财务管理在深度与广度延伸的同时，难度大大提高。而这也恰是这门学问的魅力所在。

本书自 2000 年第 1 版至今，已经 5 版。感谢读者！感谢中国人民大学出版社为此书付出心血的编辑们！

陈兴滨

目录

基础篇

筹资篇

投资篇

分配篇

专题篇

基础篇

第1章

初识财务管理

本章要点

公司的组织形式：个体公司、合伙公司和公司。

公司的两种基本类型：有限责任公司和股份有限公司。

有限责任公司与股份有限公司各自的特征。

有限公司的利弊。

财务管理的含义。

从财务管理的筹资财务管理阶段、内部控制财务管理阶段、投资财务管理阶段和国际财务管理阶段来认识财务管理。

财务管理的目标。

对利润最大化和股东财富最大化这两种财务管理目标的不同说法的比较。

财务管理的内容：针对筹资、投资、分配等财务活动作出筹资决策、投资决策和股利分配决策。

引导案例

你知道世界上最传奇的理财高手吗？他在11岁时手持100美元初试投资股票，几乎从零开始，仅仅通过从事股票和公司投资，积聚起数百亿美元的巨额财富，成为当今世界的大富豪，一度超过比尔·盖茨，成为世界首富，他就是沃伦·巴菲特。在巴菲特及其投资伙伴于1962年买进伯克希尔-哈撒韦公司的股票时，股价仅为每股7美元。1969年，沃伦·巴菲特将这家纺织品公司改造为投资公司，并亲自出任董事长和首席执行官。在沃伦·巴菲特的精心运作下，公司净资产在1964年为2 288.7万美元，而截至2015年9月24日，公司股价为193 800美元，其市值高达1 658.93亿美元。

巴菲特的成功绝非来自运气，在投资某家公司前，他总是先阅读所能找到的全部年度报告，了解公司的发展状况及采取的策略，全身心地投入所投资的事业中。从巴菲特的传奇中，你是否已感受到了财务管理的魅力？

第1节　认识公司

当你翻开本书，急切地想知道什么是财务管理时，你应当先认识公司。

我们通常所说的公司，有三种组织形式，即个体公司、合伙公司和公司。

一、个体公司

我国允许个人以极少的费用注册个人独资公司，但这并不是我们通常理解的公司。个体公司（也称独资公司）是最简单的公司形式，也是公司组织的最初形式或古典形式。若想创办一个个体公司，就要完全由你个人出资并经营，这个公司完全由你个人拥有，当然你也要承担公司的全部风险和债务。公司的盈利全部归你个人，但你要对公司债务承担无限责任。个体公司本身不纳税，但你需要缴纳个人所得税。

二、合伙公司

一个人的资金、技术或技能总是有限的。当两个或两个以上的人共同投资，自愿组成一个经营实体时，合伙公司就诞生了。合伙公司有两种模式：一种为一般合伙公司，一种为有限合伙公司。

在一般合伙公司中，合伙人对公司的负债承担无限责任。如果某一位合伙人无力承担负债，其他合伙人就要替他还债，然后再向他追偿，直至他的个人财产。在这类合伙公司中，每一位合伙人都可以代表公司，并以公司的名义对外签订合同，我们把这种关系称为互为代理关系。公司的资产和利润由合伙人按合伙协议分享。

在有限合伙公司中，合伙人对公司的负债只承担有限责任，也就是说，他对公司债务的责任仅限于他所投资的数量，不追索到他的个人财产。有限合伙人不享有互为代理的权利。

虽然合伙公司相对个体公司而言筹资能力较强，但一般来讲，这种公司组织形式也只适合小型公司。合伙公司从会计的角度看是一个经营实体，但不是法律实体，因此公司不纳税，由合伙人各自缴纳其个人所得税。

三、公司

公司不同于个体公司和合伙公司，它是一个法律实体，在法律上称为法人。作为法人，公司拥有许多与自然人相同的权利，它以公司的名义拥有财产，在法庭上具有法律身份。公司可以对外签订合同，为公司的债务承担责任，当然也要为公司获得的利润缴纳所得税。

公司有不同的具体形式，从公司股东所承担的责任形式的角度看，公司有无限责任公司、有限责任公司、股份有限公司、两合公司等不同形式。其中，有限责任公司和股份有限公司是两种基本类型，也是我国《公司法》所指的公司形式，而国际上采用比较多的也是这两种形式，因此我们重点认识一下这两种形式的公司。

（一）有限责任公司

有限责任公司由不超过50个股东出资设立。每个股东对公司只承担有限责任，也就是说，只以其出资额为限对公司债务负责。对公司来讲，它以其全部资产对其债务承担责任。有限责任公司不公开发行股票。

有限责任公司的主要特征有：

（1）股东只承担有限责任。对公司的债权人不承担直接责任，其对公司债务的责任以出资额为限。

（2）股东可以是自然人，也可以是法人。

（3）股东数不能超过法定数，如我国《公司法》规定上限为50个股东。有限责任公司的注册资本为在公司登记机关登记的全体股东认缴的出资额。

（4）不能公开发行股票，而是用出资证明书（也称股单）表示不同股东所拥有的不同份额。有限责任公司的股单表示股东各自的份额，它是一种股份的权利证书，但不能进行买卖。

（5）股东股份的转让具有严格的限制，不能自由交易或转让。有限责任公司的股东之间可以相互转让其全部或者部分股权。股东向股东以外的人转让股权，应当经其他股东过半数同意。

一人有限责任公司，是指只有一个自然人股东或者一个法人股东的有限责任公司。一个自然人只能投资设立一个一人有限责任公司。该一人有限责任公司不能投资设立新的一人有限责任公司。一人有限责任公司的股东不能证明公司财产独立于股东自己的财产的，应当对公司债务承担连带责任。

国有独资公司，是指国家单独出资、由国务院或者地方人民政府授权本级人民政府国有资产监督管理机构履行出资人职责的有限责任公司。国有独资公司章程由国有资产监督管理机构制定，或者由董事会制定报国有资产监督管理机构批准。

（二）股份有限公司

股份有限公司须将全部资本分为等额股份，并且可以通过发行股票筹集资本，股东只是以他所持有的股份对公司承担有限责任。对公司而言，则以全部资产对公司的债务承担责任。

股份有限公司具有如下特征：

（1）股东负有有限责任。他只以其所持有的股份对公司承担责任，不直接对公司债权人承担责任，也就是说，公司的债权人只能对公司行使债权。

（2）股东必须达到法定人数。设立股份有限公司，发起人应当为2人以上、200人以下，其中必须有半数以上在中国境内有住所。股份有限公司的设立，可以采取发起设立或者募集设立的方式。

发起设立，是指由发起人认购公司应发行的全部股份而设立公司。

募集设立，是指由发起人认购公司应发行股份的一部分，其余股份向社会公开募集或者向特定对象募集而设立公司。

股份有限公司采取发起设立方式设立的，注册资本为在公司登记机关登记的全体发起人认购的股本总额。在发起人认购的股份缴足前，不得向他人募集股份。

股份有限公司采取募集方式设立的，注册资本为在公司登记机关登记的实收股本总额。

(3) 公司的全部资本须划分为均等的股份。

(4) 公司经批准可向社会公开发行股票，股票可以交易或转让。

(5) 每一股代表一份表决权，股东以其持有的股份享受股利。

有限责任公司和股份有限公司都是公司，这类公司具有如下优点：

(1) 股东在公司中的投资所冒的风险仅限于投资额本身。也就是说，当公司出现偿债危机时，债权人讨债的对象只能是公司的财产，股东的个人财产不会受到影响，绝不会让股东们赔得身无分文。

(2) 便于筹集资本。特别是股份有限公司，能够募集到巨额资本，这是个体公司和合伙公司无法做到的。

(3) 股份可以转让。特别是股份有限公司，股票可以在市场上公开出售或转让，流动性很强，股票持有者可随时根据需要将股票转化为现金。

(4) 公司具有永久存在的可能。这并不是说公司永远不会破产。相对于个体公司和合伙公司而言，个体公司将随业主本人的死亡而终结；合伙公司中任何一个合伙人的退出或死亡都意味着合伙关系的结束。而公司由于股票的可转让性，其不会因股东的退出或死亡而终结。

(5) 公司由专业管理人员经营。由于公司所有权和经营权分离，股东们不可能共同管理公司，因此由股东们选出董事会管理公司，董事会则聘任专业管理人员担任经理来负责公司的日常事务。专业管理人员管理公司比股东自己管理公司要有效得多。

公司这种组织形式虽然有许多优点，但也不是尽善尽美，它同时具有如下缺点：

(1) 双重纳税。公司若盈利，需缴纳公司所得税；股东在分红后，还要缴纳个人所得税。

(2) 由于股份分散，公司容易被少数人控制，某些管理者可能因追求个人利益而忽视或损害股东的利益。

(3) 法律上对公司的限制较多。例如对经营范围、发行股票等方面都有限制，并且要求公司对外报告有关财务状况、经营成果和现金流量。

以上我们重点认识了有限公司。至于无限责任公司，则是指公司股东对公司的债务负无限责任，有多少就应还多少，直至以个人财产偿还公司债务。

两合公司是无限公司与有限公司的结合。这类公司的股东有两类，一类负无限责任，另一类负有限责任，所以称其为两合公司，它实际上是无限公司的一种。

由于无限责任公司与两合公司并非公司的主要组织形式，因此我们在此略过不谈。

第 2 节　什么是财务管理

在上一节，我们认识了公司。那么，什么是财务管理呢？简单地讲，财务管理就是公司如何聚财、用财、生财。公司是一个营利性的经济组织，它必须筹集资金、运用资金，并对营业收入和利润进行分配，这些活动对公司而言至关重要。因此，财务管理就是有关公司资金的筹集、投放与使用、分配的管理活动。

管理是人类一项古老的活动，但财务管理直到 19 世纪末期才得以产生。因为在此之前，公司组织比较简单，经营活动也不复杂，公司的所有权与经营权并未分离，公司的财务活动往往由业主本人掌管。到 19 世纪末期，随着生产技术的进步、资本主义经济的发展、制造业的强盛，公司规模日益扩大，传统的个体公司与合伙公司无法筹借到巨额资本来满足公司扩充的需要，股份公司的产生与发展则顺应了社会经济发展的要求。特别是股份有限公司这种组织形式，在所有权和经营权分离的条件下，如何筹集巨额资本，股票发行如何运行，怎样有效地运用筹集到的资金，如何分配公司的盈利等，这些财务活动使股东本身难以掌管，必须由专业管理人员负责运行。于是，很多公司成立了专门的管理部门，即财务管理部门来负责这些财务活动。由此财务管理作为公司管理的一个重要部分，在实践中便应运而生了。

财务管理从产生至今，经历了以下几个阶段。

一、筹资财务管理阶段

这一阶段也称为传统财务管理阶段。在这一阶段，财务管理的重点就是站在第三者的立场上，来研究公司成立、证券发行以及公司合并等有关法律性事务，为公司筹资服务。

筹资财务管理阶段大约从 19 世纪末至 20 世纪 20 年代末。在这一阶段，随着资本主义工业化的发展、科学技术的进步、生产规模的扩大，公司对资金的需求不断扩大。股份公司在发展过程中，首先面临的是筹资问题。因为在当时的条件下，资本市场虽初具规模，但远没有今天这样成熟，公司能够提供给投资者的有关公司的财务信息大多不准确，难以取信于广大投资者。各项法规尚不健全，少数人可以操纵股市，造成股价大起大落，社会资金难以顺利地从分散的储蓄者手中转移到资金需求者手中。

所以，这一阶段财务管理的重点是如何筹集到所需要的资金。

二、内部控制财务管理阶段

在这一阶段，财务管理的重点由外部筹资转变为内部控制和决策。

1929—1933 年资本主义世界发生了严重的经济危机，使财务管理的重点发生了转移，从过分注重资金的筹集到重视资金的使用效果。特别是经济危机中大批公司破产，财务管理还必须探讨有关公司破产、重组以及政府对证券的管制等一系列问题。经济危机使人们将重心从公司的扩展转向公司的生存。

第二次世界大战后，资本主义经济发展较快，市场竞争日趋激烈，科学技术迅猛发展，公司为求得生存与发展，必须在筹集到资金后，认真进行内部控制，用好、用活资金。财务管理开始注重数量分析，注重公司内部的财务决策，逐渐从第三者的立场转移到站在公司管理当局的立场，来研究预算管理、资产分析和财务决策等内容。

内部控制财务管理阶段大约为 20 世纪 20 年代末至 60 年代。这一阶段财务管理的重点就是如何有效地运用资金。

三、投资财务管理阶段

20 世纪六七十年代，公司经营活动不断发展、变化，资金运用越来越复杂。市场竞争更加激烈，加之通货膨胀的因素，投资风险逐渐增大。这一阶段财务管理重视两项内容：一是研究公司最佳资本结构的构成；二是研究投资组合理论及其对公司财务决策的影响。

四、国际财务管理阶段

20 世纪 80 年代以后，国际游资比较充裕，利率水平偏低，国际过剩资本纷纷开始寻找出路。经济全球化趋势的出现、跨国公司的发展、国际贸易的繁荣、国际投资和国际融资活动的开展，使国际资金运动更加频繁，国际财务管理应运而生。由于各国的法律法规、金融环境、会计准则等方面存在诸多差异，财务管理又扩充了许多新的内容。

同时，财务管理手段也在发生变化。电脑辅助理财决策系统的出现，可以帮助人们进行各种更加复杂的数量分析，快速、准确地处理大量数据资料，使许多人工操作下无法完成的分析工作成为可能。特别是 21 世纪刚刚开始，电子商务及网络服务已向人们展示了其无法抗拒和比拟的广阔前景。例如，美国经济在 20 世纪 90 年代经历了第二次世界大战以来最大的结构改变，顺利完成了由工业经济向信息经济的转型。高科技的迅猛发展为经济带来了全新的持续扩张。通信、网络等手段的发达和便利，使国际经济往来不受时空的限制。财务管理的国际化趋势越来越明显。

通过上述财务管理的发展过程，可以进一步体会什么是财务管理。需要指出的是，将财务管理划分为几个阶段，只是为了强调不同时期的不同重点，这些内容并不是相互割裂和对立的。如前所述，聚财、用财、生财，这就是财务管理。时代不同，其侧重点不同，但三者缺一不可。

第 3 节　财务管理目标

在上一节我们知道了什么是财务管理，接着我们就要问：为什么要进行财务管理？

也就是想知道公司的财务管理目标。财务管理的目标应与公司的总体目标保持一致。关于这一问题，你可能会不假思索地回答，办公司当然是为了赚钱。不错，公司是营利性的经济组织，谁也不想做赔本买卖，问题是如何表述和理解财务管理的目标。

财务管理目标，既是财务管理的一个重大理论问题，又是实践中的一个方向性问题。社会发展到今天，财务管理目标不仅仅是一家公司为什么要进行财务管理，为谁进行财务管理，谁是财务管理的受益者这样的微观目标问题，而是已经发展为一个社会责任层面的宏观问题。

西方学术界和实业界对财务管理目标的总结，主要有两种观点：利润最大化和股东财富最大化。这两种观点各有道理，但也各有缺陷。

一、对利润最大化的认识

利润最大化是西方微观经济学的理论基础，西方经济学家和企业家以往都以利润最大化作为公司的经营目标和财务管理目标。即使在今天，利润最大化也是许多西方公司的财务管理目标。至于在现阶段的中国，更是大多数公司追逐的目标。

以利润最大化作为财务管理目标有一定的科学道理，也符合经济学的基本原理，所以，长期以来一直被人们表述为公司的经营目标和财务管理目标。但在实践中，人们逐渐发现这种财务管理有很大缺陷：

（1）利润额是一个绝对数，它不能准确反映公司所获利润额同投入资本额的关系，即不能反映"所得与所占用"的比例关系，无法在不同时期、不同规模公司之间以利润额大小来比较、评价公司的经济效益。

（2）利润最大化意味着利润的绝对额成为公司至高无上的目标，为达到这个目标人们就要敢于冒风险。实践的结果就是忽视了经营风险。在复杂的市场经济条件下，忽视收益与风险并存的基本理财常识，最终可能会导致公司决策者不顾风险大小而盲目追求利润最大化。在实践中，典型的财务管理误区就是只重视公司的获利能力，而忽视偿债能力；只重视利润的增长，而忽视现金流量的健康。不顾风险去博取利润，即使曾偶获成功，也不可能长久。财务管理是一门科学，利润最大化发展到极致，已不再是科学的财务管理，此时的心理已有了很大的赌博成分。

（3）利润是按照会计期间计算出的短期阶段性指标。追求利润最大化会导致财务管理决策者的短期行为，即只顾实现公司当前的最大利润，忽视公司长远的战略发展。例如，为降低当前开支，获取近期利润，就会放弃新产品研究和开发、人员培训、设备更新等事关公司长远发展的开支项目，最终急功近利，不可能在市场竞争中持续立于不败之地。

当人们发现以利润额作为财务管理目标所暴露出的缺陷后，曾提出修正方法，如以资本利润率最大化或每股利润最大化作为财务管理目标。这两个指标分别将实现的利润与投入的自有资本或股本股数进行对比，以相对指标的方式说明公司在一定时期的盈利水平，避免采用绝对指标的不足。但这两个指标仍不能避免上述未考虑风险问题及导致短期行为的缺陷。

（4）没有考虑货币时间价值和风险价值。利润既然是一个短期指标，与时间相联系的价值指标自然与其无缘了。而我们知道，货币时间价值和风险价值是两个与时间相联系的价值观念，在公司进行长期投资决策时，必须考虑这两个价值观念作为重要决策的依据。公司一旦只顾眼前利益，也就放弃了长期价值。

（5）利润是权责发生制的产物，没有考虑现金流入与流出的时间。例如，公司购建固定资产时，其价值形成的同时产生现金流出，此时利润数额不会减少；而当固定资产的价值以折旧方式逐期计入成本时，却不需要付出现金，但利润会因成本的增加而减少。再如，赊销商品时并未于当期收到货款，只是形成了应收账款，但只要销售行为已经确定，就计算为当期的销售收入，此时利润增加，但并没有产生现金流入。因此，利润指标与现金流量指标是脱节的。利润表中的利润额有可能是“纸上富贵”。

（6）利润实现的时间和数额有多种选择。利润是财务会计的一项重要指标，在用销售收入减去成本费用计算利润时，会计准则给人们提供了多种选择。例如，公司可以在多种可供选择的资产计价、费用摊配和折旧等方法中，选择对本公司有利的方法，而这些不同的方法会使利润实现的时间和数额不同。这种由于人为原因造成利润实现的时间提前或推迟，某个期间利润数额被夸大或缩小的现象，使利润指标在很大程度上受管理者主观选择的影响。当整个社会在追逐利润最大化达到狂热的阶段，大多数公司会产生“共振”现象，利用会计准则的这种弹性，使利润数额夸大并提前实现，从而产生利润泡沫。

以上分析告诉我们，利润最大化目标模式属于传统财务管理目标模式，在许多企业家的财务管理理念中，它至今仍是至高无上的目标。企业家追逐利润，似乎有着天经地义的道理。但是，时代在发展，社会在前进，从现代财务管理角度以及所处的环境来看，这并非最佳模式。

二、对股东财富最大化的认识

我们从投资者的角度审视财务管理目标。投资者投资于公司的目的是什么？对投资者而言，投资的目的在于创造或获取尽可能多的财富。这种财富不仅表现为公司利润，更应表现为公司资产的价值。公司资产价值增加，生产经营能力提高，意味着公司具有持久的、强大的获利能力和偿债能力。反过来讲，一味追求利润，竭泽而渔，造成资产贬值，意味着从长远看已潜伏着暗亏因素。由此看来，我们通常说的公司资产保值增值是多么重要。公司资产增值，无论从短期还是长期看，投资者都可以获得回报。对投资者来讲，追求财富最大化就成为现代财务管理目标。

关于财富最大化目标模式，中外学者多有不同说法。常见的有股东财富最大化、公司财富最大化、公司总价值最大化、普通股每股价格最大化。美国学者利维和萨纳特运用严密的数学方法进行了专门研究，具体证明了上述各种最大化，实质上都意味着公司股东财富最大化。这样就从理论上验证了现代公司在实践中追求的财务管理目标——股东财富最大化。当然，学术界对这些最大化仍有争议，有人也认为它们之间是有区别的，本书不介入这些争议。

那么，在实践中究竟以什么指标来明确表示股东财富的大小呢？对股份有限公司而言，股票的市场价值可以代表股东财富。在股份制经济条件下，股东财富由其所拥有的股票数量和股票市场价格两个因素决定，当股票价格达到最高时，意味着股东财富达到最大化。我们经常看到报道，某公司的大股东一夜之间从巨富排行榜上上升或下跌多少名次，财富增加或缩水了多少，就是这个道理。对没有发行股票的公司来讲，所有者权益（股东权益）的市场价值可以代表股东财富。这一点同样适用于个体公司、合伙公司。

采用股东财富最大化作为财务管理目标，考虑到了货币时间价值和风险价值，也体现了对公司资产保值增值的要求，有利于克服公司经营上的短期行为，促使财务管理当局从长远战略角度进行财务决策，不断增加公司财富。因而这一目标模式对现代公司的投资者来讲，应该是符合理论与实践需要的。

但是，实践是复杂的。与公司有关的利益方除股东外，还包括公司的员工、政府税收部门。从公司的角度研究，公司创造财富的过程就是资本与劳动结合的过程。投资者向公司投入资本，公司由此获得了经营所必需的物质条件。公司用投资者投入的资本购入或形成生产经营所需要的物资，在生产经营过程中将实物财产与劳动力相结合，生产出商品并通过销售，实现其商品价值。在这个财富的创造过程中，投资者付出了资本，他应当获得报酬；公司员工付出了劳动，他也应当获得报酬。这二者都存在投入与产出的关系。谁都希望以较小的投入获得较大的产出。这是一道财富在双方进行利益分配的数学题。从数学上看，股东财富最大化对应的应当就是员工报酬最小化了。因为在会计上，股东财富来自利润；而一线员工的薪酬来自成本。成本与利润是反相关的关系，此消彼长。在马克思的时代，人们就知道，资本家为了获取高额利润，会采取克扣工人工资、延长劳动时间、提高劳动强度的办法降低成本。所以，股东财富最大化面临的一大矛盾，就是如何协调资本与劳动的投入与产出的关系。从政府的角度研究，公司在生产经营过程中必须缴纳税金。政府税收制度的调整可以增加或减少股东的财富。也就是说，股东财富最大化还要面对一个重要的制约因素，即税收。

除了上述股东与员工、股东与政府税收部门这两大关系，股东又分化为大股东和小股东；公司员工又分为高管人员和一线员工；政府税收部门又分为国家税收部门和地方税收部门。这个划分，可以使我们注意到不同利益方的利益在实践中是不统一的。大股东掌握着公司的理财决策权，他们常常做出有利于自己而损害小股东利益的理财决策，而小股东只是一个股民，他们的利益诉求很难得到尊重。首席执行官（CEO）的利益有时会与公司的业绩联系，从公司业绩的增长中获得个人的财富，而一线员工薪酬则常常为降低成本作出贡献，很难从公司财富的增长中获取利益。对于国税部门与地税部门，则是如何切蛋糕的技巧了。

三、西方财务管理目标的偏差

在我国发展现代化的过程中，许多公司认为，公司现代管理的模式就是西方发达经济体公司的现有管理模式，与国际接轨就是与西方公司管理模式接轨。那么，财务管理目标自然应与西方公司的目标一致了。但是，西方发达经济体的财务管理目标，无论是信奉利润最大化还是股东财富最大化，在实践中都出现了一些偏差。西方发达经济体的代表是美国，我国有相当多的公司在管理现代化的过程中以美国公司为借鉴的对象。我国财务管理学主要的理念和方法也以美国学术和实践的结果为主要阐述内容。因此，本书以美国为例剖析西方财务管理目标的偏差。

在美国，公司利润的增长究竟使谁的利益最大化？

根据美国劳工统计局的统计，2013 年全美在职工作人员约为 1.3 亿人（不包括自雇人员），年平均工资是 43 460 美元。劳工统计局将所有行业分成 22 个大类，在 22 个大类中，平均工资最高的是管理人员，年薪 102 900 美元，担任管理职务的有 611 万人；平均工资最低的是食品相关行业人员，年薪 20 880 美元，该行业员工有 1 121 万人。

美联社与伊奎勒公司联合进行的薪酬调查显示，2013 年在标准普尔 500 指数成分股公司中，首席执行官年收入的中位数达到创纪录的 1 050 万美元，较 2012 年的约 960 万美元增长了 8.8%。

首席执行官的薪酬在全球金融危机期间曾有所下降，而从那以后直到 2013 年，他们的薪酬连续四年上涨。在这段时间里，薪酬中位数增幅超过 50%。2013 年，首席执行官的收入是普通员工平均工资的 257 倍左右，这一数字较 2009 年的 181 倍涨幅明显。

从上述数据不难看出，在利润最大化或股东财富最大化财务管理目标的理论支持下，实践的结果是，资本的收益与劳动的报酬有着天壤之别；首席执行官的薪酬与工人的薪酬有着天壤之别。这种现象，对某一家公司来讲，显示着数字的失衡；对整个社会来讲，由于财富向极少数人手中快速聚集，显示着社会不同阶层的失衡。财务管理目标看起来是一个微观的财务命题，实际上是关系到社会公平的大课题。

四、我国财务管理目标的社会责任

现阶段，从我国财务管理实践看，大多数公司财务管理目标为利润最大化。

多年来，我国公司利润的源泉在哪儿呢？从财务指标的关系看，利润与营业收入是正相关的关系；与成本是反相关的关系。影响利润增加的直接因素包括：增加销售量、提高销售价格、降低产品成本、提高利润率高的商品的销售比重、减税。在这几个因素中，降低产品成本当然是我国公司提高利润的主要因素之一。

进一步分析我国公司产品成本这个指标。产品成本由三大成本项目组成，即直接材料、直接人工、制造费用。我国公司拥有庞大的制造能力，所需原材料、燃料大量需要进口，这些材料的国际市场价格增幅较大，使我国公司的材料成本压力很大。产品成本中的制造费用，主要由生产过程中的一些间接费用组成，如动力费、固定资产折旧费等，这些费用也呈上升趋势。那么，成本中目前只有一项，相比国际上发达经济体的公司要低很多，即一线员工的薪酬。

我国公司在进行财务管理时要意识到，公司不可能也不应当长期依靠低廉的员工薪酬获取利润。目前，我国一线劳动者的薪酬待遇已成为社会关注的焦点之一，它增长与否已成为一个社会问题，而不仅仅是某一个公司的财务问题。在借鉴西方财务管理目标时，无论我国的企业家倾向于利润最大化还是股东财富最大化，都不要把它变成少数人利益最大化。财务管理目标存在极大的社会责任问题。

（1）财富高度集中，会产生社会分配不公、贫富差距过大的社会问题。

（2）财富高度集中，无法扩大内需。

（3）财富高度集中，与建设中国特色社会主义市场经济的理念背道而驰。

（4）追逐少数人的利益最大化，除了忽视经营风险，必然会忽视安全生产，产生非经济因素的风险，如航空公司的安全飞行、煤矿的安全生产、运输公司的交通安全等。

（5）公司利润增长幅度过大，使税收超常增长，造成全社会财富分配失衡。

综上所述，我国公司的财务管理目标不宜照搬西方的财务管理目标。公司作为营利性组织，追求利润，为股东增加财富本没有错，但不应当只是少数人的利益最大化，而应当兼顾各方利益。在我国，由于一线劳动者的薪酬较低，因此当务之急是使利益分配的天平保持平衡。在理论和实践上，不要以所谓与国际标准接轨的借口，使大股东和首席执行官们的财富急剧增加，而在节约成本的借口下，压低一线劳动者的薪酬。

第 4 节　财务管理内容

要想办公司，必须拥有一定数量的钱和物。公司拥有的钱，称为货币资金，指的是现金和银行存款；公司拥有的物，指的是房屋、设备、材料、产品等，其价值以货币表现，是公司物质形态的资金。所谓资金，简单地讲，就是公司资产价值的货币表现。也就是说，资金表现为一系列的货币，但在这些货币的背后，却代表着一系列的物质。公司拥有资金，就拥有对物质的支配权。在公司经营过程中，钱和物不断地进行转化，形成资金运动。

资金运动的起点和终点都是货币资金，其他的资产都是货币资金在运动中的转化形式。财务管理所针对的客体就是资金运动，而资金运动形式是通过一定的财务活动来实现的。

一、公司的财务活动

所谓财务活动，是指资金的筹集、运用、耗费、收回及分配等一系列行为。

（一）资金的筹集

公司可以从各种渠道筹集资金。筹资的渠道主要有两大类，一是自有资本的筹集；二是借入资本的筹集。公司的自有资本是通过吸收投资或发行股票等方式从投资者手中吸取的资金及其增值后产生的留存收益。公司从投资者那里筹集到的资金，可以是货币资金，也可以是实物财产、无形资产等形式。公司的借入资本是通过向银行借款、发行债券、产生应付款项等方式从债权人手中吸取的，这些构成了公司的负债。

（二）资金的运用

公司可以将筹集到的资金用于对内、对外两个方面。对内，可以将资金用于建造或购买公司生产经营所需要的各项固定资产、流动资产或无形资产等不同的资产形态，用于支付生产经营的各项费用开支。对外，公司可以根据国家有关法律、法规，以手中的资金购买其他公司的股票、债券，或者以现金、实物财产、无形资产等方式向其他单位投资，形成公司的对外投资。

（三）资金的耗费

为了从事生产经营活动，公司必然要对所拥有的固定资产、流动资产、无形资产等各种形态的资产产生耗费，这样就会发生诸如材料、人工、水电、折旧、维修等各项费用开支。

（四）资金的收回

公司将生产的产品或购入的商品进行销售，将已建造完工的工程移交给使用单位，向外单位提供劳务等经营业务，都应按其价值取得营业收入。此外，公司还可能取得投资收益、出售财产收入和其他业务收入。至此，公司筹集到的资金经过运用和耗费，又以货币资金的形态收回。

现在我们回顾一下资金运动的过程。公司通过筹集资金的方式取得货币资金；用货币资金购入生产经营所需要的物资，形成货币资金向商品资金的转化过程；在生产过程中耗费资金，将购进的实物财产与劳动力相结合，生产出产成品，形成商品资金转化为生产资金，进而又转化为商品资金（或成品资金）的过程；通过产品销售，既取得了营业收入，又实现了商品资金向货币资金的转化。从货币形态开始，经过形态变化，最终又回到货币形态，这一过程叫做资金循环。由于生产经营不断地进行，引起资金不断地循环，这叫做资金周转。

（五）资金的分配

我们所说的资金分配，是指公司的营业收入和利润的分配。公司实现的营业收入，首先要用来补偿发生的成本费用，以便维持简单再生产，同时应缴纳流转税，剩余部分为公司的营业利润。营业利润、投资收益和其他收益构成公司的利润总额。公司的利润总额要依法缴纳所得税。税后利润按规定提取公积金，用于弥补亏损和转增资本；提取公益金，用于职工集体福利设施支出等；剩余利润，可以作为投资收益分配给投资者，也可以保留部分税后利润，用以增加公司资金。公司收回的资金还要按计划向债权人还本付息。公司用以缴纳税款、分配投资收益和还本付息的资金，就退出了公司的资金循环。

二、财务管理的内容

上面我们了解了资金的筹集、运用、耗费、收回及分配等财务活动，其中资金的运用、耗费和收回又称为投资。从整体上看，公司财务活动由筹资、投资、分配三个环节组成。因此，财务管理的内容就是针对筹资、投资、分配等财务活动作出筹资决策、投资决策和股利分配决策。

（一）筹资决策

筹资决策对财务管理人员来讲，就是要分析研究如何用较少的代价筹集到足够的资金，以满足公司生产经营的需要。由于筹资方式的多样性，不同渠道的资金来源，其筹资成本、使用期限、风险程度等都不同，对公司未来产生的影响也不同。财务管理人员应根据公司资金的需要量和使用期限，分析不同来源、不同方式的筹资渠道对公司未来可能产生的潜在影响，选择最经济的筹资渠道，决定公司筹资的最佳组合方式。在作出筹资决策时，要考虑对股东财富的影响。

（二）投资决策

公司的投资范围很广，可以是购买固定资产、原材料等的公司内部投资；也可以是向外单位投资。可以采取用于现金、短期有价证券、应收账款和存货等流动资产的短期投资方式；也可以采取用于固定资产和长期有价证券的长期投资方式。

投资决策就是要在若干备选方案中，选择投资小、收益大的方案。例如，短期投资具有流动性，对于提高公司的变现能力和偿债能力有利。但短期投资盈利能力较差，这部分资金占用过多，会导致大量资金闲置，从而影响公司的盈利，使公司股价下跌。因而在进行短期投资决策时，要考虑投资对股价的影响。在进行固定资产投资时，也要考虑投资项目对公司股票的市场价格的影响。固定资产投资涉及的投资项目价值高、时间长、风险大，当然预期的投资报酬也可能较高。投资报酬增加有利于股价上升，而投资风险的增加却会使股价下跌。因而在进行长期投资决策分析时，要考虑风险因素。

（三）股利分配决策

股利分配决策就是公司分配政策的选择。公司是否分配利润，分配多少股利，财务管理人员在进行股利分配决策时，既要维护投资者的利润，又要考虑公司的发展。这两者既矛盾，又统一。

我们知道，公司的自有资本来自股东的投资及其增值。一方面，公司通过发行股票从投资者手中募集资本；另一方面，公司在运营中又从内部积累资本，也就是公司的留存收益。既然资本的增值部分与原有投资一样，都属于股东的资本，那么，从理论上讲，公司是否发放股利，发放多少股利，对股东来讲是一样的，对股东财富并没有影响。但在实践中，公司在制定股利分配政策时，要认真考虑公司与股东、当前利益与长远利益的关系。

下面先看看如果公司今年不发放股利，对公司和股东分别会产生什么影响。先分析股东这方面。公司不发放股利，这部分利润就留在公司转作资本，这样公司的股票价格理论上就会升高，股东虽然未收到股利，但手中股票的市场价格却上涨了。如果股东想获取现金收入的话，他可以通过出售部分股票来弥补少发的股利收入。而在某些国家，股东从公司所获得的股利收入要缴纳个人所得税，并且税率一般较高，但是出售股票应缴纳的资本所得税税率一般较低。从这一点来看，公司不发放股利对股东是有利的。再看公司这方面。当公司需要资金的时候，从外部筹资要履行一定的手续，花费一定的时间，还要承担较高的筹资成本，有时可能还难以筹措到。而从公司内部筹措资金，将净利润转作留存收益，随时可以动用，并且不必支付筹资成本，所以公司希望尽可能不发放股利或少发放股利。

上面我们分析了公司和股东对是否派发股利的利益所在。但是公司是否派发股利，要服从对公司拥有所有权的多数股东的意愿。股票市场风险很大，对股票投资者来讲，规避风险是他们普遍存在的心理状态，许多人宁愿今日收到股息，落袋为安，也不愿预期在很远的将来去出售价格上涨的股票，因为他们认为时间越长，风险可能越大。由此可见，财务管理人员在进行股利分配决策时，要认真权衡利弊，然后再确定股利与留存收益之间的比例关系。

第5节　财务管理的环境

跨入21世纪后，伴随着我国经济的高速发展，我国企业的发展速度也在加快。许多公司由于发展速度过快，财务管理的理念和方法没能跟上公司发展的步伐，有些陈旧，无法适应公司进一步发展的需要。财务管理所处的环境今非昔比，拓展财务管理的视野是我国许多公司发展的当务之急。

一、财务管理的局限性

在实践中，我国有些公司的决策者受传统理论、认识、经验的影响，以传统财务管理的理念应对现代财务管理的局面，往往感觉力不从心。这是因为我国改革开放30多年走了西方经济强国100多年的发展道路。在这30多年中，我国许多公司由小变大，由弱变强。而这些公司的主要决策者几乎经历了公司发展的全过程。也就是说，是由一代人完成的公司发展的道路。因而就不难理解所谓传统对其的影响了。

1. 传统理论的影响

财务管理就是有关公司资金的筹集、投放、使用与分配的管理活动，也就是对资金运动的管理。这个理论很容易使人们认为资金的循环和周转只是发生在公司内部，而流出公司的资金，则参加了社会资金的运动，不在财务管理的视野之内。所以，长期以来，许多公司将资金运动看做一个封闭的系统，将财务管理的视野局限在公司内部。

2. 传统认识的影响

市场经济体制在我国的确立，使公司的决策者深深体会到竞争的激烈与残酷。我国大多数公司处于竞争性行业，而竞争的律条之一就是要保护公司的商业机密。在诸多商业机密中，财务活动当属公司最高级别的商业机密了。财务管理的三大决策，即投资决策、筹资决策、股利分配决策只有公司最高管理层可以参与其中。在这些事关公司生存与发展的财务管理决策中，由于过多地考虑其机密性，人员与资料的参与性不强，影响了决策的视野。

3. 传统经验的影响

目前，我国相当多公司的最高决策者是创业者。创业者与守业者不同的是，他们有着常人不具备的创业成功史。他们所获得的历史经验，既是其宝贵的财富，但也可能成为负担。因为以往的成功是在以往的环境中产生的，而今天财务管理的环境发生了巨大的变化，传统的经验应用于今天的财务管理决策，无论从理论还是方法，都有可能走入误区。而正是由于以往的成功，公司的规模已经今非昔比，此时的投融资决策所涉及的资金规模也是以往的若干倍，决策一旦失误，就有可能将公司搞垮。

二、财务管理的内部环境

对于小公司来讲，公司组织结构简单，经营业务单一，公司的所有权与经营权并未分离，财务管理决策往往由业主本人掌管。而对于股份有限公司这种组织形式，在所有权和经营权分离的条件下，如何筹集巨额资本，如何有效地运用筹集到的资金，如何分配公司的盈利等这些复杂的财务管理决策程序和方法使股东本身难以胜任，必须聘请专业财务人员负责运作。公司的财务管理部门负责这些财务活动，财务管理成为公司管理的一个重要部分。

财务管理部门成为一个独立的管理部门，在体现财务管理活动重要性的同时，也容易产生财务管理视野狭窄的问题。无论在纵向管理体系还是在横向管理体系中，财务活动的特性以及财务管理部门的特性，都使财务管理部门与其他业务部门，如采购、生产、销售等部门有着不同的管理特点和业务特点。各个业务部门往往对财务管理活动并不关心，而财务管理部门同样将视野主要局限在财务活动上。

现代财务管理，不仅要求将财务管理部门作为一个专业管理部门，而且应当关注公司的内部环境；同样，财务管理也需要一个良好的内部环境。在市场经济中，公司从事任何业务都需要资金的支持，人们无法在没有任何资金的情况下开展一项业务。良好的财务管理内部环境应当是，各个业务部门在从事其业务活动时，都能够考虑到该项业务活动对公司现金流量的影响；而财务管理部门在从事财务管理活动时，能够考虑对各项业务活动在资金上的支持和协调。

在实践中，将财务活动与业务活动割裂开，将财务管理部门作为一个封闭的管理系统，过分强调财务管理在企业管理中的特殊性，甚至使财务管理部门处于与其他部门对立的地位，都会恶化财务管理的内部环境。

公司必须拥有一定数量的钱和物。在公司经营过程中，钱和物不断地发生变化，形成资金运动。因而，财务管理部门管理的财务活动与业务部门管理的物质活动是无法分割的。

三、财务管理的外部环境

今日之财务管理，重要的不在于获得短期利润，而在于使公司价值增加，使公司具有持久的、强大的获利能力和偿债能力。公司价值增加，无论从短期还是长期看，投资者都可以获得回报。这就需要克服公司经营上的短期行为，促使财务管理当局从长远战略角度进行财务决策，不断增加公司价值。而进行长期战略决策，不仅要制定公司长期的目标和计划，还要使公司适应外部环境。现代财务管理，其视野必须拓展至外部环境。

1. 经济全球化

经济全球化使我国的许多公司必须将其理财的视野拓展至全球。作为新兴的制造业大国，我国许多制造业公司的产品需要通过出口来消化日益增长的过剩的生产能力。同时，制造业急需的原材料、燃料等也要通过进口来满足需要。

经济全球化不仅体现在我国经济对进出口的依赖程度大，在我国加入世界贸易组织后，要按照所谓的国际规则在国际市场中竞争，而许多规则是西方经济强国制定的，其与我国公司以往在国内理财时所处的环境完全不同。在经济全球化的趋势下，跨国公司不断扩张，国际贸易日益繁荣，国际投资和国际融资活动规模空前，国际游资的冲击力越来越强。而各国的法律法规、金融环境、会计准则等方面存在各种差异，在这种情况下，需要我国公司的财务管理视野不断扩展。

2. 市场竞争

我国大多数公司属于竞争性企业。这些竞争性公司在财务管理时，要关注竞争的环境。在竞争日趋激烈，特别是公司参与国际竞争的情况下，投资的风险会逐渐加大，筹资的难度会逐渐增加。公司不仅要面对同行业中同等量级企业间的公平竞争，更要面对某些垄断集团、国际贸易保护主义、地方保护主义的压力。市场竞争不可能是绝对公平的，财务管理的市场环境永远不平静。

3. 供应与需求的矛盾

我国经济中一个很大的矛盾就是供应与需求的矛盾。一方面，我国企业开足马力生产；另一方面，扩大内需未见很大的成效。美国、欧洲市场由于经济周期产生的阶段性经济不景气，很难持续大量地吸纳我国过剩的生产能力。多年来，我国过剩的生产能力相当一部分被美国市场消化。但是，我国物美价廉的产品出口到美国市场，换回的是美元这种纸币。中国人民银行发布的数据显示，截至 2015 年 7 月末，我国外汇储备为 3.65 万亿美元，居全球第一。美国人在为与中国的贸易逆差不断叫屈的同时，却是用纸币换取别国的商品。而美国人未来又能用什么换回他们的纸币呢？财务管理不能因其供应与需求的矛盾是宏观层面就漠视之，这个问题同样会反映在微观层面。而一旦反映在微观层面，对公司来讲，就是产大于销的被动局面。所以，财务管理要避免投资于产销已失衡的领域。

4. 成本的变化

我国企业之所以可以大量地向境外出口物美价廉的产品，很重要的一点，就是我国企业的产品成本比发达经济体低。如前所述，这一所谓优势正在发生变化。事实上，我国许多出口企业由于成本的上升，其利润已经非常稀薄了。因此，财务管理要看清成本的这个变化趋势。

5. 宏观经济政策

财务管理不仅要精通财务政策，而且要关注宏观经济政策的变化。在我国，宏观的财政政策与货币政策对公司的投融资决策有直接的影响。财务管理在关注当前的宏观经济政策的同时，更重要的是根据宏观经济形势的变化，预测宏观经济政策的变化及拐点。由于经济全球化的特征，财务管理的视野不能局限在国内，还要关注美国、欧洲等不同经济体的宏观经济政策的变化，特别是发达经济体的宏观经济政策的变化，这些变化往往会对我国经济产生很大的影响，从而影响到我国宏观经济政策的调整。

6. 宏观经济状况

宏观经济政策的变化取决于宏观经济状况。宏观经济状况的好坏可以从一些宏观经济指标中作出判断。财务管理不仅要关注当前的宏观经济指标，更要关注一些经济先行指标的变化趋势，如国内生产总值（GDP）、消费者价格指数（CPI）、采购经理指数（PMI）、用电量、利率等。也就是说，现代财务管理仅仅掌握公司的一些财务指标是远远不够的。如果不看清经济大势，公司的投资决策、筹资决策、股利分配决策只是根据公司的财务状况做出判断，其决策失误的后果不堪设想。

7. 科学技术水平

国家的科学技术水平处于什么发展阶段、发展速度的快慢，对国家经济发展的持续性至关重要，特别是科学技术的创新能力更是关系到国家的核心竞争力。对于中国这样一个发展中的大国，在经济贸易上，常常处于西方发达经济体的打压之下。财务管理必须看到经济与科学技术的关系，实现经济与科学技术的对接。如果公司不能将视野扩大到新技术，不去自主创新，而是陶醉于贴牌生产、来料加工等产业链中的低端方式，其结果一定是利润空间被慢慢压缩，最终被淘汰。

8. 汇率

本书之所以将汇率作为财务管理外部环境的重要因素，是因为我国经济对进出口的依赖性很大。而汇率又是美国、欧洲发达经济体向我国施压的一个工具。当然，我国自身也在进行汇率改革。由于汇率改革正在进行中，存在一些不确定因素，因此财务管理要关注汇率变化对我国宏观经济的影响。对于以进出口业务为主的公司，汇率的变化就是影响其财务管理决策的直接因素。特别是出口依赖型公司，近年来由于人民币对美元的汇率变化，直接影响到这类公司的利润。

9. 非经济因素的力量

财务管理的外部环境最直接的因素当然是经济因素，但当今世界影响经济的因素却有很多是非经济的，如政治、法律、国际关系、军事、宗教等，不能一概而论。这些非经济因素产生的突发事件对经济的影响，财务管理不可能预测到。但是，公司要关注在常态下这些非经济因素对世界经济及我国经济的影响，在进行财务管理决策时予以考虑。

如上所述，现代财务管理应当对传统理论、认识、经验给予提升，不应将财务管理仅视为一个部门的管理及业务，成为公司的一个封闭决策系统，而应当将其视野遍及公司的内外部环境，使财务管理决策系统与环境交互，顺应大势。

本章小结

认识财务管理，首先要认识公司。有限责任公司和股份有限公司是两种基本类型，也是我国《公司法》所指的公司形式，而国际上采用比较多的也是这两种形式，因此我们重点认识这两种形式的公司。我们认识了公司，那么，什么是财务管理？简言之，就是公司如何聚财、用财、生财。公司是一个营利性的经济组织，它必须筹集资金、运用资金，并对营业收入和利润进行分配，这些活动对公司至关重要。知道了什么是财务管理，接着我们就要问：为什么要进行财务管理？也就是公司的财务管理目标。财务管理目标应与公司总体目标保持一致。表述和理解财务管理目标有两种论点：利润最大化与股东财富最大化。财务管理所针对的客体是资金运动，而资金运动形式是通过一定的财务活动来实现的。公司财务活动由筹资、投资、分配三个环节组成。因此，财务管理的内容就是针对筹资、投资、分配等财务活动做出筹资决策、投资决策和股利分配决策。现代财务管理应当对传统理论、认识、经验给予提升，不应将财务管理仅视为一个部门的管理及业务，成为公司的一个封闭决策系统，而应当将其视野遍及公司的内外部环境，使财务管理决策系统与环境交互，顺应大势。

思考题

1. 当手中分别有10万元和50万元时，你会投资哪一种公司组织形式？作出这种选择与你手中款项的多少有关吗？

2. 如果你当上一家公司的总经理，你会把财务管理放在什么位置？

3. 你同意股东财富最大化是财务管理目标这种说法吗？它与你对现实生活的认识有差距吗？

重点概念

1. 有限责任公司：由不超过50个股东出资设立，每个股东只以其出资额为限对公司债务负责，公司以其全部资产对其债务承担责任的公司法人。

2. 股份有限公司：全部注册资本由等额股份构成，并通过发行股票（或股权证）筹集资本，股东以其认购的股份为限对公司承担责任的公司法人。

3. 财务管理：有关公司资金的筹集、投放与使用、分配的管理活动。

4. 财务管理目标：公司进行财务管理实践活动所期望达到的目的，是评价财务管理行为是否合理的标准。

第2章

财务报表分析

本章要点

资产负债表的基本结构和原理。

会计要素：资产、负债、所有者权益、收入、费用和利润。

阅读和分析资产负债表。

利润表的结构。

阅读和分析利润表。

现金流量表的基本结构。

阅读和分析现金流量表。

引导案例

一位国有企业的副厂长，因工作努力，上级决定委以重任，派他去一家亏损企业担任厂长。为打消他的顾虑，领导找他谈话，指出那家工厂虽然亏损，但家底还是比较厚的，拥有资产若干万元，希望他到那里干一番事业，以使国有资产保值增值。谈话的同时，上级领导将该厂近期的财务报表交给他阅读。这位即将上任的新厂长，多年来虽工作勤恳，但并不熟悉报表。拿起资产负债表，表中"资产总计"确实为若干万元，这样大小的一个工厂，其资产价值也不小了。

上任之后，经过深入调查，他才知道该厂的资产价值已大大缩水。仅存货一项，就占了公司全部资产的一半以上，而这半数以上的资产都是什么？堆满厂区的积压的原材料，很多已经"朽木不可雕也"，派不上用场；仓库里滞销的产品；再加上报表中数量可观的应收而又收不回来的债权。面对这样的资产结构和这样的资产质量，仅仅一项"资产总计"，又能说明多少问题？这位新厂长下决心看懂并能分析财务报表，以此作为财务管理的开始。

第 1 节　财务报表分析对财务管理的意义

会计循环的终点产生了财务报表，学会分析财务报表是财务管理的起点。我们通常说的财务报表是会计报表的一类。会计报表按照反映的经济内容不同，分为财务报表和成本报表。财务报表是反映公司财务状况、经营成果和现金流量的报表，主要包括资产负债表、利润表、现金流量表、所有者权益（或股东权益）变动表和附注。成本报表是反映公司生产费用的发生和成本形成情况的报表。值得注意的是，按照国际惯例，成本报表中的数据资料属于商业秘密，不对外报告，因而成本报表只是对内报表。财务报表既是对外报表也是对内报表。

财务管理就是要研究筹资、投资和分配问题。公司若想筹资，股东、债权人以及潜在的投资者就要了解公司的财务状况、经营成果和现金流量；公司若想投资，就要了解被投资单位及投资项目的情况；公司若想分配股利，就要了解利润在股利与再投资之间的“蛋糕”如何切。此外，凡是与公司有利害关系的集团和个人都要了解公司的财务状况、经营成果和现金流量。靠什么手段来了解？阅读和分析财务报表是一个重要的手段。

财务报表通常有两种分析方法。第一种方法是将财务报表从整体上加以分析，以确定其中存在的重要趋势和模式；第二种方法是估量出财务报表中关键因素之间的关系，以便进行不同时期和不同公司间的比较。

在这一章，我们先分别分析每一张财务报表，然后将这些财务报表中相关因素综合起来分析。

下面重点探讨财务报表分析对研究财务管理的影响。

一、财务报表分析对财务管理的意义

财务报表分析，是现代人适应现代经济生活应必备的知识与技能。当然，对专业人士而言，财务报表分析需具备深厚的专业功底及丰富的实践经验。例如，审计人员、注册会计师、税务人员、金融分析师等。在我国，还有诸如纪检、监察人员等，因其工作的专业性，对财务报表分析的深度与广度都是非专业人士无法比拟的。由于他们中的一些人具有职业资格或法律权限，因而在分析财务报表的过程中，可以查阅账本和核对凭证，使分析延伸到经济活动的任何方面。他们分析财务报表的目的，包括审核经济活动的合法性、有无舞弊和违规的现象、资产是否保值增值、经济责任的落实、经济效益如何等。同时，作为职业行为，他们要对分析的结果负责。

同样是财务报表分析，对一般投资者和债权人而言，只需要具备一定的财务知识和经验，就可以达到其分析的目的。他们分析财务报表的目的，主要是了解分析的对象是否具有投资的潜质或偿债的能力，因此，他们需要通过财务报表的分析，研究其财务管理的理念是什么，财务管理的能力与水平如何，公司的偿债能力与获利能力如何。财务报表反映的是公司经济活动的历史，分析历史是为了认识现状，预测未来。若公司决策层没有发生变化，那么，财务管理的历史和现状意味着在未来环境没有发生变化的情况下，财务管理的理念以及财务管理的能力和水平也不会有质的改变，从而为投资者和债权人判断财务管理的未来提供了依据。

二、财务报表与财务管理的关系

在财务分析中，我们可以将财务报表看做财务管理成果的反映，也可以将其视为财务管理活动新的开始。财务管理的内容就是针对筹资、投资、分配等财务活动做出筹资决策、投资决策和股利分配决策。

财务报表中的资产负债表，从会计的角度来看，左方的资产是企业资金的占用形态，从财务管理的角度，则是企业过去各项投资决策的结果；右方的负债及股东权益是企业资金的来源渠道，从财务管理的角度，则是企业过去各项筹资决策的结果；资产负债表右方有一个“未分配利润”项目，是财务管理股利分配决策的结果，对盈利企业来讲，公司是否分配股利，分配多少，都会影响到该项目。也就是说，财务管理的三大决策，即投资决策、筹资决策、股利分配决策对企业资金运动的结果，都会反映到资产负债表中。

资产负债表中的“未分配利润”项目，与所有者权益变动表中的“未分配利润”项目存在数字相等的钩稽关系。而利润表中的“净利润”项目，则与现金流量表补充资料中的“净利润”项目存在数字相等的钩稽关系。这就意味着财务管理的三大决策对企业资金运动的影响延伸到所有的财务报表中。通过资产负债表和现金流量表的分析，可以对企业的偿债能力做出评价；通过利润表的分析，可以对企业的获利能力做出评价。

三、通过财务报表分析解读财务管理的理念

通过财务报表分析研究财务管理的理念，实际是研究财务管理的指挥者——公司决策层的财务管理理念。财务管理者只有具备了科学、灵活、理性的财务管理理念，才能够在不确定性很强的市场经济中，使财务管理得以成功。

（一）资产分析与公司投资理念解读

通过资产负债表资产方的分析，可以了解公司的资产类型。公司的资产类型是财务管理投资决策的结果。通过资产类型的分布，可以看出公司对内投资和对外投资的比重，进而判断其投资理念是以对内投资为主，还是以对外投资为主。

在对内投资中，又可以进一步看出流动资产、固定资产、无形资产的比重，这些资产的比重在该行业中是否匹配，如制造业的固定资产就是关键的资产类型，而对于高科技企业来讲，无形资产的拥有量则是一个关键指标。

在对外投资中，又可以进一步看出金融资产、投资性房地产、长期股权投资等资产类型，这些资产在总资产中的比重大小，可以看出公司决策者的投资理念及其变化。对

外投资的增减，有着复杂的因素，不可简单给予评价。如对外投资中，短期投资增加，可能是公司投机理念占了上风，也可能是由季节性生产或经营性质决定，公司在一定时期内积累现金过多，为提高收益而主动投资于一些风险小、变现快、收益高于银行存款的短期金融资产。公司增加对外长期投资，目的更为复杂：可能是公司多元化投资战略的结果，可能是为了掌握控股权，也可能仅是获得长期投资收益。这些资产类型显示出不同的财务管理理念，有的是积极扩张，有的是消极无奈。如金融资产中的长期债券，公司若长期持有大量的长期债券，通常表明公司主业已无扩张余地，公司决策层又没有驾驭大资金的能力，对内、对外都找不到新的投资项目，不得已而为之。这种消极的投资方式，由于收益低，会稀释公司的利润，造成资产利润率下降。目前，我国一些公司高市盈率上市后，筹到的资金量很大，使得这些上市公司的决策层不知如何面对，只得将大量的资金用来购买长期债券。这样的财务管理理念是不可能使股东财富最大化的。当然，对金融资产投资的分析，要结合对金融市场的分析和判断；对投资性房地产的分析，要结合对房地产市场的分析和判断。如果判断金融市场或房地产市场是一个上涨的走势，那么，公司拥有的这类资产就会增值；反之，则会减值。在分析时，切忌将财务管理看做一个封闭的系统，只是分析报表上的数据，而全然不顾外部市场的变化。

（二）权益分析与公司筹资理念解读

通过对资产负债表负债及股东权益方的分析，可以了解公司的资本结构，进而解读公司筹资理念。

首先，根据公司资本结构中自有资本与借入资本之间的比例关系，可以看出财务管理的筹资理念。如果与本行业平均水平相比，公司的借入资本比例较高，那么该公司就可能持负债经营的筹资理念。负债经营在财务管理中应看做一个中性词。由于财务杠杆效应，负债经营可能给公司带来财务杠杆利益，也可能带来财务风险。财务管理者若想获取财务杠杆利益，就要承担由此带来的财务风险。对财务管理者来讲，必须在财务杠杆利益与财务风险之间权衡利害。在研究财务管理的筹资理念时，不能简单地根据公司的负债程度就做出一般的评价。在我国，公司的性质不同，负债程度就会不同，如金融企业、房地产企业、民航企业的资产负债率相对一般的工商企业就高一些。另外，从财务管理的外部环境看，在经济周期的不同阶段，公司的负债程度也会有所不同。在经济衰退期，公司一般不愿多举债，因为此时资本收益率低，经济前景不明，资本扩张的难度大。而在经济繁荣期，资本收益率高，资本扩张的欲望强烈，公司往往敢于大胆举债。当然，以公司是否敢于大量借债来评价其是积极扩张还是消极保守更为不妥。在财务管理实践中，我们可以找到许多大举借债成功或失败的案例，成功者因负债经营具有财务杠杆作用而获得利益；失败者则会因为公司经营不景气，财务杠杆作用正好相反，甚至资不抵债。同样，我们也可以在财务管理实践中发现许多不负债或少负债而成功或失败的案例，成功者借助股份制，一夜之间可以积聚巨额资本；失败者本小利微，被竞争者挤垮。

其次，进行公司长期资本与短期资本的比例结构的分析。长期资本是指股东权益和非流动负债，而短期资本则指流动负债。若公司长期资本比例过大，说明其财务管理理念中，过于强调偿债能力而忽视获利能力。大量的长期资本被占用在流动资产上，特别是货币资金和债权类流动资产，意味着付出较高的资本成本只获得较低的收益。若公司短期资本比例过大，说明其财务管理理念中，过于逐利而忽视了风险。一旦流动负债集中到期，或需支付大额款项时，就增加了不能按期足额偿债的风险。特别是在财务管理实务中，切不可将短期资本用于长期股权投资。虽然在实际操作时，这些资本类型与资产类型并不一一对应，但毕竟不同的资本类型有其不同的特点和用途。将短期资本用于长期股权投资，一旦“套牢”，轻则资金周转不畅，重则资金链断裂，导致公司破产。在财务管理实践中，有企业家热衷于此，以为这样可以赚大钱、赚快钱，实际上这样做已经超出了理性财务管理的范畴。

（三）利润及现金流量结构分析与公司经营理念解读

在利润表中，利润的构成是财务管理不同理念实施的结果。通过对利润表中利润构成的分析，可以看出营业利润在利润总额中的比重。若比重大，说明公司是以常规的经营业务来获得收益；反之，若投资收益、汇兑损益占的比重大，则说明财务管理的重心已偏离经营业务，依靠非常规收益满足公司获利的需求。

同样，在现金流量表中，总计数为现金及现金等价物净增加额，表明了财务管理对现金流量的影响。经营活动、投资活动和筹资活动产生的现金流量净额，分别反映了财务管理投融资决策对现金流量产生的结果。三大活动现金流量的不同组合，则体现了财务管理不同理念产生的不同后果。如三大活动产生的现金流量净额为正值，则总计数现金及现金等价物净增加额也一定为正值。表面看来公司各项活动的现金流入都大于流出，现金流充沛，但实际上暴露了财务管理的错误理念，说明公司在收回投资和经营活动现金充裕的前提下，仍然在进行筹资活动，这样就会造成资金浪费，大量的现金堆积而没有投资出路，从而稀释公司的利润，降低获利能力。这种将投资与筹资割裂开，为了筹资而筹资，似乎现金越多越好的财务管理理念是错误的。遗憾的是，在我国财务管理的实践中，这种现象并不少见。

四、通过财务报表分析评价财务管理的能力与水平

通过财务报表分析可以掌握财务管理的历史与现状。通常我们应当将过去若干期的财务报表进行比较分析，从中看出某些趋势。对成熟的经济体而言，将过去10年的财务报表进行比较都是必要的，但对中国这样的中高速发展的经济体来讲，10年前的资料往往不具备可比性，所以3～5年的报表就可以了。在分析时一定要将资产负债表、利润表和现金流量表三张财务报表联系起来分析，不可孤立地分析每张报表。我国会计专业和财务管理专业的相关教材和课堂教学有个局限性，即分别讲述这三张财务报表。而在实践中，财务管理活动作为整体是无法分割的。

通过财务报表分析不仅要了解财务管理的理念，而且要了解财务管理的能力和水平，这种能力和水平就是要从财务报表中揭示公司是否具有强大的、持久的偿债能力和

获利能力。偿债能力和获利能力是公司生存与发展的指标。公司丧失了偿债能力，资不抵债，就会走向破产，无法生存；公司没有获利能力，就不能增加财富，无法持续发展。偿债能力和获利能力不可偏废。有的公司的财务报表显示，速动资产过高，甚至长期持有大量的现金，这样的公司虽然偿债能力没有问题，但必然导致获利能力下降。有的公司的财务报表显示，公司为了逐利，负债过高，资金紧张，现金流量脱节，这样的公司即将出现偿债危机。偿债能力和获利能力同时又是短期的阶段性指标，某一期的财务报表显示它们正常还不能说明问题。所以要分析若干期的报表，要求其具有强大的、持久的偿债能力和获利能力。当我们通过财务报表分析出一家公司具有这样强大的、持久的偿债能力和获利能力时，就会为投融资决策提供一定的帮助。

第 2 节　资产负债表分析

一、认识资产负债表

今天，在中国，听说过资产负债表的人越来越多了。这些人并非都是公司经理、会计师、在校读书的财经类专业的学生。至少在日益增加的股民中，很多人不仅知道财务报表，而且对它的兴趣越来越浓厚。

通过财务报表，人们是想了解公司的财务状况、经营成果和现金流量。资产负债表是反映公司财务状况的报表，而且它只反映一个特定时点的财务状况，这个特定时点指的是期末（月末、季末、半年末或年末），所以人们把它归结为静态报表。

下面给出一张资产负债表，如表 2—1 所示。

表 2—1　　资产负债表

编制单位：　　2015 年 12 月 31 日　　单位：元

资产	期末余额	年初余额	负债和所有者权益（或股东权益）	期末余额	年初余额
流动资产：			流动负债：		
货币资金	62 050	59 200	短期借款	50 000	40 000
交易性金融资产	30 000	39 000	交易性金融负债		
应收票据	24 200	23 700	应付票据	28 000	20 000
应收账款	84 900	92 200	应付账款	55 650	56 000
预付款项	9 000	11 000	预收款项	11 700	9 500
应收利息			应付职工薪酬		
应收股利			应交税费	7 300	8 100
其他应收款	6 500	9 000	应付利息		
存货	312 500	286 000	应付股利	10	11 500
一年内到期的非流动资产			其他应付款	5 000	6 000

续前表

资产	期末余额	年初余额	负债和所有者权益（或股东权益）	期末余额	年初余额
其他流动资产			一年内到期的非流动负债		
流动资产合计	529 150	520 100	其他流动负债		
非流动资产：			流动负债合计	168 150	151 100
可供出售金融资产			非流动负债：		
持有至到期投资			长期借款	100 000	200 000
长期应收款			应付债券	105 000	100 000
长期股权投资	90 000	80 000	长期应付款		
投资性房地产			专项应付款		
固定资产	490 000	510 000	预计负债		
在建工程	30 000	18 000	递延所得税负债		
工程物资			其他非流动负债		
固定资产清理		70 000	非流动负债合计	205 000	300 000
生产性生物资产			负债合计	373 150	451 100
油气资产			所有者权益（或股东权益）：		
无形资产	18 000	15 000	实收资本（或股本）	500 000	500 000
开发支出			资本公积	80 000	80 000
商誉			减：库存股		
长期待摊费用	6 000	8 000	盈余公积	110 000	100 000
递延所得税资产			未分配利润	100 000	90 000
其他非流动资产			所有者权益（或股东权益）合计	790 000	770 000
非流动资产合计	634 000	701 000			
资产总计	1 163 150	1 221 100	负债和所有者权益（或股东权益）总计	1 163 150	1 221 100

资产负债表虽然重要，但是枯燥的表格、大量的项目和数字，可能已经使人望而生畏了。为便于阅读，我们先按大类归纳一下，如表 2—2 所示。

表 2—2　资产负债表（结构）　单位：元

资产	期末余额	年初余额	负债和所有者权益（或股东权益）	期末余额	年初余额
流动资产	529 150	520 100	流动负债	168 150	151 100
非流动资产	634 000	701 000	非流动负债	205 000	300 000
			所有者权益（或股东权益）	790 000	770 000
资产总计	1 163 150	1 221 100	负债和所有者权益（或股东权益）总计	1 163 150	1 221 100

表 2—2 显示，资产负债表分为左右两侧，资产项目列在左侧，负债和所有者权益

项目列在右侧。左侧的资产项目主要分为流动资产和非流动资产两大类；右方的负债和所有者权益项目主要分为流动负债、非流动负债、所有者权益等几大类。从表2—1中可以看出，每一大类又分为许多项目。资产负债表中所有项目的“期末余额”一栏，是根据本期有关账户的期末余额填列的。其中，有的项目直接根据有关账户的期末余额填列，有的项目根据有关账户的期末余额经分析计算填列。该表中“年初余额”栏内的各项数字，是根据上年末资产负债表“期末余额”栏内所列数字填列的。在表内金额栏分别设列“年初余额”和“期末余额”两栏，是为了便于了解公司资产、负债和所有者权益的变动情况，对这张静态报表的不足稍加弥补。

不知道细心的读者在阅读这张报表时是否已经发现，表中的最后一行，“资产总计”与“负债和所有者权益总计”的年初数都是1 221 100元；期末数都是1 163 150元。也就是说，左侧的资产总计与右侧的负债和所有者权益总计是相等的。这是我们举例时出现的数字巧合，还是有一定的规律？

为了回答这个问题，首先要知道什么是资产、负债、所有者权益，以及这三者之间是什么关系。

会计上有一个概念叫做会计要素，是指对会计所反映的经济活动按经济特征所作的最基本的分类。我国将会计要素分为六类：资产、负债、所有者权益、收入、费用和利润。

会计要素按其与财务报表的关系可分为两大类：一是与资产负债表中财务状况的计量直接联系的要素，包括资产、负债和所有者权益；二是与利润表中经营成果的计量直接联系的要素，包括收入、费用和利润。

下面看看什么是资产、负债和所有者权益。

(一) 资产

资产是指公司过去的交易或者事项形成的、由公司拥有或者控制的、预期会给公司带来经济利益的资源。

在同时满足以下条件时，确认为资产：

(1) 与该资源有关的经济利益很可能流入公司。

(2) 该资源的成本或者价值能够可靠地计量。

资产具有以下三个特征：

(1) 资产是指公司过去的交易或者事项形成的，包括购买、生产、建造行为或其他交易或者事项。预期在未来发生的交易或者事项不形成资产。

(2) 资产必须为公司所拥有或控制。由公司拥有或者控制，是指公司享有某项资源的所有权，或者虽然不享有某项资源的所有权，但该资源能被公司控制。

(3) 资产是一种预期会给公司带来经济利益的资源。所谓预期会给公司带来经济利益，是指直接或者间接导致现金和现金等价物流入公司的潜力。

资产可以是有形的，也可以是无形的。全部资产按其流动性质可以分为流动资产和非流动资产两大类。流动资产是指可以在一年内或者超过一年的一个营业周期内变现或者耗用的资产，包括库存现金及各种银行存款、交易性金融资产、应收及预付款项、存货等。不符合流动资产条件的均为非流动资产，包括可供出售金融资产、持有至到期投资、长期股权投资、固定资产、无形资产、长期待摊费用等资产。

（二）负债

负债是指公司过去的交易或者事项形成的、预期会导致经济利益流出公司的现时义务。

在同时满足以下条件时，确认为负债：

（1）与该义务有关的经济利益很可能流出公司。

（2）未来流出的经济利益的金额能够可靠地计量。

负债具有以下几个特征：

（1）负债是指公司过去的交易或者事项形成的现时义务。现时义务是指公司在现行条件下已承担的义务。未来发生的交易或者事项形成的义务，不属于现时义务，不应当确认为负债。

（2）义务包括法定义务和推定义务。

（3）义务的履行必须会导致经济利益的流出。负债是公司筹措资金的重要渠道，但它不能归公司永久支配使用，必须按期以资产或劳务偿付。因此，现时的负债代表着公司对未来经济利益的牺牲。

全部负债按其流动性质可以分为流动负债和非流动负债两大类。流动负债是指将在一年或者超过一年的一个营业周期内偿还的债务，包括短期借款、应付账款、应付职工薪酬、应交税费等。非流动负债是指偿还期在一年或者超过一年的一个营业周期以上的债务，包括长期借款、应付债券、长期应付款等。

（三）所有者权益

所有者权益是指公司资产扣除负债后，由所有者享有的剩余权益。公司的所有者权益又称为股东权益。

所有者权益的来源包括所有者投入的资本、直接计入所有者权益的利得和损失、留存收益等。直接计入所有者权益的利得和损失，是指不应计入当期损益、会引起所有者权益发生增减变动、与所有者投入资本或者利润分配活动无关的利得或者损失。利得是指由公司非日常活动形成的、会引起所有者权益增加的、与所有者投入资本无关的经济利益的流入。损失是指由公司非日常活动发生的、会引起所有者权益减少的、与所有者利润分配无关的经济利益的流出。

所有者权益是公司投资人对公司净资产的所有权。所有者权益金额取决于资产和负债的计量。在数量上，它等于公司的全部资产减去全部负债后的余额。公司的全部资产来自两个方面：一是负债；二是投资者的投资及其增值。因而，债权人和投资人对公司的资产拥有要求权。但两者在公司中享有的权利及承担的义务不同：债权人无权过问公司的经营，也无权分享公司的盈利，只享有到期收回债权本金和利息的权利；而投资人则拥有参与公司经营决策及盈利分配等各项权利，同时也负有到期偿还债务本息的义务，并且不得在公司经营期间抽回资本。因此，为了保证债权人的利益不受损害，法律规定债权人对公司资产的要求权优先于投资人的要求权。

所有者权益包括以下四项具体内容：

(1) 实收资本（股份有限公司为股本）。实收资本是指投资者实际投入公司的资本。投入资本在公司经营期内，投资者除依法转让，不得以任何方式抽走。

(2) 资本公积。资本公积来自资本溢价或股本溢价，即公司收到的投资者出资超过其在注册资本或股本中所占份额的部分。

(3) 盈余公积。盈余公积是指按照国家有关规定从净利润中提取的公积金。

(4) 未分配利润。未分配利润是公司留待以后年度分配的利润或待分配利润。

通过上述介绍，我们知道了资产、负债和所有者权益这三个会计要素的内容，下面分析一下它们之间的关系。

任何公司为了实现其经营目标，都要拥有一定数量的资产。公司的资产来自两个方面：一是负债；二是投资人的投资及其增值。因而，债权人和投资人都对公司的资产拥有要求权，这种对公司资产的要求权，在会计上称为权益。权益中属于债权人的部分，称为债权人权益，通常称为负债；属于投资人的部分，称为所有者权益。

资产表明公司拥有什么经济资源和拥有多少经济资源，权益则表明谁提供了这些经济资源，谁就对这些经济资源拥有要求权。既然权益是对资产的要求权，那么，资产与权益之间就是相互依存的关系。没有资产，就没有有效的权益。同样，公司所拥有的资产也完全不能脱离权益而存在。没有无资产的权益，也没有无权益的资产。而且，从数量上看，有一定数额的资产，就必定有一定数额的权益；反之，有一定数额的权益，也必然有一定数额的资产。也就是说，一个公司的资产总额与权益总额必然相等。资产与权益之间这种数量上的平衡关系，可以用下面的等式表示：

资产＝负债＋所有者权益

上式称为会计恒等式，它直接反映出资产负债表中资产、负债、所有者权益三要素之间的内在联系和数量关系，高度概括了公司在一定时点上的财务状况，所以它是建立资产负债表的理论基础。

通过上述分析，我们知道，资产负债表是以“资产＝负债＋所有者权益”这一会计恒等式为理论基础，按照一定的分类标准和一定的次序，把公司在某一特定日期的资产、负债和所有者权益各会计要素分成资产、权益两项并予以适当排列编制而成的。因此，等号两边的总计数相等是必然的，而不是举例时的巧合。

在经济活动分析中，人们总是先从分析总计数开始，得到对事物的总体认识；然后进一步深入分析具体项目，找到发现问题的途径，得出分析的结论。资产负债表的分析也应从分析总计数开始，首先应阅读资产总计、负债和所有者权益总计，了解公司拥有和控制的资金总额有多大规模，借入资本与自有资本的规模与结构如何。然后分析各类资产的合计数，如流动资产合计、非流动资产合计，从而了解公司资产的结构与各类资产的规模；流动负债合计、非流动负债合计，从而了解公司负债的结构及其规模。

为使资产负债表分析更为有效，需要将本期报表项目与前几期项目相比较，使几个时点的财务状况连接起来，从而能够跳跃式地分析公司财务状况的动态变化。在分析这些总计数与合计数时，应注意对照以前各期（最好为 3 年以上）资产负债表的数据，从而对公司价值的变化、所有者权益的变化、负债结构和规模的变化、资本结构的变化等作出评价。

二、阅读和分析资产负债表

为便于阅读和分析，我们将资产负债表中众多的项目“切割”成四部分：流动资产部分、非流动资产部分、负债部分和所有者权益部分。

（一）流动资产部分

资产负债表中的资产项目是按其变现可能性顺序排列的。货币资金本身就是可用于支付的现金和银行存款，排在首位，接下来是变现能力较强的各种流动资产。长期投资、固定资产、无形资产及其他资产等非流动资产，排在后面。这种排列顺序可以反映公司的变现能力状况，与该表右侧联系起来考察，可以看出公司的偿债能力。所以我们先看流动资产部分，如表 2—3 所示。

表 2—3　　流动资产部分　　单位：元

资产	期末余额	年初余额
流动资产：		
货币资金	62 050	59 200
交易性金融资产	30 000	39 000
应收票据	24 200	23 700
应收账款	84 900	92 200
预付款项	9 000	11 000
其他应收款	6 500	9 000
存货	312 500	286 000
流动资产合计	529 150	520 100

1. 货币资金

货币资金项目期末金额为 62 050 元，它包括公司现金、银行存款、支票、本票、汇票、信用证。货币资金是公司流动性最强的资产，但同时也是收益性最差的资产。相对而言，虽然它占公司资产总额的比重不大，但由于公司资金运动的最终形态是货币资金，并以货币资金进行购买或偿债，因此它在公司中十分重要。拥有一定数额的货币资金，就拥有了一定的支付能力。没有钱发工资、买材料、还欠款，哪个公司经理都怕碰上这种事。但认为货币资金越多越好也是错误的。比如，我们将期末余额 62 050 元放大 10 倍，而资产总计不变，也说明财务管理不佳。这么多的货币资金闲置在银行里，只能获取极少的利息，如何能实现股东财富最大化这一财务管理目标？

公司持有货币资金的规模因其类型、业务不同而异，如以农副产品为加工对象的公司，在农副产品收获季节之前，应持有大量货币资金以便采购，而在收购季节过后，货币资金持有量则明显下降。再如，公司宣告发放现金股利时，需积累货币资金，而在股利发放之后，货币资金余额明显减少。

2. 交易性金融资产

交易性金融资产项目期末余额为 30 000 元。取得该金融资产的目的，主要是近期内出售。例如，公司以赚取差价为目的从二级市场购入的股票、债券、基金等。

公司初始确认金融资产，应当按照公允价值计量。

交易性金融资产以公允价值计量且其变动计入当期损益，相关交易费用应当直接计入当期损益；对于其他类别的金融资产，相关交易费用应当计入初始确认金额。

所谓公允价值，就是在公允价值计量下，资产和负债按照在公平交易中，熟悉情况的交易双方自愿进行资产交换或者债务清偿的金额计量。

交易费用包括支付给代理机构、咨询公司、券商等的手续费和佣金及其他必要支出。

支付的价款中包含已宣告但尚未发放的现金股利或已到付息期但尚未领取的债券利息，应当单独确认为应收项目。

公司在持有以公允价值计量且其变动计入当期损益的金融资产期间取得的利息或现金股利，应当确认为投资收益。资产负债表日，公司应将以公允价值计量且其变动计入当期损益的金融资产的公允价值变动计入当期损益。

处置该金融资产时，其公允价值与初始入账金额之间的差额应确认为投资收益，同时调整公允价值变动损益。

公司在对外投资时，采取以赚取差价为目的从二级市场购入的股票、债券、基金等短期投资的方式，无非是为了充分利用暂时富余的货币资金，获取高于银行存款的收益，同时也使手中保留一部分易于变现的有价证券，以备不时之需。交易性金融资产是不可能以此去取得其他公司的控股权的。有些短期投资具有投机性，如投资股票，风险很大，数额不易过大。

3. 应收及预付款项

应收及预付款项包括应收票据、应收账款、预付账款等。

应收票据是指公司在采用商业汇票（包括商业承兑汇票和银行承兑汇票）结算方式下，因销售产品等而收到的商业汇票。资产负债表中应收票据项目的金额为票据的面额，表示尚未到期收回或尚未贴现或尚未背书转让的商业汇票的金额。

应收账款是公司因销售产品、材料，提供劳务等业务，应向购货单位或接受劳务单位收取的款项。市场存在风险，公司的应收账款由于各种原因可能收不回来，这种无法收回的应收账款称为坏账，由于发生坏账而造成的损失称为坏账损失。公司应当定期或者至少于每年年终，对应收账款进行全面检查，预计各项应收款项可能发生的坏账，对于没有把握收回的应收款项，应当计提坏账准备。计提坏账准备的方法由公司自行确定。公司应将计提坏账准备的范围、提取方法、账龄的划分和提取比例，经股东大会或董事会，或经理会议批准，并按规定报有关各方备案。坏账准备提取方法一经确定，不得随意变更。公司提取的坏账准备，应计入资产减值损失。公司对于不能收回的应收账款应当查明原因，追究责任。对确定无法收回的，按照公司的管理权限，经股东大会、董事会或经理会议批准作为坏账损失，冲销提取的坏账准备。

对于单项金额重大的应收款项，应当单独进行减值测试。有客观证据表明其发生了减值的，应当根据其未来现金流量现值低于其账面价值的差额，确认减值损失，计提坏账准备。

对于单项金额非重大的应收款项，可以单独进行减值测试，确定减值损失，计提坏账准备；也可以与经单独测试后未减值的应收款项一起，按类似信用风险特征划分为若干组合，再按这些应收款项组合在资产负债表日余额的一定比例计算确定的坏账准备。这一坏账准备应当反映各项目实际发生的减值损失，即各项组合的账面价值超过其未来现金流量现值的金额。

公司应当根据以往年度与之相同或类似的具有类似信用风险特征的应收款项组合的实际损失率为基础，结合现时情况确定本期各项组合计提坏账准备的比例，据此计算本期应计提的坏账准备。

本例中应收账款项目期末余额为 84 900 元，是公司尚未收回的应收账款减去已计提的坏账准备后的净额。

公司存在大量应收账款，从积极的角度看，表明产品适销对路，销售顺畅。但是，市场存在风险，公司的应收账款由于各种原因可能收不回来而形成坏账损失。所以，应收账款是典型的风险资产。若应收账款数额过大，公司宝贵的资金就被占用在结算环节上不能发挥作用。对应收及预付类资产，不仅要考察其数额大小，更要分析其时间长短。债权在没有变现之前，积聚着大量风险，而且时间越长，风险越大。在实际生活中，因收不回货款而被拖垮的公司屡见不鲜。

因此，应收账款的分析重点在于账龄分析。公司已发生的应收账款时间长短不一，有的尚未到期，有的已超过收款期，而且超过的时间也有长有短。为规避风险，加强资产的变现能力，公司必须对已发生的应收账款实行严密的监控，随时掌握应收账款的动态，防止发生坏账。

预付款项是指公司按照购货合同规定预付给供应单位的货款。预付款项是公司的债权，它意味着公司的货币资金暂时被其他单位占用了一部分。本例中预付款项项目期末余额为 9 000 元，是预付款项的实际发生额。公司应及时检查供货方是否按合同要求发货，维护公司的利益。

其他应收款项目期末余额为 6 500 元。资产负债表中有一些其他项目，如其他应收款、其他流动资产、其他非流动资产、其他应付款、其他流动负债、其他非流动负债等，从理论上讲，数额都应相对不大。但在实际工作中，有的公司却存在其他项目数额较大的现象。在分析时，若发现数额较大，应作为重点，查明原因。

4. 存货

存货是指公司在日常活动中持有以备出售的产成品或商品、处在生产过程中的在产品、在生产过程或提供劳务过程中耗用的材料和物料等。

存货具体包括各种原材料、燃料、包装物、低值易耗品、在产品、外购商品、协作件、自制半成品、产成品等。公司应当定期或者至少于每年年终，对存货进行全面清查，如由于存货遭受毁损、全部或部分陈旧过时或销售价格低于成本等原因，使存货成本不可收回的部分，应当提取存货跌价准备。本例中存货项目期末余额为 312 500 元，表示公司期末结存的各项存货的可变现净值，应根据各项存货的期末余额，减去存货跌价准备后的金额计算。

存货是公司的一项特殊资产，它是一项不能给公司直接带来收益的必要投资，同时又是一项维持公司正常生产经营活动的必要准备。存货是制造业公司流动资产中所占比例最大的项目，又是公司流动资产中流动性最差的部分。公司的存货量越大，占用的资金也越多。

在正常的情况下，存货一般在一年或一个营业周期内，通过出售或生产消耗转化为货币资金。适当的存货保有量对公司生产经营的正常运行非常必要，过多或过少的存货都会对公司产生不利影响。比如，存货项目金额过大，说明公司的库存过大，生产过剩，销售困难。这样的存货不仅变现能力差，而且时间越长越不值钱。在一个生产相对过剩的经济环境中，大多数类别的存货贬值的周期越来越短，过量的存货属于风险资产。

（二）非流动资产部分

非流动资产包括长期投资、固定资产、无形资产及其他资产等，如表 2—4 所示。

表 2—4　　**非流动资产部分**　　单位：元

资产	期末余额	年初余额
非流动资产：		
可供出售金融资产		
持有至到期投资		
长期股权投资	90 000	80 000
固定资产	490 000	510 000
在建工程	30 000	18 000
固定资产清理	0	70 000
无形资产	18 000	15 000
长期待摊费用	6 000	8 000
非流动资产合计	634 000	701 000

1. 可供出售金融资产

可供出售金融资产，是指初始确认时即被指定为可供出售的非衍生金融资产，以及除下列各类资产以外的金融资产：

（1）贷款和应收款项。

（2）持有至到期投资。

（3）以公允价值计量且其变动计入当期损益的金融资产。

例如，公司购入的在活跃市场上有报价的股票、债券和基金等，没有划分为以公允价值计量且其变动计入当期损益的金融资产或持有至到期投资等金融资产的，可归为此类。

活跃市场是指同时具有下列特征的市场：

（1）市场内交易的对象具有同质性。

（2）可随时找到自愿交易的买方和卖方。

（3）市场价格信息是公开的。

可供出售金融资产应当按取得该金融资产的公允价值和相关交易费用之和作为初始确认金额。支付的价款中包含的已到付息期但尚未领取的债券利息或已宣告但尚未发放的现金股利，应单独确认为应收项目。

可供出售金融资产持有期间取得的利息或现金股利，应当计入投资收益。资产负债表日，可供出售金融资产应当以公允价值计量，且公允价值变动计入资本公积（其他资本公积）。

处置可供出售金融资产时，应将取得的价款与该金融资产账面价值之间的差额，计入投资损益；同时，将原直接计入所有者权益的公允价值变动累计额对应处置部分的金额转出，计入投资损益。

公司应当在资产负债表日对以公允价值计量且其变动计入当期损益的金融资产以外的金融资产的账面价值进行检查，有客观证据表明该金融资产发生减值的，应当计提减值准备。

分析判断可供出售金融资产是否发生减值，应当注重该金融资产公允价值是否持续下降。通常情况下，如果可供出售金融资产的公允价值发生较大幅度下降，或在综合考虑各种相关因素后，预期这种下降趋势属于非暂时性的，可以认定该可供出售金融资产已发生减值，应当确认减值损失。

可供出售金融资产发生减值的，在确认减值损失时，应当将原直接计入所有者权益的公允价值下降形成的累计损失一并转出，计入减值损失。

2. 持有至到期投资

持有至到期投资，是指到期日固定、回收金额固定或可确定，且公司有明确意图和能力持有至到期的非衍生金融资产。例如，公司从二级市场上购入的固定利率国债、浮动利率公司债券等。

持有至到期投资应当按取得时的公允价值和相关交易费用之和作为初始确认金额。支付的价款中包含的已到付息期但尚未领取的债券利息，应单独确认为应收项目。

持有至到期投资在持有期间应当按照摊余成本和实际利率计算利息收入，计入投资收益。实际利率应当在取得持有至到期投资时确定，在该持有至到期投资预期存续期间或适用的更短期间内保持不变。实际利率与票面利率差别较小的，也可按票面利率计算利息收入，计入投资收益。

处置持有至到期投资时，应将所取得的价款与该投资账面价值之间的差额计入投资收益。持有至到期投资减值损失的计量，比照应收款项减值损失计量的办法处理。

3. 长期股权投资

长期股权投资包括以下几种类型：

（1）公司持有的能够对被投资单位实施控制的权益性投资，即对子公司投资。

（2）公司持有的能够与其他合营方一同对被投资单位实施共同控制的权益性投资，即对合营公司投资。

（3）公司持有的能够对被投资单位施加重大影响的权益性投资，即对联营公司投资。

（4）公司持有的对被投资单位不具有控制、共同控制或重大影响，且在活跃市场上没有报价、公允价值不能可靠计量的权益性投资。

长期股权投资与交易性金融资产的目的不同，交易性金融资产的主要目的是谋利，而长期股权投资的主要目的是使公司经营多元化，为将来扩大生产经营规模而积累整笔资金，或者是为扩大本公司的产品销售，控制其他公司等。概括地讲，是为公司长远发展和利益考虑所进行的投资。

下列长期股权投资应当采用成本法核算：

（1）投资公司能够对被投资单位实施控制的长期股权投资。

（2）投资公司对被投资单位不具有共同控制或重大影响，并且在活跃市场上没有报价、公允价值不能可靠计量的长期股权投资。

采用成本法核算的长期股权投资应当按照初始投资成本计价。追加或收回投资应当调整长期股权投资的成本。被投资单位宣告分派的现金股利或利润，确认为当期投资收益。投资公司确认投资收益，仅限于被投资单位接受投资后产生的累计净利润的分配额，所获得的利润或现金股利超过上述数额的部分，作为初始投资成本的收回。

投资公司对被投资单位具有共同控制或重大影响的长期股权投资，应当采用权益法核算。

长期股权投资的初始投资成本大于投资时应享有被投资单位可辨认净资产公允价值份额的，不调整长期股权投资的初始投资成本；长期股权投资的初始投资成本小于投资时应享有被投资单位可辨认净资产公允价值份额的，其差额应当计入当期损益，同时调整长期股权投资的成本。

确认投资收益时，应当以取得投资时被投资单位各项可辨认资产等的公允价值为基础，对被投资单位的净利润进行调整后加以确定。

长期投资这类资产若投资成功，就会产生稳定增长的收益，增加股东的财富。但若投资不当，长期无收益或收益很少，这类资产就等于没有发挥作用。长期投资面临的市场风险也比较大，遇到股市动荡、参股公司破产、投资项目失败等情况，这类资产不仅不会给公司带来收益，而且资产本身还会贬值，甚至变得完全没有价值。

4. 固定资产

固定资产，是指同时具有下列两个特征的有形资产：

(1) 为生产商品、提供劳务、出租或经营管理而持有的。

(2) 使用寿命超过一个会计年度。

固定资产同时满足下列条件的，才能予以确认：

(1) 该固定资产包含的经济利益很可能流入公司。

(2) 该固定资产的成本能够可靠地计量。

固定资产应当按照成本计量。外购固定资产的成本，包括购买价款，进口关税和其他税费，使固定资产达到预定可使用状态前所发生的可归属于该项资产的场地整理费、运输费、装卸费、安装费和专业人员服务费等。自行建造固定资产的成本，由建造该项资产达到预定可使用状态前所发生的必要支出构成。

固定资产具体包括使用期限超过一年的房屋、建筑物、机器、机械、运输工具以及其他与生产经营有关的设备、器具、工具等。固定资产有三个指标，分别是固定资产原价、累计折旧和固定资产账面价值。这三个指标非常重要，固定资产原价是指公司在购建或以其他方式取得某项固定资产时支出的成本总额，反映了公司拥有的固定资产的规模；累计折旧反映了固定资产的价值损耗；固定资产账面价值是指固定资产原价减去累计折旧和累计减值准备后的金额，反映了固定资产的新旧程度。这三个指标相互联系，反映了固定资产的原始价值、转移价值和折余价值。

折旧是指固定资产在使用过程中，由于损耗而转移到产品成本或费用中的价值。这里的损耗，既包括有形损耗，也包括无形损耗。固定资产的价值应在其使用寿命内，按其取得时的成本分配计入各受益期间。固定资产的折旧实际上是一个固定资产成本的分配过程。

公司应当对所有固定资产计提折旧，已提足折旧仍继续使用的固定资产除外。公司应在固定资产使用寿命内，按照确定的方法对应计折旧额进行系统分摊。

应计折旧额，是指应当计提折旧的固定资产的原价扣除其预计净残值后的金额。已计提减值准备的固定资产，还应当扣除已计提的固定资产减值准备累计金额。

公司应当根据固定资产所包含的经济利益预期实现方式，合理选择固定资产折旧方法。可选用的折旧方法包括年限平均法、工作量法、双倍余额递减法和年数总和法等。

一般来讲，固定资产的增减将会影响公司的盈利。固定资产不仅可以增加，也可以转让、闲置或报废。也就是说，固定资产中将有一部分因闲置而不能产生效益，也会因报废减少公司的资产。至于折旧，即使公司的固定资产不出现转让、闲置或报废，每年也要提取一定比例的折旧费来冲减固定资产的价值，从而减少公司的资产规模。公司必须正确计提折旧，折旧会影响利润的大小，多提或少提折旧会歪曲公司的经营成果，歪曲公司资产、净资产等财务状况。折旧还涉及税务问题，多提折旧会使利润减少，从而使所得税减少。

5. 在建工程

在建工程项目，是反映公司期末各项基建、更新改造等未完工程的实际支出，包括交付安装的设备价值，未完建筑安装工程已经耗用的材料、工资和费用支出，工程用料结存，预付外包工程的价款，已经建筑安装完毕但尚未交付使用的建筑安装工程成本，固定资产尚未交付使用或已使用但未办理竣工决算前发生的借款利息等。该项目列示的在建工程的各项支出，在竣工决算之后转入固定资产。在资产负债表中，在建工程项目应当按照减去在建工程减值准备后的净额反映。分析在建工程项目年初余额、期末余额的变化，可以了解公司是否准备新上工程。本例中该项目年初余额为 18 000 元，期末余额为 30 000 元，说明本年有新上马的工程。

若在建工程数额大，从积极的角度看，说明公司在扩充产能，有了新的经济增长点。该项目分析的重点，是要注意是否有长期的在建工程。这种超过工期，迟迟不能转为固定资产项目的在建工程，有可能拖垮公司。

6. 固定资产清理

固定资产清理项目，反映公司因出售、转让、报废或毁损等原因转入清理的固定资产。在清理过程中，会发生清理费用，同时也会取得出售固定资产的价款、残料收入及保险公司的赔偿款等收入。当收入大于费用时，为固定资产清理净收益，以负数列示在该项目中；当收入小于费用时，为固定资产清理净损失，以正数列示在该项目中。资产负债表中该项目反映了尚未清理完毕、尚未结转到本期损益的收支差额。本例中该项目年初余额为 70 000 元，期末余额为 0，说明清理过程结束，清理收益已转入营业外收支，不再列为资产类项目报告。

7. 无形资产及其他资产

无形资产，是指公司拥有或者控制的没有实物形态的可辨认非货币性资产。无形资产同时满足下列条件的，才能予以确认：

（1）与该无形资产有关的经济利益很可能流入公司。

（2）该无形资产的成本能够可靠地计量。

无形资产具体包括专利权、非专利技术、商标权、著作权、场地使用权、特许权等。公司自创商誉以及内部产生的品牌、报刊名等，因其成本无法明确区分，不应当确认为无形资产。无形资产按实际成本计价，这里所说的实际成本是指取得无形资产的支出。公司取得无形资产的途径有三条：购入、自创和外单位投资转入。无形资产没有物质磨损，不必计提折旧，但为了正确计算公司的经营损益，无形资产的价值应在规定年限或预计使用年限内平均摊销。资产负债表中，无形资产项目反映的是公司无形资产的摊余价值减去无形资产减值准备后的净额。在知识经济时代，无形资产相对物质资产有着重要意义。公司提高核心竞争力，拥有自主知识产权，仅靠物质资产是无法实现的。

8. 长期待摊费用

长期待摊费用包括以经营租赁方式租入的固定资产改良支出、摊销期限在一年以上的固定资产修理支出以及其他待摊费用等。长期待摊费用应按成本计价，并以其摊余价值在资产负债表的长期待摊费用项目中列示。

9. 资产减值

资产减值，是指资产的可收回金额低于其账面价值。

资产意味着未来的经济利益。如果资产发生减值，就说明资产所带来的未来经济利益将比原记账时所预计的要低，这就是资产减值的本质。资产减值表现为资产自身价值的减少。当资产发生了减值，应按降低了的资产价值代替原记账时较高的资产价值记账，以释放风险。

公司应当在会计期末判断资产是否存在可能发生减值的迹象。

可收回金额的计量结果表明，资产的可收回金额低于其账面价值的，应当将资产的账面价值减记至可收回金额，减记的金额确认为资产减值损失，计入当期损益，同时计提相应的资产减值准备。

上述资产中，许多项目都有可能减值，如交易性金融资产、可供出售金融资产、持有至到期投资、应收款项、存货、长期股权投资、投资性房地产、固定资产、在建工程、无形资产等。

（三）负债部分

负债是指公司过去的交易或者事项形成的、预期会导致经济利益流出公司的现时义务。负债分为流动负债和长期负债。资产负债表的负债部分如表 2—5 所示。

表 2—5　　**负债部分**　　单位：元

负债和所有者权益	期末余额	年初余额
流动负债：		
短期借款	50 000	40 000
应付票据	28 000	20 000
应付账款	55 650	56 000
预收款项	11 700	9 500
应付职工薪酬		
应交税费	7 300	8 100
应付股利	10 500	11 500
其他应付款	5 000	6 000
流动负债合计	168 150	151 100
非流动负债：		
长期借款	100 000	200 000
应付债券	105 000	100 000
非流动负债合计	205 000	300 000

1. 流动负债

流动负债是指将在一年或者超过一年的一个营业周期内偿还的债务，包括短期借款、应付票据、应付账款、预收款项、应付职工薪酬、应交税费、应付股利、其他应付款等。其中，短期借款和应付账款两项负债比较重要，应重点分析。

(1) 短期借款，是指公司借入的期限在一年以下的各种借款。短期借款按照借款的实际数列示在资产负债表中的短期借款项目内。借款利息计入财务费用，不列入该项目内。公司借入短期借款用于生产经营，用别人的钱为自己赚钱，可以为股东增加财富。但是，短期借款如果数额过大，公司近期的偿债压力就会加大，若这时手中的货币资金以及即将到期的债权也短缺，公司就会出现偿债危机。而且，短期借款是欠银行的债务，若拖欠的话，会使公司在银行的信用下降，影响公司日后的融资。

(2) 应付账款，是指公司因购买材料、物资和接受劳务供应等而应付给供应单位的款项。公司的应付账款按实际发生数列示在资产负债表中。在生产经营过程中，适度的应付账款可以节省公司的资金，相当于从债权方获取了一笔短期无息贷款。但是，当应付账款的数额过大时，公司的信用风险就会加大。

(3) 应付票据，是指公司对外发生债务时所开出、承兑的商业汇票，包括银行承兑汇票和商业承兑汇票。应付票据按实际票面金额计价，并列示在资产负债表中应付票据项目内。

(4) 预收款项，是指公司按照合同规定向购货单位预收的货款，应按实际发生的数额列示在资产负债表中。

(5) 应付职工薪酬项目，反映公司应付给职工的各种薪酬。

(6) 应交税费项目，反映公司按照税法等规定计算应缴纳的各种税费，包括增值税、消费税、营业税、所得税、资源税、土地增值税、城市维护建设税、房产税、土地使用税、车船使用税、教育费附加、矿产资源补偿费等。公司多缴纳的税费以“—”号在该项目填列。

(7) 应付股利项目，反映公司期末应付而未付给投资者的利润。公司多付给投资者的利润，则以“—”号在该项目中填列。

(8) 其他应付款是指除上述应付及预收款项以外的其他各项应付、暂收的款项。

2. 长期负债

长期负债是指偿还期在一年或者超过一年的一个营业周期以上的债务，包括长期借款、应付债券等。长期负债具有偿还期限长、债务金额巨大、可分期偿还三个特点。公司举借长期负债的目的是购置固定资产、扩充生产能力等，而不是用于周转。

(1) 长期借款，是指公司向银行或其他金融机构借入的期限在一年以上（不含一年）的各种借款。资产负债表中的长期借款项目，反映公司尚未偿还的长期借款。

(2) 作为长期负债的应付债券，是指公司为筹集长期资金而依照法定程序发行，约定在一定期限内还本付息的有价证券。资产负债表中的应付债券项目，反映公司尚未偿还的长期债券摊余成本。

公司扩充生产能力，仅依靠向股东筹资是不够的，巨大的资本市场可以给公司提供举借巨额款项的机会。通过借他人的钱，来完成靠自身积累无法完成的事情。但借债总是要还的，公司不仅要准备好到期须偿债的货币，而且数额可观的利息费用也构成了公司长期性的支出，加重了公司的负担。因此，举借长期债务，既可能给公司带来效益，也可能给公司带来风险。

（四）所有者权益部分

所有者权益是指公司资产扣除负债后，由所有者享有的剩余权益。所有者权益是公司的自有资金，包括实收资本、资本公积、盈余公积和未分配利润。实收资本和资本公积是投资人的投资及股本溢价等；而盈余公积和未分配利润不是来自投资人的直接投资，是通过公司的生产经营活动产生的，是投资的增值，如表 2—6 所示。

表 2—6　　所有者权益部分　　单位：元

负债和所有者权益	期末余额	年初余额
所有者权益：		
实收资本	500 000	500 000
资本公积	80 000	80 000
盈余公积	110 000	100 000
未分配利润	100 000	90 000
所有者权益合计	790 000	770 000

1. 实收资本

资产负债表中的实收资本项目，反映投资人对公司的投入资本。投入资本是投资者实际投入公司经营活动的各种财产物资。公司的投入资本都按实际投资数额在该项目中列示。

2. 资本公积

资本公积包括资本溢价等。资本溢价是指投资人实际缴付的出资额超过其在注册资本或股本中所占份额的部分，对股份有限公司来讲，也叫股本溢价，指公司发行股票的溢价净收入。资本公积可按法定程序经批准后转增资本。公司的资本公积在资本公积项目中列示。

3. 盈余公积

盈余公积是指按照国家有关规定从净利润中提取的公积金。一般每年按税后利润的10%提取，累计达到注册资本 50%时不再提取。盈余公积形成后，加入公司的资金运动进行周转，可以使资金充裕，扩大生产经营规模，防止意外风险。盈余公积金可用于弥补亏损或者用于转增资本金，但转增资本金后，公司的法定盈余公积金一般不得低于注册资本的 25%。盈余公积按实际提取数在资产负债表的盈余公积项目中列示。

4. 未分配利润

未分配利润是公司盈余形成的所有者权益，是公司实现的利润用于弥补亏损、缴纳所得税、提取盈余公积、支付投资者利润、缴纳财政特种基金后的余额。资产负债表上未分配利润项目为公司历年积存的未分配利润或未弥补亏损。如果是未弥补亏损，则用“—”号表示。

资产负债表中的资产总计是公司资产的价值，它是资产的账面价值；所有者权益表示公司股东对公司净资产的所有权。资产负债表中的所有者权益，就是股权账面价值。为什么称其为账面价值？因为资产负债表中的许多资产项目都是以历史成本计价的。按照历史成本计价的资产，能够如实反映该项资产当初购置时的原始成本及当前的账面价值，但它未必能够反映该项资产的真实价值。例如，教室里的多媒体设备，3 年前购置时 10 万元，预计使用 5 年，现在账面价值为 4 万元，但由于多媒体设备这类资产技术更新换代很快，该旧设备现时的实际价值应远远低于 4 万元。由此推论，资产负债表上的账面价值与实际价值完全有可能不一致。因此，投资者为购买股权而支付的价格与股权的账面价值往往不同。对股份公司来讲，每股市价乘以股票数量，就是公司的股权总市值。股票的市场价值与公司资产的历史成本无关，它取决于投资者对这些资产未来产生的现金流的期望。

按历史成本计价的账面价值尽管有明显的缺陷，但并不是毫无分析价值。例如，在实践中，投资者常用来评价公司价值的市净率（市值与账面价值比率）指标，就需要以账面价值为比较的基础。

$$市净率(倍数)=\frac{每股市价(股权的市场价值)}{每股净资产(股权的账面价值)}$$

投资者通常认为，股权的市场价值高于账面价值，意味着公司投入使用的资产价值高于其历史成本，资产的质量好，经营成功，有发展潜力。而股权的市场价值低于账面价值，则表明资产质量差，经营较差，没有发展前景。市价低于每股净资产的股票，就像售价低于成本的商品一样，说明投资者认为公司盈利的可能性不大。大多数经营成功的公司，其市值与账面价值比率都远大于 1。但对投资者来讲，市净率并非越高越好。市净率低意味着投资风险小，万一公司倒闭，清算时可以收回更多的成本。

如前所述，资产负债表中的资产总计是公司资产的账面价值。那么，公司的价值到底如何衡量？公司价值可以理解为收购公司所需付出的成本，应当包括股权总市值和金融债务，同时扣除现金。它的计算方法如下：

$$公司价值=股权总市值+金融债务-现金$$

例如，某股份公司有 5 000 万股流通股，每股的交易价格为 16 元，股权总市值=16×0.5=8（亿元）。该公司对金融机构的负债和发行公司债券等融资活动产生的金融债务共计 2 亿元，现金 3 000 万元。则

$$该公司价值 = 8+2-0.3= 9.7(亿元)$$

对收购者来讲，需要支付 10 亿元购买该公司的全部股权并偿付其债务，但同时也得到了该公司 3 000 万元的现金，因此，净成本为 9.7 亿元。

第 3 节　利润表分析

一、认识利润表

利润表也称为损益表，它是反映公司经营成果的报表。与资产负债表不同的是，它

反映的不是一个时点，而是一定时期的数据，所以人们把它归结为动态报表。我们首先列出一张利润表，以对它有一个整体的印象，如表 2—7 所示。

表 2—7 **利润表**

编制单位： 2015 年度 单位：元

项目	本期金额	上期金额
一、营业收入	870 000	（略）
减：营业成本	600 000	
营业税金及附加	30 000	
销售费用	15 000	
管理费用	80 000	
财务费用	10 000	
资产减值损失		
加：公允价值变动收益（损失以“—”号填列）		
投资收益（损失以“—”号填列）	50 000	
其中：对联营企业和合营企业的投资收益		
二、营业利润	185 000	
加：营业外收入	15 000	
减：营业外支出	10 000	
其中：非流动资产处置损失		
三、利润总额（亏损总额以“—”号填列）	190 000	
减：所得税费用	47 500	
四、净利润（净亏损以“—”号填列）	142 500	
五、每股收益：		
（一）基本每股收益		
（二）稀释每股收益		
六、其他综合收益		
七、综合收益总额		

由表 2—7 可以看到，利润表的结构很好理解，从营业收入出发，经过几个步骤的加、减计算，求出不同层次的利润指标。利润表的各个项目是根据有关账户的本期发生额填列或累计的。

利润表以“收入－费用＝利润”这一会计平衡公式为理论基础，将收入、费用、利润三大会计要素分别列示，反映出公司利润的形成过程。

下面讨论什么是收入、费用和利润，以及它们之间的关系。

（一）收入

收入是指公司在日常活动中形成的、会导致所有者权益增加的、与所有者投入资本无关的经济利益的总流入，具体包括销售商品收入、提供劳务收入和让渡资产使用权收入。

收入表明了公司经营活动所获得的成果，是公司收益的主要来源。它导致公司货币资金的增加，从而也导致所有者权益的增加。但并不是所有的货币资金收入都作为收入的实现。收入只有在经济利益很可能流入从而导致公司资产增加或者负债减少，且经济利益的流入额能够可靠计量时才能予以确认。

（二）费用

费用是指公司在日常活动中发生的、会导致所有者权益减少的、与所有者利润分配无关的经济利益的总流出。

费用是公司在生产和销售商品、提供劳务等日常活动中所产生的各项耗费。它是会计期间内经济利益的减少，其形式往往表现为资产减少或是发生负债而引起的所有者权益的减少。公司在一定期间内所发生的费用，都要以它的营业收入来补偿。费用只有在经济利益很可能流出从而导致公司资产减少或者负债增加，且经济利益的流出额能够可靠计量时才能予以确认。

公司应当合理划分成本和期间费用的界限。成本是指公司所生产的产品和提供劳务的成本；期间费用是指直接计入当期损益的费用，包括销售费用、管理费用和财务费用。

（三）利润

利润是指公司在一定会计期间的经营成果，包括收入减去费用后的净额、直接计入当期利润的利得和损失等。直接计入当期利润的利得和损失，是指应当计入当期损益、会导致所有者权益发生增减变动、与所有者投入资本或者利润分配活动无关的利得或者损失。利润金额取决于收入和费用、直接计入当期利润的利得和损失金额的计量。

利润通常用作公司经营业绩的评价指标，也作为其他指标如投资报酬率等的计算基础。从数量上看，它是收入与费用相抵后的差额。从总额考察，扣减的费用必须低于该期的收入，才会有利润；反之，这一会计期间的经营成果就将反映为亏损。公司的经营成果与所有者权益有着密切的联系，如果公司在经营中获得利润，所有者权益将随之增长；反之，如果发生了亏损，所有者权益将随之减少。

由于公司的主要目标是通过赚取利润使所有者权益增加，因此公司总是力求增加取得的收入，减少发生的费用，使净收入扩大。收入将使所有者权益增加，而费用则使所有者权益减少。取得的收入是用交换中所得的资产来衡量，它们通常采用现金或应收账款的形式；费用是公司在获取收入过程中发生的成本，它们通常用消耗的资产或耗用的服务的成本来衡量。因此，收入和费用的发生将影响公司的所有者权益。会计恒等式也可以用下列形式来表示：

资产＝负债＋所有者权益＋收入－费用

移项，可得

资产＋费用＝负债＋所有者权益＋收入

在期初这个特定时点上，收入和费用为零，会计恒等式的这种表现形式实际上与前述的会计恒等式相同；如果在期末，收入和费用经过结算而转入所有者权益中（费用成本类账户若有期末余额，则应以在产品项目列为资产），这样仍表现为资产与负债和所有者权益数量上的平衡关系。因此，前述会计恒等式可以看做该种表现形式在特定时点、在收入和费用结算并消失后的简化形式。

会计要素中的收入、费用和利润三项要素，即利润表要素，它们三者之间的关系是：

收入－费用＝利润

因此，将收入、费用两要素列入会计恒等式，可以将资产负债表和利润表联系起来，从而揭示了资产负债表要素和利润表要素各自内部及相互之间的内在联系和数量关系。

二、阅读和分析利润表

利润表中不同层次的利润依次为：营业利润、利润总额和净利润。

（一）营业利润

计算营业利润的公式为：

营业利润＝营业收入－营业成本－营业税金及附加－销售费用
－管理费用－财务费用－资产减值损失＋投资收益

（1）营业收入项目，反映公司经营活动实现的业务收入总额。如公司销售商品、提供劳务等业务的收入等。公司销售商品的收入，应按公司与购货方签订的合同或协议金额或双方接受的金额确定。公司在确定商品销售收入金额时，不考虑各种预计可能发生的现金折扣和销售折让。现金折扣在实际发生时确认为当期费用；销售折让在实际发生时冲减当期收入。

在分析利润表时，应特别注意营业收入是按权责发生制确认的，并不一定是收到货款的数额，也就是说，营业收入与现金收入不是一个概念。在实际工作中，要防止有人隐匿收入或虚造收入。隐匿收入者，其目的是逃避税收。为了偷税漏税而隐瞒自己的收入，无论国内还是国外，都不是个别现象。而虚造收入，你能理解这种做法吗？虚造收入会使公司多缴税款，为什么要这样做呢？在我国，有些国有企业的厂长、经理，为了向上级显示他的工作业绩，虚造收入冒充盈利。还有的上市公司为了筹集资金，虚造收入欺骗投资者，广大股民将这种做法称为“圈钱运动”。

（2）营业成本项目，反映公司经营活动发生的实际成本。如工业公司的产品销售成本。产品销售成本是指已售产品的生产成本，由直接材料、直接人工和制造费用三个成本项目组成。当产品售出以后，与这些售出产品的销售收入相配比的产品成本即转为当期费用，在利润表的营业成本项目中列示。该项目列示的是已售产品的实际成本，它是根据已售产品的数量和实际单位成本计算出来的。

(3) 营业税金及附加项目，反映公司在经营活动中所负担的各项税金及附加税费，如营业税、消费税、城市维护建设税、资源税和教育费附加等相关税费。该项目按营业税金及附加税费的实际发生数（即本期应纳数）列示。

(4) 销售费用，是指公司在销售产品和材料、提供劳务的过程中发生的各项费用以及专设销售机构的各项经费，如运输费、装卸费、包装费、保险费、展览费、广告费、商品维修费、预计产品质量保证损失等以及为销售本公司商品而专设的销售机构的职工薪酬、业务费、折旧费等。在利润表中，销售费用按实际发生数列示。

(5) 管理费用，是指为管理和组织公司生产经营活动所发生的各项费用，包括公司在筹建期间发生的开办费、公司经费、工会经费、董事会费、聘请中介机构费、咨询费、诉讼费、技术转让费、业务招待费、房产税、车船使用税、土地使用税、印花税、矿产资源补偿费、研究费用、排污费等。

(6) 财务费用，是指公司为筹集生产经营所需资金等而发生的筹资费用，包括利息支出（减利息收入）、汇兑损益以及相关的手续费等。列示在利润表的财务费用项目中的金额应为本期实际发生额。

财务费用与管理费用、销售费用一起称作期间费用。期间费用是不能计入产品成本的，它当月发生后，全额直接计入当期损益。产品成本与期间费用不同，只有当产品销售出去，产品的生产成本才能转化为营业成本，才能列示在利润表内，作为收入的减项。而若产品卖不出去，产品的生产成本就构成了存货成本，列示在资产负债表的存货项目内，表示资产的增加。期间费用是不会转移到存货上的，因为没有任何产品来负担它，资产负债表里也没有它的位置，一经发生，只能计入当期损益，作为利润表内收入的减项。所以，很明显，在收入一定的前提下，期间费用越多，公司的营业利润就越少。分析到这里，你可能已经得出结论，应当努力降低期间费用的开支，从而增加公司的利润，使股东财富最大化。但是，节约期间费用不是绝对的，有些费用开支并不是越低越好。例如广告费、研究费用等，这类开支不会给公司带来近期效益，但它关系到公司的长远发展。试想，一个公司不开拓市场，不研制开发新产品，它还能有前途吗？因此，我们对期间费用要区别分析，从成本效益的角度出发，一方面，看到它是利润增加的抵减因素；另一方面，又要看到它包含对未来利润增长的促进因素。

在分析营业成本和期间费用的时候，有一个问题不能回避，那就是成本计算的真实性问题。多年来，我国有些公司会计信息失真问题比较严重，原因很多，其中成本不实较为突出。有些公司人为调节成本，弄虚作假，对社会危害很大。

(7) 资产减值损失，是指公司计提的各项资产减值准备所形成的损失。

(8) 投资收益，是指公司确认的投资收益或投资损失。若投资损失大于收益，则以“—”号在投资收益项目列示。

营业利润项目由营业收入与上述成本、费用、税金相减后并加上或减去投资收益或投资损失的余额列示。若相减后结果为负数，说明公司营业发生了亏损，用“—”号表示。

营业利润是反映公司水平高低的一项重要指标。营业利润增长，不仅有可能给公司带来较高的收益，而且说明公司具有一定的成长性。如果营业利润在公司利润结构中所占比例较小，则说明公司不够景气，公司经营已经存在困难，若不加以调整，将会影响到公司的进一步发展。

（二）利润总额

计算利润总额的公式为：

利润总额＝营业利润＋营业外收入－营业外支出

（1）营业外收入，是指与公司的生产经营活动没有直接关系的各种收入，包括非流动资产处置利得、非货币性资产交换利得、债务重组利得、政府补助、盘盈利得、捐赠利得等。

（2）营业外支出，是指与公司生产经营活动无直接关系的各种支出，包括非流动资产处置损失、非货币性资产交换损失、债务重组损失、公益性捐赠支出、非常损失、盘亏损失等。

对利润表中营业外收支的分析，要注意有无金额过大的不正常现象，有无不应该发生的营业外收支，有无利用营业外支出项目列支公司不应开支的金额等。

用营业利润加上营业外收入，再减去营业外支出后，就得出了公司实现的利润总额。

（三）净利润

公司实现的利润总额按照国家规定作了相应调整后，应依法缴纳所得税。公司的利润总额减去当期应负担的所得税税额，就构成公司的税后利润，即净利润。用公式表示如下：

净利润＝利润总额－所得税费用

第4节　现金流量表分析

一、认识现金流量表

现金流量表，是指反映公司在一定会计期间现金和现金等价物流入和流出情况的报表。它反映的是一定会计期间内的数据，属于动态的年度报表。我国企业从1998年起开始编制现金流量表，以取代过去的财务状况变动表。现金流量表与资产负债表、利润表同属财务报表，也应对外报告。为了使读者掌握现金流量表的基本原理，能够读懂主要项目，并作出一定的分析和判断，下面列示了一张现金流量表，如表2—8所示。

表 2—8　　**现金流量表**

编制单位：　　2015 年度　　单位：元

项目	金额
一、经营活动产生的现金流量：	
销售商品、提供劳务收到的现金	1 260 000
收到的税费返还	172 000
收到其他与经营活动有关的现金	3 000
现金流入小计	1 435 000
购买商品、接受劳务支付的现金	350 000
支付给职工以及为职工支付的现金	290 000
支付的各项税费	231 000
支付其他与经营活动有关的现金	80 000
现金流出小计	951 000
经营活动产生的现金流量净额	484 000
二、投资活动产生的现金流量：	
收回投资收到的现金	18 000
取得投资收益收到的现金	29 000
处置固定资产、无形资产和其他长期资产收回的现金净额	298 200
收到其他与投资活动有关的现金	
现金流入小计	345 200
购建固定资产、无形资产和其他长期资产支付的现金	367 300
投资支付的现金	
支付其他与投资活动有关的现金	
现金流出小计	367 300
投资活动产生的现金流量净额	−22 100
三、筹资活动产生的现金流量：	
吸收投资收到的现金	
取得借款收到的现金	500 000
收到其他与筹资活动有关的现金	
现金流入小计	500 000
偿还债务支付的现金	100 000
分配股利、利润或偿付利息支付的现金	46 500
支付其他与筹资活动有关的现金	
现金流出小计	146 500
筹资活动产生的现金流量净额	353 500
四、现金及现金等价物净增加额	815 400

尽管表 2—8 对现行的现金流量表删减及合并了一些项目，并且省略了报表附注中的补充资料部分，但它仍是一张项目众多的报表。下面我们先避开这些项目，归纳一下这张报表的整体结构，然后再深入讨论，如表 2—9 所示。

表 2—9 **现金流量表**（简表）

编制单位： 2015 年度 单位：元

项目	金额
一、经营活动产生的现金流量：	
现金流入	1 435 000
现金流出	951 000
经营活动产生的现金流量净额	484 000
二、投资活动产生的现金流量：	
现金流入	345 200
现金流出	367 300
投资活动产生的现金流量净额	—22 100
三、筹资活动产生的现金流量：	
现金流入	500 000
现金流出	146 500
筹资活动产生的现金流量净额	353 500
四、现金及现金等价物净增加额	815 400

在表 2—9 这张反映了现金流量表主体结构的简表中，我们首先要了解这里的现金是指什么。现金流量表中的现金是指公司的库存现金以及可以随时用于支付的存款。应当指出的是，这里使用的现金概念是一个广义的范畴，包括现金等价物。现金等价物，是指公司持有的期限短、流动性强、易于转换为已知金额现金、价值变动风险很小的投资。例如，公司购买的短期债券，就是随时可以变现的现金等价物。所谓期限短的投资，一般是指从购买日起 3 个月内到期的现金等价物。

我们已经知道了什么是现金，下面再来看看什么是现金流量。所谓现金流量，是指某一段时期内公司现金流入和流出的数量。如公司销售商品、提供劳务、出售固定资产、向银行借款等取得现金，形成公司的现金流入；购买原材料、接受劳务、购建固定资产、对外投资、偿还债务等支付现金，形成公司的现金流出。有一点要注意，只有非现金形式与现金形式的转换才会产生现金的流入或流出，而现金形式之间的转换是不会产生现金的流入或流出的。例如，公司从银行提取现金，这只是一种现金形式转化为另一种现金形式，就像将现金“从左边的口袋放到右边的口袋”，并未流出公司，不构成现金流量；同理，现金与现金等价物之间的转换也不构成现金流量。

从表 2—9 中可以看出，现金流量表由三大部分组成，即经营活动产生的现金流量、投资活动产生的现金流量和筹资活动产生的现金流量。在每一大部分下，又具体反映为现金流入量和现金流出量。现金流入量减去现金流出量，就可以求出这一部分的现金流量净额（若现金流入量小于现金流出量，则用“—”号表示）。三大部分的现金流量净额相加，就可以求出该表的最后一个数据，即现金及现金等价物净增加额。这个指标很重要，若为正数，表明公司本期为现金流入；若为负数，则为现金流出。

现金流量信息可以表明公司财务状况是否良好，资金是否紧缺，以及公司偿付能力的大小，从而为投资者、债权人、公司的管理者提供有用的信息。下面分析由经营活动、投资活动、筹资活动分别产生的现金流量。

（一）经营活动及其产生的现金流量

经营活动是指公司在供应、生产和销售活动中所从事的各项日常经济活动，它的含义很广，包括公司投资活动和筹资活动以外的所有交易和事项。例如，工商公司的销售商品、提供劳务、经营性租赁、购买商品、接受劳务、广告宣传、推销产品、缴纳税款活动等都属于经营活动。经营活动是对现金流量影响最大的因素。

公司从事各种经营活动所流入的现金主要包括：

（1）销售商品、提供劳务收到的现金。这个项目一般包括：本期销售商品、提供劳务收到的现金，以及前期销售商品和前期提供劳务而在本期收到的现金和本期预收的账款，减去本期退回、本期销售的商品和前期销售、本期退回的商品支付的现金。

（2）收到的税费返还。指公司收到返还的各种税费，如收到的增值税、所得税、消费税、营业税和教育费附加返还款等。

（3）收到其他与经营活动有关的现金。指除了上述两项，公司收到的其他与经营活动有关的现金流入，如罚款收入、流动资产损失中由个人赔偿的现金收入等。

公司从事各种经营活动所流出的现金主要包括：

（1）购买商品、接受劳务支付的现金。指公司购买材料和商品、接受劳务实际支付的现金，包括本期购入材料和商品、接受劳务支付的现金，以及本期支付前期购入商品、接受劳务的未付款项和本期预付款项。本期发生的购货退回收到的现金应从本项目中扣除。

（2）支付给职工以及为职工支付的现金。指公司实际支付给职工，以及为职工支付的现金，包括本期实际支付给职工的工资、奖金、各种津贴和补贴等，以及为职工支付的其他费用。

（3）支付的各项税费。指公司按规定支付的各种税费，包括本期发生并支付的税费，以及本期支付以前各期发生的税费和预缴的税金，如支付的教育费附加、矿产资源补偿费、印花税、房产税、土地增值税、车船使用税、预缴营业税等。

（4）支付其他与经营活动有关的现金。指除上述三项，公司支付的其他与经营活动有关的现金流出，如罚款支出、支付的差旅费、业务招待费现金支出、支付的保险费等。

（二）投资活动及其产生的现金流量

投资活动是指公司长期资产的购建和不包括在现金等价物范围内的投资及其处置活

动，主要包括：取得和收回投资，购建和处置固定资产、无形资产和其他长期资产等。

公司从事各种投资活动所流入的现金主要包括：

（1）收回投资收到的现金。指公司出售、转让或到期收回除现金等价物以外的短期投资、长期股权投资而收到的现金，以及收回长期债权投资本金而收到的现金。

（2）取得投资收益收到的现金。指公司因股权性投资和债权性投资而取得的现金股利、利息，以及从子公司、联营公司和合营公司分回利润收到的现金。

（3）处置固定资产、无形资产和其他长期资产收回的现金净额。指公司处置固定资产、无形资产和其他长期资产所取得的现金，减去为处置这些资产而支付的有关费用后的净额。由于自然灾害所造成的固定资产等长期资产损失而收到的保险赔偿收入，也包括在本项目内。

（4）收到其他与投资活动有关的现金。指除了上述三项，公司收到的其他与投资活动有关的现金流入。

公司从事各种投资活动所流出的现金主要包括：

（1）购建固定资产、无形资产和其他长期资产支付的现金。指公司购买、建造固定资产，取得无形资产和其他长期资产所支付的现金。

（2）投资支付的现金。指公司进行权益性投资和债权性投资支付的现金，包括公司取得的除现金等价物以外的短期股票投资、短期债券投资、长期股权投资、长期债权投资支付的现金，以及支付的佣金、手续费等附加费用。

（3）支付其他与投资活动有关的现金。指除了上述两项，公司支付的其他与投资活动有关的现金流出。

（三）筹资活动及其产生的现金流量

筹资活动是指导致公司资本及债务规模和构成发生变化的活动。这里所说的资本，包括实收资本（股本）和资本溢价（股本溢价）。与资本有关的现金流入和流出项目，包括吸收投资、发行股票、分配利润等。这里所说的债务，是指公司对外举债所借入的款项，如发行债券、向金融机构借入款项以及偿还债务等。

公司从事各种筹资活动所流入的现金主要包括：

（1）吸收投资收到的现金。指公司收到的投资者投入的现金，包括以发行股票、债券等方式筹集的资金实际收到的款项净额（发行收入减去支付的佣金等发行费用后的净额）。

（2）取得借款收到的现金。指公司举借各种短期和长期借款所收到的现金。

（3）收到其他与筹资活动有关的现金。指除上述两项，公司收到的其他与筹资活动有关的现金流入，如接受现金捐赠等。

公司从事各种筹资活动所流出的现金主要包括：

（1）偿还债务支付的现金。指公司以现金偿还债务的本金，包括偿还金融公司的借款本金、偿还债券本金等。

（2）分配股利、利润或偿付利息支付的现金。指公司实际支付的现金股利，支付给其他投资单位的利润以及支付的借款利息、债券利息等。

（3）支付其他与筹资活动有关的现金。指除了上述两项，公司支付的其他与筹资活动有关的现金流出，如捐赠现金支出、融资租入固定资产支付的租赁费等。

二、阅读和分析现金流量表

现金流量表与资产负债表和利润表作为公司对外报告的三张主要报表，各有不同的作用。如前所述，资产负债表反映公司一个特定时点的财务状况，是静态的反映；利润表是根据权责发生制原则编制的，有些项目中的部分金额与当期的现金收支无关。也就是说，这两张报表无论多么重要，都不能反映公司在一定时期内所发生的现金收入和现金支出的情况。20 世纪 70 年代，西方国家在经历了第二次世界大战后的经济黄金时期后，开始出现持续的通货膨胀，生产发展处于停滞状态，资金市场紧张、利率升高，取得贷款越来越困难，许多公司遇到了严重的现金短缺问题。有些公司账面上虽然有利润，但由于对资金管理不当或由于外界原因造成资金周转不灵，公司财务状况恶化，偿债能力不足，最终导致公司破产。因此，无论是公司内部管理人员，还是公司外部的投资者和债权人，都十分重视现金流量的信息。美国首先于 1987 年发布了《财务会计准则公告》，将财务状况变动表改为现金流量表。随后，英国、加拿大、澳大利亚等一些西方国家也先后要求公司编制现金流量表。

现金流量表能直接揭示公司当前的偿债能力和支付能力。公司的投资者和债权人在阅读财务报表时，非常关心公司的现金流量状况。投资者最关心的信息是公司筹集资金、运用资金、支付股利、偿还贷款的能力。因为投资者投入现金的目的是获得更多的现金。债权人最关心的是到期能否收回本金和利息，即该公司的偿债能力。对投资者和债权人来讲，现金流量表还可以用来评估公司未来的现金流量。虽然现金流量表是反映公司过去一段时期以来的现金流量的情况，提供的是有关现金流量的历史信息，但是报表使用者可以通过阅读和分析公司以往几个时期的现金流量表，利用历史现金流量信息来预测公司未来现金流量的趋势，以便他们作出相应的决策。对公司的经营管理者来讲，通过分析现金流量表，可以掌握当前现金流量情况，合理安排资金，编制下一期的现金收支计划，提高财务管理的灵活性和应变能力，降低风险。

在阅读和分析现金流量表时，一般来讲，如果现金流量结构合理，现金流入和现金流出没有重大异常波动，最重要的是，先要看现金流量表最后一栏的数据，即现金及现金等价物净增加额是否为正数，若为正数，则表明有现金流入，这一切可以说明这个公司财务状况基本良好。

（一）分析经营活动产生的现金流量

经营活动产生的现金流量是公司正常经营活动产生的现金流量，主营业务是经营活动的主要成分。经营活动产生的现金流量净额项目若为正数，说明公司经营活动产生的现金流入大于现金流出，意味着公司处在经营周期的上升期。公司经营进入良性循环，主营业务突出，稳定的销售收入带来现金收入，而且现金流入量越大，公司的偿债能力和支付能力就越强。需要特别指出的是，销售收入并不等于现金流入，在会计上销售收入是按照权责发生制确认的，而现金流入是以现金的收到来确认的。所以，经营活动现金流量中的销售商品、提供劳务收到的现金项目，是一个值得重点关注的指标，将它同利润表中的营业收入总额相对比，可以大致看出本期销售活动收回的现金比例，了解公司现金销售能力的大小。在实际经济活动中，能够带来现金流入的销售活动就足以说明公司产品定位正确、适销对路，货款收回顺利，已形成了良好的经营环境。

（二）分析投资活动产生的现金流量

对投资活动产生的现金流入和现金流出，要具体分析，不能简单地认定此类活动现金流量净额为正对公司就一定有利。例如，处置固定资产、无形资产而收到的现金净额项目若金额为正，且数额过大，尽管它给公司带来了现金流入，但也要认真分析，了解真实情况，看看究竟是公司进行大规模设备更新，还是靠变卖资产度日造成的。另外，像收回投资所收到的现金项目，并非经常发生，一旦发生巨额款项，虽然属于现金流入，但应意识到它不是一个经常性的流入项目。有很多公司投资活动产生的现金流量净额项目为负数，这往往是公司本年度扩大投资行为的结果。投资活动的现金流出，包括公司对内投资的购建固定资产、无形资产等行为，以及对外投资的购买股票、债券等行为。这些现金流出的目的是，公司为了挖掘新的利润增长点，通过投资行为产生的现金流出，以在将来得到更多的现金收入的回报，从而扩大公司的价值及增加股东的财富。所以，这部分现金流出一旦发生，往往数额可观，因而有些公司的现金流量净额出现了负数。在分析时也要注意，投资未必都能带来收益，不成功的投资项目会使公司陷入困境。所以，分析投资活动产生的现金流量时，不要局限于现金流入还是流出，应结合当前经济环境、市场状况、国家政策等诸因素加以考察，以便对公司未来的获利能力进行评估。

（三）分析筹资活动产生的现金流量

公司筹集资金，一方面是为了满足现有生产经营规模的需要，另一方面是为了扩大生产经营规模。公司生存和发展的一切需要，都离不开资金的支持。有了充裕的资金，公司才能抓住机遇，迎接挑战。理论上，在常规状态下，等量资本会带来等量利润。筹资活动产生的现金流入量越多，增加利润的可能性就越大。但是，资本是不能无偿使用的。无论自有资本还是借入资本，使用它都应付出代价。如果公司的获利水平不及银行利率水平，也就是说，筹资运用后产生的利润不足以支付银行利息，这样的筹资活动产生的现金流入量越多，公司就越不堪重负。也有的公司追求过度扩张，大量举债，一旦投资项目不能达到预期效果，则公司全部生产能力产生的利润都用来支付新项目的利息了。更有甚者，为了在年报时粉饰公司的支付能力，迷惑投资者和债权人，在年报前向银行借入贷款或向其他单位拆借资金，增加现金流入量，人为地使现金流量净增加额产生正数，同时使资产负债表中的货币资金项目产生巨额存款，给人以支付能力很强的假象。

第 5 节　财务报表的比率分析

对相当多的非专业人士来讲，阅读和分析财务报表中众多的项目毕竟是一件比较吃力的事情，而了解几个指标并不困难。即使从没有接触过会计和掌握财务管理学知识的人，也会知道销售利润率高比低好。财务报表分析有许多方法，其中比率分析法是报表分析中应用最为广泛的方法。这种方法通过一系列的比率计算，揭示报表各项目的相关性，使复杂的财务信息简单化。因此，下面我们将专门介绍财务报表的比率分析，使读者掌握这种财务分析中应用最广泛的分析工具。值得注意的是，计算比率并非分析的目的，它只是提供了某种财务信息。若想通过比率指标了解公司的财务状况、经营成果和现金流量，还必须借助于其他各项分析资料。另外，比率是抽象的，利用它评价公司财务状况、经营成果和现金流量的优劣时，必须选择一定的评价标准。

下面重点介绍反映偿债能力、资产周转情况、获利能力的比率分析方法。

一、反映偿债能力的指标

偿债能力是指公司清偿债务的能力。反映偿债能力的指标主要有资产负债率、流动比率、速动比率、现金比率等。

（一）资产负债率

该指标用来衡量公司利用债权人提供的资金进行经营活动的能力，以及反映债权人发放贷款的安全程度。计算公式为：

$$资产负债率=\frac{负债总额}{全部资产总额}\times 100\%$$

式中，负债总额既包括短期负债，也包括长期负债；全部资产总额则是扣除累计折旧后的净额。

该指标反映债权人所提供的资本占全部资本的比例，也称作举债经营比例。这个指标非常重要，如果资产负债率过高，说明公司偿债能力较差，财务风险较大。当然，应具体情况具体分析，不同的人站在不同的立场，对这个指标会有不同的看法。从债权人的角度看，他们希望公司的资产负债率较低，因为他们关心的是到期能否收回贷款本息。举债经营比例低，说明公司的偿债能力强，债权人所冒的风险小。从投资者的角度看，完全靠自己投资，不仅资本扩张的速度慢，而且投资风险都要由投资者来承担。负债经营，不仅可以用别人的钱为自己生利，而且可以将一部分经营风险转嫁给债权人。但这有一个前提，就是公司的全部资本利润率必须高于借款的利率，这样借入资本才有效益。在这个前提下，投资者当然希望资产负债率较高。从经营者的角度看，公司不举债或举债数额很小，说明公司不具备利用举债进行经营的能力，“小本经营”，不思进取，公司扩张无力。但过度举债，会使外界对公司的偿债能力产生怀疑，也加大了财务风险。

对资产负债率的分析应结合经济形势及公司的性质。在经济衰退期，公司一般不愿多举债，因为此时收益率低。而在经济繁荣期，资本收益率高，公司往往敢于大胆举债。同时，公司性质不同，举债经营比例也不同。例如，金融公司的资产负债率就应高于工商公司。人们通常认为，一般的公司该指标为50%比较适宜。

（二）流动比率

该指标衡量公司流动资产在短期债务到期以前可以变为现金用于偿还流动负债的能力。计算公式为：

$$流动比率=\frac{流动资产}{流动负债}\times 100\%$$

这个指标反映了公司的短期偿债能力，而短期偿债能力的分析是对公司偿债能力分析的重点。公司的短期偿债能力直接关系到公司的信誉。试想，当一个公司需要以它的全部资产，包括非流动资产去偿还债务的时候，也就意味着这个公司出现了危机。因此，分析的着眼点放在了用流动资产偿付流动负债的能力上。从债权人的角度看，希望流动比率高一些，这样公司偿还短期债务的能力就较强。但是，流动资产的获利能力较差，过高的流动比率意味着流动资产占用过多，公司获利能力不强，这不是一种良好的财务状况。一般认为，流动比率保持在 2∶1 的水平上是适宜的。当然，这是一个经验数据，难以从理论上证明。流动比率高低的标准与经营周期有一定的联系，凡是经营周期短的公司，如饮食业，其流动比率都会高一些。

（三）速动比率

该指标亦称酸性试验比率，用来衡量公司流动资产中可以立即用于偿付流动负债的能力。计算公式为：

$$速动比率=\frac{速动资产}{流动负债}\times 100\%$$

式中

$$速动资产=现金+短期有价证券+应收款项净额$$

从资产负债表中我们可以看出，流动资产包括的内容很多，而速动资产不包括存货和预付账款。因为存货的变现能力较差，而预付账款本质上属于费用，虽然能减少公司未来的现金支出，但不能变现去偿付短期债务。所以，速动资产中只包括库存现金、银行存款、短期有价证券、应收票据、应收账款等，这些都是可以立即或尽快变现的流动资产。当然，应收账款的变现能力相对弱一些。特别是在我国，一段时期以来，应收账款的催收难度较大，坏账损失时有发生。

根据经验，一般认为速动比率保持在 1∶1 的水平上较为适宜。当然，也要注意行业特点，如零售业，现金交易多，应收账款少，速动比率较低；而批发公司应收账款数额大，则速动比率高。由于人们并不希望看到公司依靠变卖存货来偿还债务，因此这个指标更能反映公司的短期偿债能力。正是因为它反映了公司流动资产的流动性纯度，所以又被人们称为酸性试验比率。

（四）现金比率

该指标反映公司的立即变现能力，也就是随时可以还债的能力。计算公式为：

$$现金比率=\frac{现金+短期有价证券}{流动负债}\times 100\%$$

实际上，这个指标是将速动资产扣除应收账款后与流动负债的比值，因为许多公司的应收账款经常不能按期收回，有的还成为坏账。应收账款虽然具有较高的流动性，但其中相当一部分是不能用来立即变现偿还债务的。因此，从速动资产中扣除应收账款后的金额，更能反映公司直接偿还流动负债的能力。

现金比率高说明公司立即变现能力强。但是，由于现金获利能力最低，公司不应保留过多的现金类资产。所以，如果该指标过高，反而说明公司大量现金闲置，没有充分利用其获取更多的收益。在实际工作中，你不能要求公司完全依靠现金类资产偿还全部流动负债，因而一般来讲，在评价公司的变现能力时，现金比率的重要性不大。

二、反映资产周转情况的指标

资产周转情况反映了公司资金利用的效率。反映资产周转情况的指标主要有应收账款周转率、存货周转率、流动资产周转率、固定资产周转率、总资产周转率等。这里只介绍应收账款周转率与存货周转率。

（一）应收账款周转率

该指标反映公司应收账款的流动程度。计算公式为：

$$应收账款周转率=\frac{赊销收入净额}{平均应收账款余额}$$

式中

$$赊销收入净额=销售收入-现销收入-销售退回、折让、折扣$$

$$平均应收账款余额=\frac{期初应收账款+期末应收账款}{2}$$

一般认为，应收账款周转率越高，表明应收账款回收速度越快，公司资金被外单位占用的时间越短，公司的应收账款管理效率越高。及时收回应收账款，既避免了产生坏账的风险，又提高了公司的支付能力。

（二）存货周转率

该指标衡量公司销售能力和存货是否过量。计算公式为：

$$存货周转率=\frac{销货成本}{平均存货}$$

式中

$$平均存货=\frac{期初存货+期末存货}{2}$$

一般来讲，存货周转速度越快，存货的占用水平越低，流动性越强，存货转换为现金或应收账款的速度就越快，越可以增强公司的变现能力。在分析时，如果拥有较高的存货周转率，就可以认为公司具有较高的存货管理效率，公司的销售能力较强。但这也不是绝对的，例如，过高的存货周转率也可能是存货不足造成的，这将影响公司的销售增长。

三、反映获利能力的指标

获利能力是公司赚取利润的能力。反映获利能力的指标主要包括资产利润率、销售利润率、成本费用利润率等。

（一）资产利润率

该指标反映公司所得与所占用的比例关系，用以衡量公司整体的资金利用效果。计算公式为：

$$资产利润率=\frac{利润}{平均资产总额}\times100\%$$

式中，利润可以用利润总额，也可用税后利润。

$$平均资产总额=\frac{期初资产总额+期末资产总额}{2}$$

很明显，资产利润率越高，说明公司运用资产创造利润的能力越强。公司的资产是由投资人的投资和负债形成的。公司获得利润的大小，与公司资产的数量和质量有着密切的关系。资产利润率是一个综合指标，通常被人们用来描述一个公司经济效益的高低。在实际工作中，一个公司资产利润率的高低还会受到经济周期不同阶段的影响。

（二）销售利润率

该指标用来衡量公司销售收入的收益水平。计算公式为：

$$销售利润率=\frac{利润}{销售收入}\times100\%$$

式中，利润可以采用不同层次的指标，如利润总额、营业利润、主营业务利润或税后净利润。

因此，在分析该指标时，应注意采用的是哪一个利润指标，以便保持可比性。毫无疑问，销售利润率作为反映公司盈利能力的重要指标，当然是越高越好。从销售利润率的指标关系来看，利润额与该指标成正比关系，而销售收入与该指标成反比关系。公司在增加销售收入的同时，必须相应地获得更多的利润，才能使该指标不变或有所提高。在分析时，一旦发现销售收入增长与利润增长不成比例的情况，要加以注意。一般来讲，由于固定成本的存在，利润增长的幅度应高于销售增长的幅度。违反这个规律，有可能是偷漏税款、廉价促销、进货成本增高等原因造成的，应进一步查明情况。我们说这个指标越高越好，是从公式推理而言的。但是，过高的销售利润率也可能意味着出现了一些不正常的情况。

（三）成本费用利润率

该指标反映公司所得与所费的比例关系。计算公式为：

$$成本费用利润率=\frac{利润}{成本费用总额}\times 100\%$$

式中，利润指标可以采用利润总额，也可以是营业利润。

成本费用利润率是反映公司投入产出水平的重要指标。一般来讲，成本费用水平低，则公司盈利水平高，所以该指标越高越好。利用这个指标，既可以评价公司获利能力的高低，也可以衡量公司控制成本费用的管理水平。

本章小结

会计循环的终点产生了财务报表，学会分析财务报表是财务管理的起点。财务报表是反映公司财务状况、经营成果和现金流量的报表，主要包括资产负债表、利润表、现金流量表、所有者权益（或股东权益）变动表和附注。财务报表通常有两种分析方法。第一种方法是将财务报表从整体上加以分析，以确定其中存在的重要趋势和模式；第二种方法是估量出财务报表中关键因素之间的关系，以便进行不同时期和不同公司间的比较。本章阐述了资产负债表、利润表、现金流量表的分析方法，介绍了财务报表的比率分析。

思考题

1. 你在分析财务报表时，更看重公司的获利能力还是偿债能力？
2. 通过财务报表，你能够完全真实地掌握公司的财务状况、经营成果和现金流量吗？
3. 在阅读和分析财务报表时，你会特别关注哪些项目？

重点概念

1. 会计报表：在对日常会计核算资料进行综合整理的基础上编制的，用以总括地反映某一会计单位在一定时期内的财务状况、经营成果和现金流量的报告文件。

2. 资产负债表：反映公司在某一特定日期（月末、季末、年末）财务状况的会计报表。

3. 利润表：反映公司在一定期间（月份、季度、年度）经营成果实现情况的会计报表。

4. 现金流量表：反映公司在一定会计期间现金和现金等价物流入和流出情况的报表。

第3章

金融市场与货币时间价值

本章要点

金融资产及其三个属性：流动性、风险性和收益性。

金融市场的参与者：金融机构、非金融公司、政府和个人。

金融市场从不同角度考察，可以分为不同的类型。

对财务管理来讲，金融市场具有重要的作用。

货币时间价值的含义。

终值、现值、年金的终值和现值的计算。

引导案例

1997年，始于泰国的一场金融危机，遍及东南亚，波及整个亚洲，令世界震惊。几日之内，曾经创造了经济高速发展和一片繁荣景象的东南亚国家，经济大幅倒退。日本、韩国等亚洲经济强国，“寒风萧瑟”，经济骤然下滑。我国也强烈地感受到了它的“余震”，出口贸易等大受影响。这场金融危机虽然已经过去，但是它的负面影响至今仍令人心悸。同时，它也给人们敲响了警钟，防范金融风险成为世界各国认真研究的课题。但是，警钟并不能消除危险。2008年，一场始于美国、波及全球的国际金融危机爆发了。以雷曼兄弟银行倒闭为标志，美国一些世界级的“百年老店”纷纷倒闭、重组，陷入困境。欧美发达经济体失业率大幅上升，美元贬值，欧元区一些国家陷入债务危机。美国挟持美元的世界货币优势，向世界转嫁危机。中国等新兴经济体立刻受到冲击，订单减少，许多工厂停工，失业增加，本币被迫升值。2007—2015年，中国经济从通货膨胀到面临通货紧缩，然后再到通货膨胀，后又面临通货紧缩，经济发展充满变数。一场金融危机过后，不知有多少公司倒闭或元气大伤，但也有不少公司毫发未损甚至盈利大增。财务管理越来越多地涉足金融活动，事关公司成败。

第1节 金融市场

财务管理不可能只着眼于公司内部的资金运作。财务管理人员必须了解金融市场，因为你要从公司外部筹集你所急需的资金并投放资金。金融市场的变化对财务管理的影响不仅是直接的，也是十分重要的。例如，美国联邦储备委员会从1999年6月起，在11个月时间内6次提高利率，试图遏制美国经济过热的势头。然后又为了拉动经济，在2001年，一年内11次降低利率。2004年6月至2006年6月，由于经济增长过快和通货膨胀的压力，美国联邦储备委员会连续17次提高利率，使联邦基准利率从原先的1%上升到5.25%。2007年9月开始，伴随着金融危机的发生，美国联邦储备委员会开始降低利率，经过连续10次降息，至2008年12月，使联邦基准利率从原先的5.25%降至0～0.25%，该利率水平一直维持至2015年。2015年12月17日美国联邦储备委员会宣布，加息25个基点至0.25%～0.50%。这是时隔多年首次加息，宣布了自金融危机以来一直奉行的超低近零利率政策结束。中国人民银行在1996—1999年的3年时间内，7次降息，以便拉动经济。而从2004年10月至2007年12月，由于我国经济出现了偏热的现象，投资增长较快，物价上涨幅度较高等，中国人民银行连续8次上调一年期存款基准利率。在2007年的某些月份，我国的居民消费价格指数（CPI）指标超出了3%的警戒线，甚至超过了5%的容忍度，人们对中国人民银行继续加息的预期越来越高。在国内，人们正在努力给过热的经济降温时，国际金融环境发生了巨大变化，国际金融危机爆发了。金融市场从热到冷，人们领教了什么是“冰火两重天”。2008年下半年，国际金融危机对我国经济的负面影响越来越大，中国人民银行开始降息。同时，采取宽松的货币政策，加大信贷投放力度，以便刺激经济的发展。随着我国经济在世界上率先走出低谷，经济开始出现结构性过热的现象，特别是房地产领域。2010年，通货膨胀又一次出现，CPI再次冲过5%的界限。治理通货膨胀又成为社会经济生活中的头等大事。中国人民银行于2010年10月拉开了加息的序幕。同时，我国货币政策由宽松转为稳健。但到了2012年6月，我国经济出现了下行的迹象，稳增长再次成为经济工作的重点，中国人民银行又一次动用利率政策，开始降息，截至2015年10月，已连续降息8次。仅从上述金融市场利率政策的变动，就可以看出这些已实现的措施甚至预期的措施都会对财务管理产生不同的影响。

一、金融资产

金融，就是资金的融通。所谓资金融通，是指在经济活动中，资金供需双方运用各种金融工具调节资金盈余的活动，是所有金融交易活动的总称。在金融市场上，资金的融通产生了一种特殊的资产，即金融资产。金融资产是指在金融市场上资金融通所产生的信用凭证和投资证券。金融资产是以价值形态存在的资产，是实物资产的对称。金融资产包括持有者拥有的以货币资金形式存在的资产和持有者由于投资行为而形成的股票、债券、基金等。

但要明确一点，不论是实物资产还是金融资产，只有当它们是持有者的投资对象时方能称作资产。例如，中央银行所发行的现金和企业所发行的债券，就不能说它们是金融资产，因为对发行它们的中央银行和企业来说，现金和债券是一种负债。因此，不能简单地将货币资金、股票、债券等称为金融资产，而应称为金融工具。金融工具只有对其持有者来说才是金融资产。例如，持有股票者，表示拥有公司相应比例净资产的所有权；持有债券者，表示拥有相应额度的债款索取权。

金融资产通常具有流动性、风险性和收益性三种属性。

（一）流动性

金融资产的流动性是指某种金融证券能够在短期内无延迟、不受损失地得到偿付的能力。要确定一项金融资产的流动性，就要看这项金融资产是否容易兑现。如果一项金融资产容易兑现，交易费用又低，它的流动性就强。此外，还要看这项金融资产的市场价值波动是否小。例如，当某种股票价格正在上涨时，由于股票持有人预期其股价还会攀升，因而惜售，所以金融资产的流动性还与其市场价值的稳定性有关。

（二）风险性

金融资产具有一定的风险性，它存在最终不能达到原有投资价值的可能性。首先是市场风险，1997 年的东南亚金融危机和 2008 年的国际金融危机自不必细说，就连一些天灾人祸都会波及金融市场，如 2011 年 3 月 11 日（星期五）下午，日本发生 9 级特大地震，随后出现大海啸、核电站爆炸并导致核泄漏等严重次生灾害。3 月 14 日（星期一）日本股市大跌，日经 225 指数下跌 6.18%，次日，日本股市继续暴跌，日经 225 指数收盘跌幅高达 10.55%，创 2008 年金融危机以来最大单日跌幅，盘中跌幅一度达 14.48%。受此影响，全球股市一度出现显著下跌。再如，2006 年 8 月，当媒体披露我国安徽华源生物药品有限公司生产的“欣弗”注射液使患者产生了严重的不良反应后，8 月 7 日，该药厂的原大股东“华源股份”遭遇猛烈抛盘，一天就损失了 1.967 亿元市值。2015 年 9 月 18 日，美国环境保护局针对德国大众汽车公司蓄意安装逃避汽车尾气排放标准的软件一案发出违反《清洁空气法案》通知。美国环境保护局指控德国大众汽车集团在所生产车内安装非法软件、故意规避美国汽车尾气排放规定，属于违法行为，并且危害公共健康。大众公司可能面临最高达 180 亿美元的罚款。消息传出后，大众公司两天之内股价下跌 31%。即使没有某一事件的影响，股市也存在大起大落的风险，例如我国股市在 2014 年 1 月 20 日，上证指数为 1 984 点，然后开始上涨，随即一场大牛市拉开了序幕。上证指数一路飙升，一年半后，在 2015 年 6 月 12 日达到 5 178 点，接着就是断崖式的下跌，仅仅 17 个交易日，上证指数就跌到 2015 年 7 月 8 日的收盘价 3 507 点。这种由于所投资的某种金融资产的市场价格发生波动而产生的投资风险就是市场风险。如果说由于市场价格波动只是使投资价值减少的话，那么另一种风险可能会使人血本无归，即违约风险。这是一种由于证券发行人破产而导致永远不能偿还的风险。

（三）收益性

金融资产的魅力当然还是它具有收益性，否则只有风险没有收益，人们就会避而远之。例如，2009 年 10 月 30 日，我国股票市场创业板正式开盘，华谊兄弟传媒股份有限公司股价当天暴涨 147.76%，收于 70.82 元/股。几位入股的电影明星股东身价大涨，一日之内明星股东中产生了 3 个亿万富翁、9 个千万富翁。该股票开盘价高达 63.66 元/股，比招股价 28.58 元/股翻了一番还多。开盘当日，华谊兄弟的股价最高时至 91.80 元/股，然后下行。

再如，作为全球最成功的投资家，巴菲特在 2003 年 4 月投资中石油，这是他持有的第一只中国股票，至当年 10 月，中石油以 83%的涨幅雄踞香港股市涨幅榜第一名，巴菲特半年内在这只股票上赚了 28 亿港元。至 12 月初，中石油股价创下历史新高：12 月 1 日，中石油股价突破 3 港元/股；12 月 2 日，最高交易价格曾达到 3.15 港元/股，最后以 3.075 港元/股收盘；12 月 3 日，中石油的股价继续上扬，最后以 3.225 港元/股收盘。以 12 月 3 日的收盘价计算，巴菲特每股平均获利高达 1.645 港元。他总持股 23.48 亿股，收益超过 38.6 亿港元。巴菲特于 2007 年 7—10 月分批卖出中石油，他采取在石油价格为 80～100 美元/桶的时候进行清仓操作，显然他认为原油价格过热了。对中石油这只股票，巴菲特买入时其股票市值为 370 亿美元，而卖出时股票市值则已达 2 750 亿美元。

金融资产的收益性，就是指金融资产能带来一定的收益，表现为一定时期内金融资产的利息或报酬。例如，投资股票，不仅有可能通过买卖股票获得资本利得，也有可能通过所投资公司股利分红获得收益。中国工商银行自 2006 年上市以来，一直坚持长期稳定的现金分红机制，2006—2013 年为股东累计创造了 4 723 亿元现金分红回报，远超过公司 2 182 亿元的首次公开募股（IPO）和再融资总募集资金额。公司的年平均分红比例高达 39%，连续 6 年（2008—2013 年）现金分红率高于同期一年期定期存款利率，特别是 2013 年股息率高达 7.30%（按 2013 年末股价 3.58 元/股计算）。

金融资产的上述三个属性是相互关联的。流动性与收益性成反比，金融资产的流动性越强，其收益就越低。例如，活期存款就比定期存款收益低，但流动性强。风险性则与收益性成正比，风险越大，要求获取的报酬就越高。例如，我们前面谈到的华谊兄弟的股票，上市第 2 天即遭遇跌停，第 3 天再度下跌近 9%，华谊兄弟股价从上市首日的 70.82 元/股，第 3 天跌至 58.07 元/股。股价暴跌让持股的投资者损失惨重。即使股价没有暴跌，如果你在上市当天收盘时买了一股华谊兄弟的股票，大概多长时间能赚回来？174 年 9 个月！因为按照当天的收盘价计算，华谊兄弟的市盈率已经达到了 174.78 倍。（市盈率是指普通股每股市价为每股收益的倍数，其计算公式为：市盈率＝普通股每股市价/普通股每股收益。）

二、金融市场的参与者

金融市场的参与者，一方为资金供应者，一方为资金需求者，还有一方是金融中介。

(一) 金融机构

金融机构是金融市场最重要的参与者。金融市场的融资活动基本上是由金融机构组织实现的。我国的金融机构主要包括中央银行、商业银行、政策性银行和其他金融机构。

1. 中央银行

我国的中央银行是中国人民银行，它是国务院领导和管理金融工作的国家机关，是国家金融活动的核心，是商业银行和其他金融机构资金来源的最后融通者。中央银行以参加金融市场交易作为宏观金融调节的一种手段，实施宏观金融调控。

2. 商业银行

商业银行，是以经营存贷款、办理转账结算为主要业务，以盈利为主要经营目标的金融企业。商业银行通过资产负债比例管理，力求合理的资产与负债结构，使其资产达到保值增值目的。我国的商业银行主要有中国工商银行、中国银行、中国建设银行、中国农业银行、中国邮政储蓄银行、交通银行、中信银行、华夏银行、招商银行、光大银行、民生银行、浦东发展银行、平安银行、渤海银行、广发银行、兴业银行以及上百家城市商业银行。这些商业银行为我国经济社会提供了最广泛的金融服务。

商业银行在经营时，既要追求盈利，也要防范风险。1995 年 2 月 27 日，英国中央银行宣布，英国商业投资银行巴林银行因经营失误而倒闭。巴林银行创建于 1763 年，它是世界首家商业银行，是历史显赫的英国老牌贵族银行。200 多年的辉煌历史，由于没有有效控制风险，而惨遭淘汰。如果你认为这一银行倒闭的个案不足以证明银行业风险的话，那么，2008 年的国际金融危机足以证明金融风险的可怕。美国联邦储蓄保险公司（FDIC）发布的数据显示，受失业率高企、房地产市场持续低迷等因素影响，2010 年美国共有 157 家银行宣布破产。据统计，自 2008 年国际金融危机爆发至 2010 年底，美国共有 322 家银行倒闭，破产银行的资产总额达到 6 337 亿美元。我国商业银行在发展过程中，要吸取国外商业银行经营的经验和教训，按照自主经营、自担风险、自负盈亏、自求平衡、自我约束、自我发展的原则，防范金融风险。

3. 政策性银行

我国的政策性银行，是由政府设立，以贯彻国家产业政策为目的，不以盈利为目标，只对特定的项目和特定的公司单位办理信贷业务的金融机构，它的资金来源主要是向社会发行的国家担保债券和向金融机构发行的金融债券。1994 年，我国组建了 3 家政策性银行，即国家开发银行、中国进出口银行和中国农业发展银行。

2008 年 12 月 16 日，国家开发银行股份有限公司成立，成为我国第一家由政策银行转型而来的商业银行。

4. 其他金融机构

这类机构主要有保险公司、信托公司、证券公司等。

保险公司，是指销售保险合约、提供风险保障、经营保险业务的公司。保险公司分为人寿保险公司和财产保险公司两大类型。人寿保险公司，从事包括人寿保险、健康保险、意外伤害保险等保险业务。财产保险公司，从事包括财产损失保险、责任保险、信用保险、保证保险等保险业务。按照我国《保险法》的规定，保险人不得兼营人寿保险业务和财产保险业务。两者必须分开经营。但是，经营财产保险业务的保险公司经国务院保险监督管理机构批准，可以经营短期健康保险业务和意外伤害保险业务。所以有的保险公司成立了集团公司，下设独立核算的人寿保险公司和财产保险公司。保险公司在经营保险业务时，享有收取保险费、建立保险费基金的权利。同时，当保险事故发生时，有义务赔偿被保险人的经济损失。保险公司包括直接保险公司和再保险公司。再保险公司是保险公司的保险公司，对保险公司承担的风险进行分散和转嫁。

信托公司是一种以受托人的身份，代人理财的金融机构。它与银行信贷、保险并称为现代金融业的三大支柱。信托业务主要包括委托和代理两个方面的内容。委托是指财产的所有者为自己或其指定人的利益，将其财产委托给他人，要求按照一定的目的，代为管理和经营；代理是指一方授权另一方，代为办理一定的经济事项。信托业务一律采取委托人和受托人签订信托契约的方式进行，信托公司受托管理和运用信托资金、财产，收取手续费。信托公司的业务具有收益高、责任重、风险大、管理复杂等特点。

证券公司又称证券商，是专门从事有价证券买卖的法人企业，分为证券经营公司和证券登记公司。主要的业务有：推销政府债券、企业债券，股票代理买卖和自营买卖已上市流通的各类有价证券，参与企业收购、兼并，充当企业财务顾问等。证券经营公司具有证券交易所的会员资格，可以承销发行、自营买卖或自营兼代理买卖证券。普通投资人的证券投资都要通过证券商来进行。证券登记公司是证券集中登记过户的服务机构，它是证券交易不可缺少的部分，并兼有行政管理性质，须经主管机关审核批准方可设立。

（二）非金融公司

非金融公司既是资金的需求者，也是资金的供应者。当它们资金不足时，就成为金融市场的借款人；当它们在生产经营过程中形成暂时闲置资金时，就会进入金融市场参与证券投资，成为投资者。总之，非金融公司是金融市场最积极的参与者。

（三）政府

国家的中央政府和地方政府为了弥补财政收支赤字，或是为了国家或地方的某项公共工程建设，可以通过发行各种债券筹集资金，所以政府是金融市场的资金需求者。政府有时也会出于对经济活动的干预和调节而向金融市场提供资金。中央政府和地方政府都是金融市场的参与者。例如，2008 年国际金融危机爆发后，美国、中国等许多国家为拯救经济，加强流动性，向金融市场注入大量资金。此时，我国明确提出采取积极的财政政策和宽松的货币政策。2010 年，我国金融市场出现流动性过剩的现象，物价上涨过快，特别是房地产价格上升幅度大，上升速度猛。我国开始收缩流动性，连续提高商业银行存款准备金率，并开始加息。

（四）个人

个人是金融市场重要的资金供应者。据中国人民银行发布的《2014 年金融统计数据报告》附表“金融机构本外币信贷收支表”中显示，2014 年末，我国住户存款（主要包括活期及临时性存款、定期及其他存款）为 497 368.20 亿元。除了这近 50 万亿元的个人余款被存入银行，还有大量的个人资金涌入金融市场，投资股票、购买债券、基金等。个人或是直接参与金融市场的交易活动，或是成为金融市场间接融资的资金供应者。当然，个人也可以成为金融市场上的资金需求者，如我国大多数居民需要向银行贷款以购置商品房。

三、金融市场的类型

（一）按信用期限长短划分

金融市场按信用期限长短，可以分为短期金融市场和长期金融市场。

1. 短期金融市场

也称货币市场，是以各种期限在一年以内的资金借贷工具为交易对象的市场。我国货币市场由同业拆借市场、票据贴现市场、可转让大额定期存单市场和短期证券市场四个子市场构成，主要交易短期信用凭证，如商业票据、可转让的银行存单等，具有期限短、流动性强和风险小的特点。货币市场的功能可以满足资金需求者的短期资金需要，又可以为资金宽余者的暂时闲置资金提供获取盈利的机会。更重要的是，货币市场可以为中央银行运用货币政策以调控宏观经济提供手段。

2. 长期金融市场

也称资本市场，是以各种期限在一年以上的金融工具为交易对象的市场。我国资本市场由国债市场、股票市场、企业中长期债券市场和中长期放款市场四部分组成，主要交易长期信用凭证，如债券、股票等，具有期限长、流动性相对较差、风险大而收益较高的特点。资本市场的资金供应者为商业银行、保险公司、投资基金、信托公司和个人投资者等。资金的需求者主要为企业、政府机构等。

（二）按证券是否为首次发行划分

金融市场按证券是否为首次发行，可以分为一级市场和二级市场。

1. 一级市场

又称发行市场，是证券首次公开发售的市场。如在我国，某一家股份公司发行新股，筹集到大量资金，同时使大量投资者通过认购新股进行投资，这个交易过程就是通过一级市场完成的。一级市场的主要功能是：为资金需求者提供筹措资金的渠道；为资金供应者提供投资机会，优化资源配置。

2. 二级市场

也称流通市场，是指在一级市场发行后，已在二级市场上市、可以买卖的已经流通在外证券的市场。如在我国，当你在某一家证券公司买入或卖出一笔上市公司的股票时，一笔属于二级市场的交易就形成了。二级市场可以为投资者提供一个投资流动的场所，能够完成从现金到证券，或是从证券到现金，或是从一种证券到另一种证券的快速流动。二级市场的主要功能是：可以使社会闲散资金转化为股权资本；使储蓄与投资的转化更为便捷；使股票交易完全市场化。

（三）按实际交割日期不同划分

金融市场按实际交割日期不同，可以分为现货市场、期货市场和期权市场。

1. 现货市场

在现货市场，买卖时要当场交割，或在几天内就要交割完毕，例如买方应即时付款以获取股票、债券等。现货交易可以防止交易欺诈等风险，省却中间环节，从而降低交易成本，提高交易效率。

2. 期货市场

在期货市场，买卖的资产必须在将来某一特定日期（如半年或一年后）才能交割。期货市场将今天的价格锁住，使将来执行时不受合约价格波动的影响。期货市场可以调节市场供求，减缓价格波动，形成公正价格，规避因价格波动而带来的商业风险。但是，期货市场又是充满风险的，其风险来自市场的不确定性。

期货是相对现货而言的。二者的交割方式不同。现货是现钱现货，期货是合同交易，也就是合同的相互转让。期货的交割是有期限的，在到期以前是合同交易，而到期日则要兑现合同进行现货交割。

3. 期权市场

在期权市场，期权交易指对特定时间内以约定价格购买特定商品的权利进行的交易，在将来期限到来时可以完成，也可以放弃资产的交割，也就是说，期权仅仅给期权购买者权利而不赋予义务。这一点与期货不同，期货的购买者不仅有权利，而且有义务去执行合约的规定。另外，期权购买者在购买期权时必须支付一定的权利金，而期货购买者仅签订合约，不支付权利金。期权交易的对象是一种权利，投资者是否执行权利较为灵活。期权交易相对期货交易投资风险较小。

四、金融市场对财务管理的作用

金融市场作为资金融通的市场，其主要功能就是将社会上的剩余资金有条件地转让给需要资金的团体或个人，使资金发挥最大的作用。

所有的公司都离不开金融市场，都与金融市场有直接的接触，只不过接触的深浅程度不同罢了。对财务管理来讲，金融市场最直接的作用有三点：

（1）有利于公司迅速地筹集所需资金。在金融市场上，资金需求者可以利用发行各种证券或贷款的方式获取资金，使公司迅速获得大量资金，满足生产经营或扩大规模的需要，这是靠公司自身积累难以实现的。

（2）有利于公司资金得到合理的运用。当公司在经营过程中出现暂时闲置的资金时，可以将闲置资金投资于金融市场上的短期证券，也可以存放在金融机构中获取利息。

（3）有利于公司进行金融资产的投资。在我国，由于金融市场的不断发展、金融资产的不断丰富，公司的投资对象已不局限于实物资产。金融资产的流动性和收益性对财务管理的吸引力越来越强。

在金融市场，资金的买卖活动是有选择地进行的，经营良好的公司能优先吸收到资金，而经营不善的公司甚至无法筹措到资金。金融市场对财务管理人员提出了较高的要求，要求其掌握金融知识，熟悉金融市场，具备竞争意识和科学理财的能力。

第2节　货币的时间价值

从经济学的观点来看，即使不考虑通货膨胀的因素，货币在不同时间的价值也是不相等的。现在的1元钱的价值与一年后的1元钱的价值是不相等的。因为现在的1元钱可以立即用于投资，一年后可获得一定的投资收益，使资金总额大于当初投资的总额。当然，如果将钱放在保险柜里，再放多久也不会多出1分钱来。总之，资金只有投入再生产过程才能增值，这是最简单的经济学常识。

既然货币具有时间价值，那么，何谓货币的时间价值？西方学术界对此作出的一般定义是：投资者进行投资就必须推迟消费，对投资者推迟消费的耐心应当给予报酬，这种报酬的量应当与推迟消费的时间成正比，因此，单位时间（一般是指年）的这种报酬对投资的百分率称为时间价值。这个定义是建立在凯恩斯等西方经济学家的理论基础上的。因为这些经济学家认为，时间价值的量在很大程度上取决于灵活性偏好、消费倾向等心理因素。但是，这个定义本身提出了一个无法解决的问题，即耐心如何计算？

马克思主义学说认为，资本主义社会的时间价值是没有风险和没有通货膨胀条件下的社会平均资本利润率。所谓“耐心的报酬”，是剩余价值的基本部分。

在商品经济条件下，货币处在生产过程中，表现为一定量的资金。资金在运动中增值。货币的时间价值来源于再生产过程中活劳动新创造的价值。

例如，现在将1 000元存入银行，在年利率为10%的条件下，1年后将获得1 100元，其中100元就是银行借用存款者1 000元货币一年所付的报酬，即货币的时间价值。在这个简单的例子里，100元的利息和10%的利率都是货币时间价值的表现形式。

在短期经营决策中，由于所涉及的时间比较短，货币的时间价值可以忽略不计。但是，在长期投资决策中，则必须充分考虑这一因素，否则就会作出错误的决策。

一、单利与复利

若企业向银行取得1年期贷款100 000元，年利率为5%，则1年以后的利息为：

$$100\ 000\times 5\% = 5\ 000(\text{元})$$

这5 000元利息就是企业付给银行的报酬。

一个计息周期的利息与本金的比值称为利率。以年为计息周期的利率称为年利率；以月为计息周期的利率称为月利率。年利率和月利率可以互相换算。利息的计算方法有单利和复利两种。

（一）单利

采用单利计算法，每一计息期的利息额是相等的。

设本金为 P；年率为 i；计息年数为 n。则 1 年的利息为 $P\times i$；n 年的利息为 $P\times in$；n 年的本利和为 $F_n= P(1+in)$。

（二）复利

复利是将本金所产生的利息加入本金，以本利和作为计算各期利息的一种计息方法。在这种计息方法下，既要计算本金的利息，又要计算利息的利息，即所谓利滚利。

复利的计算如下：

第 1 年末的利息为：$P\times i$

第 2 年末的利息为：$P(1+i)\times i$

第 1 年末的本利和为：$F_1=P(1+i)$

第 2 年末的本利和为：$F_2=P(1+i)+P(1+i)\times i=P(1+i)^2$

第 n 年末的本利和为：$F_n=P(1+i)^n$

（三）单利与复利的比较

设贷款本金为 100 000 元，年利率为 6%，单利与复利的比较如表 3—1 所示。

表 3—1 **单利与复利的比较** 单位：元

年数	单利			复利		
	年初本金	年末利息	年末本利和累计	年初本金	年末利息	年末本利和累计
1	100 000	6 000	106 000	100 000	6 000	106 000
2	100 000	6 000	112 000	106 000	6 360	112 360
3	100 000	6 000	118 000	112 360	6 742	119 102
4	100 000	6 000	124 000	119 102	7 146	126 248
5	100 000	6 000	130 000	126 248	7 575	133 823

从表 3—1 可以看出，尽管利率与第一年初的本金都是相同的，但由于单利和复利的计息方法不同，导致计算结果不同。单利计息法的利息各年都相等，复利计息法的利息各年都不相同。因此，复利计息法对资金占用的数量和时间具有较大约束力，并且更加敏感。在西方许多国家，如果计息期数在两期或两期以上，利息一般都按复利计算。

关于复利，有一个流传很广的故事。作为一个大科学家，爱因斯坦几乎不懂理财。他的一个朋友对爱因斯坦说，我帮助您买些股票吧。爱因斯坦就让朋友帮助他买了一些股票替他理财。过了很多年，朋友快去世了，就让爱因斯坦看看他的股票，爱因斯坦打开股票账户一看，结果看到了里面的资金已经变成当时看起来的天文数字。爱因斯坦惊讶不已，朋友告诉他这是复利的结果。爱因斯坦惊呼：复利是人类最伟大的发明，是宇宙间最强大的力量，是世界第八大奇迹。

在金融学中经常提到的“72 法则”就是讲述复利奇迹的。所谓 72 法则，就是以 1%的复利来计息，经过 72 年以后，你的本金就会变成原来的两倍。我们可以通过其计算出在给定的利率下，大约需要多少年，投资收益可以翻番。比如年利率为复利 1%，收益翻番所需要的时间为 72 年；若年利率为复利 5%，经过 14.4 年本金就变成两倍，即72/5=14.4；若年利率为复利 10%，收益翻番需要约 7.2 年的时间，即 72/10=7.2。也就是说，复利对财富的增长不是一条直线，而是有加速效应的。

不过，复利奇迹并不意味着投资者可以因此暴富。经历过大牛市的投资者容易产生可以轻而易举地得到翻番收益的错觉，实际上，年年保持 10%的收益率是不容易做到的。巴菲特在 2008 年致股东的信中就说道，假设你指望本世纪的股市年收益率达到10%（2%的分红和 8%的增值），那么，你就是在假设道琼斯指数在 2100 年达到 2 400 万点，如果你的财务顾问向你保证每年两位数的股市收益率，你可以和这些所谓专家的牛皮大王讲讲这个数字。2008 年道琼斯指数在 1 万点上下。

二、等值、终值和现值

（一）等值

等值是指不同时点的不同金额可以具有相等的价值。例如，在年利率为 8%的条件下，现在的 10 000 元同 1 年后的 10 800 元可以看做等值，反之亦然。

（二）终值

终值就是若干期后（一般为年，也可以为半年、季、月），包括本金和利息在内的未来的价值，又称做本利和，可用 F 表示。

设本金为 P；利率为 i；计息年数为 n；F 为终值。按照复利计息法计算终值，则

第一年：$F_1=P(1+i)$

第二年：$F_2=P(1+i)^2$

第三年：$F_3=P(1+i)^3$

⋮

第 n 年：$F_n=P(1+i)^n$ （3—1）

式（3—1）即为复利终值公式。式中，$(1+i)^n$ 称作复利终值系数，简写作 $CF_{i,n}$，其中，i 为利率，n 为期数。这样，式（3—1）也可以写成

$$F_n=P\times CF_{i,n}$$

在实际工作中，复利终值系数并不是每次都需要重新计算，而是事先编好复利终值系数表（CF 表），供长期使用，该表见本书附表 1。

【例 3—1】 某君计划再工作 3 年，之后重新回到大学深造，他准备现在存入银行一笔款项，作为将来上学的费用。假定他现在向银行存款 30 000 元，存款利率按复利 10%计算。3 年后他将获得多少款项？

解：

此例即是求复利终值。已知 $P=30\ 000$；$i=10\%$；$n=3$，求 F 的值。

$$F_3=30\ 000\times(1+10\%)^3=30\ 000\times CF_{10\%,3}$$

查 CF 表，可知：$CF_{10\%,3}=1.331$，则

$$F_3=30\ 000\times1.331=39\ 930(\text{元})$$

由计算可知，此君 3 年后可获款项 39 930 元。

【例 3—2】 某公司向银行存入款项，第 1 年初存款 20 000 元，第 1 年末存款 40 000 元，第 5 年末存款 50 000 元。若银行存款利率为 7%，问第 5 年末该公司可获得的这 3 笔存款的本利和是多少元？

解：

此例实际上是求 3 笔存款的终值之和。

$$\begin{aligned}F&=20\ 000\times(1+7\%)^{5-0}+40\ 000\times(1+7\%)^{5-1}+50\ 000\times(1+7\%)^{5-5}\\&=20\ 000\times CF_{7\%,5}+40\ 000\times CF_{7\%,4}+50\ 000\\&=20\ 000\times1.403+40\ 000\times1.311+50\ 000\\&=28\ 060+52\ 440+50\ 000\\&=130\ 500(\text{元})\end{aligned}$$

计算结果表明，该公司第 5 年末可获本利和 130 500 元。

【例 3—3】 某公司从银行取得贷款，年利率为 4%，第 1 年初取得 40 000 元，第 2 年初取得 30 000 元，第 3 年初取得 20 000 元。问第 3 年末公司应归还的系列贷款的本利和共是多少元？

解：

此例是求系列贷款的终值之和。

$$\begin{aligned}F&=40\ 000\times CF_{4\%,3}+30\ 000\times CF_{4\%,2}+20\ 000\times CF_{4\%,1}\\&=40\ 000\times1.125+30\ 000\times1.082+20\ 000\times1.040\\&=45\ 000+32\ 460+20\ 800\\&=98\ 260(\text{元})\end{aligned}$$

该公司第 3 年末应归还的贷款本利和为 98 260 元。

【例 3—4】 某君准备现在存入银行 50 000 元，希望若干年后能获得 100 000 元，用以购置一辆汽车。若现在银行存款的年利率为 12%，问需要多少年才能达到购买汽车所需要的款项？

解：

已知 $F=100\ 000$，$P=50\ 000$，$i=12\%$，求 n 的值。

根据 $F=P(1+i)^n$，则

$$100\ 000=50\ 000\times(1+12\%)^n$$

$$(1+12\%)^n=\frac{100\ 000}{50\ 000}=2$$

查 CF 表 12%一栏，第 6 期的复利终值系数为 1.974，接近于 2，故

$$n=6$$

因此，此君需存款 6 年方可达到购买汽车所需要的款项。

(三) 现值

现值是指未来某一时期一定数额的款项折合成现在的价值，即本金，可用 P 表示。

复利终值的计算是已知现值、利率、期数，求终值，而复利现值的计算则是已知终值、利率、期数，求现值。

将式（3—1）移项，即为现值的计算公式：

$$P=\frac{F_n}{(1+i)^n} \tag{3—2}$$

式（3—2）即为复利现值公式。P 称作 F 的现值，F 称作 P 的终值。将终值换算成现值，称作贴现。在贴现时所用的利率称作贴现率。所以，在计算现值时，时间价值就表现为贴现率。

式（3—2）中的 $1/(1+i)^n$ 称作复利现值系数或复利贴现系数，简写作 $DF_{i,n}$。这样，式（3—2）也可以写成

$$P=F_n\times DF_{i,n}$$

同样，也可以事先编制复利现值系数表（DF 表），以供长期使用，该表见本书附表 2。

【例 3—5】 某君计划现在向银行存款，以便 3 年后获得 39 930 元作为上大学的费用。银行存款利率为 10%，问现在应向银行存款多少元？

解：

此例即是求复利现值。已知 $F=39\ 930$，$i=10\%$，$n=3$，求 P 的值。

根据式（3—2），有

$$P=39\ 930\times\frac{1}{(1+10\%)^2}=39\ 930\times DF_{10\%,3}$$

查 DF 表可知：$DF_{10\%,3}=0.751$，则

$$P=39\ 930\times 0.751=29\ 987(\text{元})$$

所以，此君现在应向银行存款 29 987 元（请参阅例 3—1）。

【例 3—6】 某君采用分期付款方式购买价格为 10 000 元的电脑一台。第 1 年初需付款 4 000 元，第 1 年末需付款 3 000 元，第 2 年末需付款 2 000 元，第 3 年末需付

款 1 000 元。此君计划现在向银行存款，以保证这几次付款的需要。若银行利率为 9%，问现在应向银行存入多少款项？

解：

第 1 年初付出的 4 000 元，不需要存入银行。本例只需计算每年末付款的现值，这是一个系列付款的现值问题。

$$P=3\,000\times\frac{1}{(1+9\%)^{1}}+2\,000\times\frac{1}{(1+9\%)^{2}}+1\,000\times\frac{1}{(1+9\%)^{3}}$$
$$=3\,000\times DF_{9\%,1}+2\,000\times DF_{9\%,2}+1\,000\times DF_{9\%,3}$$
$$=3\,000\times 0.917+2\,000\times 0.842+1\,000\times 0.772$$
$$=2\,751+1\,684+772$$
$$=5\,207(\text{元})$$

计算结果表明，现在向银行存入 5 207 元，即可保证每年末付款的数额。

【例 3—7】 某公司预计 5 年后将更新一台设备，需要款项 800 000 元，准备用现在一笔投资的本利和来解决购置设备的款项，投资报酬率为 20%，问现在这笔投资应为多少元？

解：

$$P=800\,000\times DF_{20\%,5}$$
$$=800\,000\times 0.402$$
$$=321\,600(\text{元})$$

现在这笔投资为 321 600 元，就可解决将来更新设备的需要。

三、年金的终值和现值

年金是指在一定时期内，每间隔相同时间支付或收入相等金额的款项。

年金主要分为普通年金和即付年金两种。普通年金是指每期期末收付等额款项，即付年金是指每期期初收付等额款项。即付年金与普通年金的计算方法大致相同，只是比普通年金要多加一期金额。年金也有终值和现值之分。下面以普通年金为例，说明年金终值和年金现值的计算方法。

（一）年金的终值

年金的终值就是每期等额款项的收入或支出的复利终值之和，其计算公式为：

$$F_n=R\,\frac{(1+i)^n-1}{i} \qquad (3—3)$$

式中，R 为每期等额收付的款项；i 为利率；n 为期数；F_n为年金的终值。

式（3—3）中的$\frac{(1+i)^n-1}{i}$为年金终值系数，简写为 $ACF_{i,n}$，因此式（3—3）又可表示为：

$$F_n=R\times \mathrm{ACF}_{i,n}$$

为了简化计算工作，在实际工作中事前编制了年金复利终值系数表（ACF表），该表见本书附表3。

【例3—8】 某公司计划每年末提取60 000元存入银行，作为第3年末建一个停车场的基金。若年利率为12%，问3年后积累的基金是多少？

解：

这是求年金的终值问题。已知$R=60\ 000$，$i=12\%$，$n=3$，求F的值。

根据式（3—3），则

$$F_3=60\ 000\times\frac{(1+12\%)^3-1}{12\%}$$

$$=60\ 000\times \mathrm{ACF}_{12\%,3}$$

查ACF表可知：$\mathrm{ACF}_{12\%,3}=3.374$，则

$$F_3=60\ 000\times 3.374=202\ 440(\text{元})$$

由计算可知，3年后可积累基金202 440元。

【例3—9】 某公司计划每年末提取一笔等额款项存入银行，作为第3年末建一个停车场的基金，该基金需积累202 440元。若年利率为12%，问每年末应提取多少元？

解：

这是求年金的问题。已知$F=202\ 440$，$i=12\%$，$n=3$，求R的值。

因为

$$F_n=R\times \mathrm{ACF}_{i,n}$$

故
$$R=\frac{F_n}{\mathrm{ACF}_{i,n}}$$

将上述数据代入公式，则

$$R=\frac{202\ 440}{\mathrm{ACF}_{12\%,3}}=\frac{202\ 440}{3.374}=60\ 000(\text{元})$$

故每年末应提取60 000元。

（二）年金的现值

年金的现值就是每期等额款项的收入或支出的复利现值之和，其计算公式如下

$$P=R\cdot\frac{1}{i}\left(1-\frac{1}{(1+i)^n}\right) \tag{3—4}$$

式中，R为每期等额收付的款项；i为利率；n为期数；P为年金的现值。

式（3—4）中的$\frac{1}{i}\left(1-\frac{1}{(1+i)^n}\right)$为年金现值系数或年金贴现系数，简写作$\mathrm{ADF}_{i,n}$，

因此式（3—4）又可表示为：

$$P=R\times ADF_{i,n}$$

年金复利现值系数表（ADF表）也可以事先编制，该表见本书附表4。

【例3—10】 某公司准备现在将一笔款项存入银行，作为向一所大学提供奖学金的基金。该公司计划今后20年内每年末提供奖学金100 000元，若银行存款利率为10%，问现在应向银行存入多少款项？

解：

这是求年金的现值问题。已知 $R=100\ 000$，$i=10\%$，$n=20$，求 P 的值。

根据式（3—4），则

$$\begin{aligned}P&=100\ 000\times\frac{1}{10\%}\left(1-\frac{1}{(1+10\%)^{20}}\right)\\&=100\ 000\times ADF_{10\%,20}\end{aligned}$$

查ADF表可知：$ADF_{10\%,20}=8.514$，则

$$P=100\ 000\times 8.514=851\ 400(\text{元})$$

由计算可知，现在应向银行存入851 400元。

【例3—11】 某公司准备现在将851 400元存入银行，作为今后20年内每年末向一所大学提供奖学金的基金。若银行存款利率为10%，问每年末能提供多少等额的奖学金？

解：

这是求年金问题。已知 $P=851\ 400$，$i=10\%$，$n=20$，求 R 的值。

因 $P=R\times ADF_{i,n}$，故 $R=P/ADF_{i,n}$，将上述数据代入公式，则

$$R=\frac{851\ 400}{ADF_{10\%,20}}=\frac{851\ 400}{8.514}=100\ 000(\text{元})$$

故每年末可提供100 000元等额的奖学金。

【例3—12】 某工程项目建成投产后，准备在10年内每年收回建设投资750 000元，投资报酬率为14%。问投资总额应为多少元？

解：

这是求年金的现值问题。

$$\begin{aligned}P&=750\ 000\times ADF_{14\%,10}\\&=750\ 000\times 5.216\\&=3\ 912\ 000(\text{元})\end{aligned}$$

故投资总额应为3 912 000元。

四、每年复利若干次的终值和现值

以上所讲的都是以一年为一个计息周期，每年复利一次的终值和现值的计算。但在实际经济生活中，计息周期既可以定为 1 年，也可以定为 1 个月、1 个季度或半年等，这样，1 年就可以有几个计息周期，即每年复利若干次。

当计息期短于 1 年，而运用的利率又是年利率时，i 和 n 均应按下列公式进行换算：

$$i=\frac{\text{规定的年利率}}{\text{一年的计息期数}}$$

$$n=\text{一年的计息期数}\times\text{年数}$$

【例 3—13】　某企业从银行取得贷款 260 000 元，年利率为 8%，按季度复利计息，问两年后企业应偿还的本利和是多少元？

解：

这是求每年复利 4 次的终值问题。首先换算 i 和 n。

$$i=\frac{8\%}{4}=2\%$$

$$n=4\times2=8$$

$$F=260\,000\times CF_{2\%,8}$$
$$=260\,000\times1.172$$
$$=304\,720(\text{元})$$

故两年后公司应偿还的本利和是 304 720 元。

由例 3—13，可以根据式（3—1）推导出每年复利若干次的复利终值的计算公式：

$$F_n=P\left(1+\frac{i}{m}\right)^{mn}$$

式中，m 为一年的计息期数。

【例 3—14】　某企业计划现在将一笔款项用来购买长期国债，准备 10 年后获得 5 000 000 元用于办公楼的改建。若年利率为 10%，半年复利计息一次，问这笔款项现在应为多少元？

解：

这是求每年复利 2 次的现值问题。首先换算 i 和 n。

$$i=\frac{10\%}{2}=5\%$$

$$n=2\times10=20$$

$$F=5\,000\,000\times DF_{5\%,20}$$
$$=5\,000\,000\times0.377$$
$$=1\,885\,000(\text{元})$$

故现在应以 1 885 000 元购买长期国债。

由例 3—14，可以根据式（3—2）推导出每年复利若干次的复利现值的计算公式：

$$P=\frac{F_n}{\left(1+\frac{i}{m}\right)^{mn}}$$

【例 3—15】 某企业计划在 5 年内，每半年末将 5 000 元存入银行，作为第 5 年末举办建厂十周年纪念活动的基金。若年利率为 12%，每半年复利计息一次，问 5 年后积累的款项共有多少元?

解：

这是求每年复利 2 次、存款也是 2 次的年金的终值问题。先换算 i 和 n。

$$i=\frac{12\%}{2}=6\%$$

$$n=2\times5=10$$

$$\begin{aligned}F&=5\ 000\times \mathrm{ACF}_{6\%,10}\\&=5\ 000\times13.181\\&=65\ 905(\text{元})\end{aligned}$$

故 5 年后积累的款项共有 65 905 元。

由例 3—15，可以根据式（3—3）推导出每年存款若干次（均于期末发生），且复利也计算若干次的年金终值的计算公式：

$$F_n=\frac{R}{m}\cdot\frac{\left(1+\frac{i}{m}\right)^{mn}-1}{\frac{i}{m}}$$

式中，m 为一年的计息期数及存款次数；R 为年金（本例中 $R=5\ 000\times2=10\ 000$）。

整理上述公式，可简化为：

$$F_n=R\,\frac{\left(1+\frac{i}{m}\right)^{mn}-1}{i}$$

【例 3—16】 某大学生欲存入银行一笔款项，用于交学费和维持生活之需。若银行存款年利率为 10%，每半年复利计息一次，问现在应存入多少元，才能保证以后 3 年中每隔半年提取 1 000 元?

解：

这是求每年复利 2 次、提款也是 2 次的年金的现值问题。先换算 i 和 n。

$$i=\frac{10\%}{2}=5\%$$

$$n=2\times3=6$$

$$P=1\,000\times \mathrm{ADF}_{5\%,6}$$
$$=1\,000\times 5.076$$
$$=5\,076(\text{元})$$

由计算可知，该大学生现在应向银行存入 5 076 元。

根据这个例子及式（3—4），可以推导出每年复利若干次，且每年提款也是若干次的年金现值的计算公式：

$$P=\frac{R}{m}\cdot\frac{1}{\frac{i}{m}}\left(1-\frac{1}{\left(1+\frac{i}{m}\right)^{mn}}\right)$$

式中，m 为一年的计息期数及提款次数。

整理上述公式，则

$$P=R\cdot\frac{1}{i}\left(1-\frac{1}{\left(1+\frac{i}{m}\right)^{mn}}\right)$$

五、求未知利率的插值法

【例 3—17】　某企业向银行申请贷款 400 000 元，贷款期限为 15 年，每年偿还本息 58 729 元，问银行要求的贷款利率是多少？

解：

这是求未知利率的问题。已知 $P=400\,000$，$R=58\,729$，$n=15$，求 i 的值。

因为 $P=R\times \mathrm{ADF}_{i,n}$，故

$$\mathrm{ADF}_{i,n}=\frac{P}{R}$$

将上述数据代入公式，则

$$\mathrm{ADF}_{i,15}=\frac{400\,000}{58\,729}=6.81$$

查 ADF 表可知：$i=12\%$，故银行要求的贷款利率是 12%。

一般情况下，未知利率可以从有关表中查出，但有时却不能，这时就要运用插值法计算未知利率。

设：与年利率 i_1 和 i_2 相应的复利系数为 f_1 和 f_2，未知年利率 i_3 的值在 i_1 和 i_2 之间，则相应的复利系数 f_3 必定在 f_1 与 f_2 之间。求未知利率的插值法公式为：

$$i_3=\frac{f_1-f_3}{f_1-f_2}(i_2-i_1)+i_1 \tag{3—5}$$

【例 3—18】　某企业现将 100 000 元存入银行，希望 3 年后能得到 150 000 元，

以购买一项新的设备。问银行利率为多少时能够达到这一目标？

解：

这是求未知利率问题。已知 $P=100\ 000$，$F=150\ 000$，$n=3$，求 i 的值。

因为 $F=P\times \mathrm{CF}_{i,n}$，故

$$\mathrm{CF}_{i,n}=\frac{F}{P}$$

将上述数据代入公式，则

$$\mathrm{CF}_{i,3}=\frac{150\ 000}{100\ 000}=1.5$$

查 CF 表可知：

$$\mathrm{CF}_{14\%,3}=1.482，即\ i_1=14\%，f_1=1.482$$
$$\mathrm{CF}_{15\%,3}=1.521，即\ i_2=15\%，f_2=1.521$$

由上述计算已知 $f_3=1.5$（介于 f_1 和 f_2 之间）。

将上述数据代入式（3—5），则

$$\begin{aligned} i_3 &=\frac{1.482-1.5}{1.482-1.521}\times(0.15-0.14)+0.14\\ &=0.144\ 6\\ &=14.46\% \end{aligned}$$

经计算可知，银行利率应为 14.46%。

插值法也可以用下述方法计算（仍以例 3—18 为例）。

已知 $\mathrm{CF}_{14\%,3}=1.482$，$\mathrm{CF}_{15\%,3}=1.521$，则未知利率必定介于 14%～15%之间，因此，设对应于复利终值系数 1.5 的未知利率为 $(14+x)\%$。

现采用插值法计算。

$$\left.\begin{array}{l}\left.\begin{array}{l}14\%\\(14+x)\%\end{array}\right\}x\%\\15\%\end{array}\right\}1\%\qquad\left.\begin{array}{l}\left.\begin{array}{l}1.482\\1.5\end{array}\right\}0.018\\1.521\end{array}\right\}0.39$$

根据以上数据的对应关系，得到

$$\frac{x}{1}=\frac{0.018}{0.039}$$
$$x=0.46$$

因此，未知利率为 $(14+0.46)\%=14.46\%$。

【例 3—19】 某君计划每年末存入银行 50 000 元，以便在 3 年后用 163 000 元购买汽车，问银行利率为多少时才能使其实现这一愿望？

解：

这是求未知利率问题。已知 $R=50\ 000$，$F=163\ 000$，$n=3$，求 i 的值。

因为 $F=R\times \mathrm{ACF}_{i,n}$，故

$$\mathrm{ACF}_{i,n}=\frac{F}{R}$$

将上述数据代入公式，则

$$\mathrm{ACF}_{i,3}=\frac{163\ 000}{50\ 000}=3.26$$

故 $f_3=3.26$。已知 f_3 必定介于 f_1 和 f_2 之间，查 ACF 表可知：

$\mathrm{ACF}_{8\%,3}=3.246$，即 $i_1=8\%$，$f_1=3.264$

$\mathrm{ACF}_{9\%,3}=3.278$，即 $i_2=9\%$，$f_2=3.278$

将上述数据代入式（3—5），则

$$i_3=\frac{3.246-3.26}{3.246-3.278}\times(0.09-0.08)+0.08=0.084\ 3=8.43\%$$

故银行利率为 8.43%时可以使其实现这一愿望。

【例 3—20】 某企业于 15 年前以 3 000 000 元投资于一房地产，现将该房地产作价 9 000 000 元出售。问该项投资的报酬率是多少？

解：

这是求未知利率问题。已知 $P=3\ 000\ 000$，$F=9\ 000\ 000$，$n=15$，求 i 的值。

因为 $\mathrm{CF}_{i,n}=\frac{F}{P}$，故

$$\mathrm{CF}_{i,n}=\frac{9\ 000\ 000}{3\ 000\ 000}=3$$

即　　$f_3=3$

查 CF 表可知：

$\mathrm{CF}_{7\%,15}=2.759$，即 $i_1=7\%$，$f_1=2.759$

$\mathrm{CF}_{8\%,15}=3.172$，即 $i_2=8\%$，$f_2=3.172$

将上述数据代入式（3—5），则

$$i_3=\frac{2.759-3}{2.759-3.172}\times(0.08-0.07)+0.07$$
$$=0.075\ 84=7.584\%$$

故该投资的报酬率是 7.584%。

本题也可以求出精确解。

因为 $CF_{i,15}=3$，故

$$(1+i)^{15}=3$$

则 $$(1+i)=\sqrt[15]{2}$$

$$i=\sqrt[15]{3}-1$$
$$=0.075\,99=7.599\%$$

两者误差仅为 0.015%（即 7.599%－7.584%），可以忽略不计。

插值法还可以用来求复利表中未列出利率所对应的系数，其公式为：

$$f_3=\frac{f_2-f_1}{i_2-i_1}(i_3-i_1)+f_1 \tag{3—6}$$

【例 3—21】 求 $DF_{6.4\%,10}$。

解：

已知 $i_3=6.4\%$，查 DF 表可知：

$DF_{6\%,10}=0.558$，即 $i_1=6\%$，$f_1=0.558$

$DF_{7\%,10}=0.508$，即 $i_2=7\%$，$f_2=0.508$

将上述数据代入式（3—6），则

$$f_3=\frac{0.508-0.558}{0.07-0.06}\times(0.064-0.06)+0.558$$
$$=0.538$$

所以，复利现值系数 $DF_{6.4\%,10}=0.538$。

插值法同样可以用于求解非整数年限的复利系数，其公式如下：

$$f_3=\frac{f_2-f_1}{n_2-n_1}(n_3-n_1)+f_1 \tag{3—7}$$

【例 3—22】 求 $ADF_{8\%,5.75}$。

解：

已知 $n_3=5.75$，查 ADF 表可知：

$ADF_{8\%,5}=3.993$，即 $n_1=5$，$f_1=3.993$

$ADF_{8\%,6}=4.623$，即 $n_2=6$，$f_2=4.623$

将上述数据代入式（3—7），则

$$f_3=\frac{4.623-3.993}{6-5}\times(5.75-5)+3.993=4.466$$

所以，年金现值系数 $ADF_{8\%,5.75}=4.466$。

本章小结

财务管理，不可能只着眼于公司内部的资金运作。财务管理部门必须了解金融市场，因为公司需要从外部筹集所需的资金并投放资金。金融市场的变化对财务管理的影响不仅是直接的，也是十分重要的。金融，就是资金的融通。在金融市场上，资金的融通产生了一种特殊的资产，即金融资产。金融资产是指在金融市场上资金融通所产生的信用凭证和投资证券。金融资产通常具有流动性、风险性和收益性三种属性。金融市场的参加者，一方为资金供应者，一方为资金需求者，一方为金融中介。金融市场分为不同的类型，所有的公司都离不开金融市场，与金融市场有直接的接触，只不过接触的深浅程度不同罢了。在金融市场中，由于金融资产是以价值形态存在的资产，因此要了解一个重要的价值观念，那就是货币的时间价值。在短期经营决策中，由于所涉及的时间比较短，货币的时间价值可以忽略不计。但在长期投资决策中，必须充分考虑这一因素，否则就会做出错误的决策。

思考题

1. 从发展的角度看，你认为金融市场对财务管理是否越来越重要?
2. 如果你是一名财务管理人员，在金融危机中你会向公司提出哪些建议?
3. 举出生活中运用货币时间价值的事例。

重点概念

1. 金融资产：在金融市场上资金融通所产生的信用凭证和投资证券。
2. 货币市场：以各种期限在一年以内的资金借贷工具为交易对象的市场。
3. 资本市场：以各种期限在一年以上的金融工具为交易对象的市场。
4. 复利：将本金所产生的利息加入本金，以本利和作为计算各期利息的一种计息方法。
5. 终值：在若干期后，包括本金和利息在内的未来的价值，即本利和。
6. 现值：未来某一时期一定数额的款项折合成现在的价值，即本金。
7. 年金：在一定时期内，每间隔相同时间支付或收入相等金额的款项。

筹资篇

第4章

公司自有资本筹集

本章要点

股票作为一种票式证券，有其自身的特点和形式。

股票的不同种类：记名股票和无记名股票；普通股和优先股；A股、B股、H股和N股。

股票价格有票面价格、账面价格、清算价格和市场价格之分。

股票发行需具备一定的条件，按照一定的程序，遵守一定的要求。

股票上市的条件和要求。

普通股筹资与优先股筹资的优缺点。

留存收益。

引导案例

2006年10月27日，中国工商银行A+H股在上海证券交易所和香港联合交易所成功上市，成为中国证券发展史上具有里程碑意义的标志性事件，中国工商银行A股和H股认购资金均创下新高。

当天，中国工商银行A股以3.40元开盘，H股以3.60港元开盘，按照中国工商银行2 444亿股A股计算，中国工商银行A股市值高达8 309亿元，按照772亿股港股计算，中国工商银行港股市值达2 780亿港元，中国工商银行总市值突破万亿元大关，成为中国资本市场的航母。

此次IPO发行刷新了全球最大规模IPO的纪录，A+H股总发行规模达191亿美元，高于此前日本NTT Mobile公司创造的184亿美元的融资规模。

第1节 发行股票筹资

发行股票是股份有限公司筹措自有资本的基本方式之一。对公司来讲，发行股票所筹集的资金属于长期自有资本；对股东来讲，所持股份代表对公司净资产的所有权。

一、认识股票

新中国成立以后，我国第一个公开发行的规范化股票是上海飞乐音响公司于 1984 年 11 月发行的小飞乐股票，首期发行 50 万元，每股面值 50 元。当时，很多人对股票的认识都是模糊的，有人认为它应当只赚不赔，有人认为应到期还本付息，还有人认为买股票只是为了支援国家建设等。时至今日，股票已被人们广泛接受，与千家万户息息相关。

（一）股票的主要特点

1. 表示对公司的所有权

股东手中拥有某公司一定比例的股票，就拥有了该公司相应比例的净资产所有权，并因此成为该公司相应资产权利的享有者。

2. 不能向公司索还本金

股票作为持股人对公司的直接投资，一经购买，其股本就成为该公司的永久性资产。股票持有者不能要求公司退还本金，也不能要求以股票兑换现金。股票是财产所有权证书，而不是债权债务凭证。

3. 不能获得稳定的收益

股票的收益以股息或红利来表示。一般来讲，普通股享受红利，优先股享受股息。股票持有者能否获得收益，获得多少收益，取决于公司的经营状况。公司经营得好，股东收益大；反之，则收益小。不仅如此，投资股票还是一件要冒风险的事情。如果公司破产，那么股票持有者不仅不会获得收益，而且连当初投入的本金都可能收不回来。

4. 可以转让

股票既不可以向公司兑现，又具有很大风险，那么股票持有者岂不是很被动吗？其实股票是很灵活的，它可以在证券市场上随时转让，或者作为抵押品。在我国，上海证券交易所和深圳证券交易所的股票交易已成为大众化的经济活动。在西方发达国家，股票交易市场更是十分发达和完善，成为世界经济和政治形势变化的晴雨表。

5. 价格具有波动性

股票本身虽无价值，但作为交易对象，却有着自己的发行价格和交易价格。股票市场交易的成交价格极具魅力和神秘感。公司的经营状况、市场利率、国家宏观经济政策、世界政治风云变幻等都会影响股票价格。股票价格不断波动，时涨时跌，诱惑众人买进卖出，赚取差价收益。投资或投机于股市者，无不想低价进、高价出，但股市变幻莫测，至今人们也无法充分认识股票价格的变动规律。

2000 年 2 月 15 日，我国沪深股市诞生了第一只百元股票。从 5.5 元起步的亿安科技，市值一举越过百元大关，绝对涨幅达 1 700%以上。从业绩上看，1999 年中期，该公司由 1998 年每股亏损 0.85 元，转为盈利 0.11 元。而在 1999 年初，该公司的股价仅为 8 元左右，短短一年多的时间，就涨至百元，其升幅与公司的业绩并不成正比。亿安科技在 2000 年 2 月股价过百元，而 2002 年 2 月，股价不足 10 元，神话破灭，成为我国股票市场有名的问题股。

2013 年，赣州稀土借壳上市的传闻在坊间四起，而几乎最被市场认可的便是昌九生化。该传闻使得昌九生化的股价一度一飞冲天，从每股 10 元左右一路飙升至最高 40.60 元。在投资者盘算着买入昌九生化能带来多少收益时，威华股份 11 月 4 日宣布了赣州稀土的借壳方案。威华股份的一纸公告使昌九生化和威华股份在二级市场中上演了一幕悲喜剧。由于与赣州稀土的重组预期落空，昌九生化连续 10 个一字跌停板打破了由重庆啤酒在 2011 年创下的连续 9 个跌停的纪录，其市值在这 10 个交易日内缩水近 2/3，蒸发超过 45 亿元。而与此同时，另一边的威华股份，由于赣州稀土借壳没有选择昌九生化，而是选择了威华股份，则迎来了连续 12 个交易日涨停，股价从 4.77 元涨到 15.02 元，暴涨 214.88%。这些案例充分说明股票价格的波动性是很大的。

（二）股票的种类

那么，具有上述特点的股票应当是什么形式呢？

股票作为股份公司为筹集资本金而发行的有价证券，是一种票式证券。股票采用纸面形式或国家证券管理部门规定的其他形式。股票应当载明下列主要事项：公司名称；公司登记成立的日期；股票种类、票面金额及代表的股份数；股票的编号。股票由法定代表人签名，公司盖章。

股票的种类很多，财务管理者应对各类股票之间的差别了如指掌，以便在筹集资金时有所取舍。在我国，股票主要有以下几种类别。

（1）按票面是否记名，可分为记名股票和无记名股票。

记名股票应在股票票面上记载股东的姓名或名称。公司在发行记名股票时，应当置备股东名册，记载如下事项：股东的姓名或者名称及住所；各股东所持股份数；各股东所持股票的编号；各股东取得其股份的日期。公司向发起人、国家授权投资的机构、法人发行的股票，应采用记名股票，并记载该发起人、机构或者法人的名称，不得另立户名或者以代表人姓名记名。

无记名股票在股票票面上不记载股东的姓名或名称。公司发行无记名股票，应当记载其股票数量、编号及发行日期。

公司对社会公众发行的股票，可以为记名股票，也可以为无记名股票。

（2）按股东的权利和义务不同，可分为普通股股票和优先股股票。

普通股股票是公司最基本的股票。普通股股东享有平等的权利和义务，不受特别限制，但所获红利并不稳定。一般情况下，股份有限公司只发行普通股股票。目前我国证券市场上流通的大部分都是普通股股票。普通股股东最突出的权利，是在法定条件下具有参与公司经营管理的权利。

优先股股票是相对于普通股来讲具有某些优先权的一种股票。优先股的优先权表现在分配股利和公司剩余资产时的次序优于普通股。优先股股东可以获得比较固定的、在普通股红利分派之前发放的股息；当公司解散时，可先于普通股股东清偿公司剩余资产。但优先股股东不享受公司经营管理的权利。

一般来讲，普通股享受红利，优先股享受股息，所以，优先股股票虽然属于公司的自有资本，但也可认为兼有债券的性质。

（3）按发行对象和上市地区的不同，可分为 A 种股票、B 种股票、H 种股票和 N 种股票。

A 股的正式名称是人民币普通股票。A 股是由我国内地的股份公司发行，以人民币标明票面值，供我国内地机构、组织或个人（不含台、港、澳投资者）以人民币认购和交易的普通股股票。目前在上海、深圳两个证券交易所上市交易。

B 股的正式名称是人民币特种股票。B 股是以人民币标明面值，以外币认购和交易，在我国上海和深圳两个证券交易所上市交易的外资股。B 股公司的注册地和上市地都在我国内地，供国外投资者和我国港、澳、台地区投资者买卖。2001 年我国内地个人投资者开始可以投资 B 股。沪市 B 股用美元交易，深市 B 股用港元交易。

H 股是指我国内地公司在香港发行并上市的股票。H 股也称国企股，是经中国证券监督管理委员会批准，在内地注册，在香港市场上市的股票。H 股与港股是什么关系呢？港股是指在香港联合交易所上市的所有股票。因此，H 股可以看做港股中的一类。

N 股是指我国内地公司在美国纽约证券交易所发行并上市的股票。

上述股票的种类有些是交叉重复的。

（三）股票的价格

我们在前面曾经提到，股票本身并无价值，但它有自己的价格。股票仅仅是用来证明股东拥有公司的财产所有权的法律凭证，作为一种虚拟的资本，之所以有价格，是因为它能够给持有者带来红利或股息收入。当然，人们也经常习惯性地将股票的价格叫做股票价值。下面我们来看看股票有哪几种价格。

1. 票面价格

股票的票面价格是指股票票面上所标明的金额，也叫做股票面值。面值只是公司章程规定的股票价格，并无实质的经济意义。公司在分派红利或进行股票交易时，并不是按照面值计算。股票面值通常为 1 元。

2. 账面价格

股票的账面价格或称账面价值，是指资产净值与普通股股数之比，即每股净资产，用公式表示为：

$$每股账面价格=\frac{公司资产净值-优先股股本}{普通股股数}$$

这个指标是比较普通股每股净资产，衡量其投资价值的重要依据，也是确定新股发行价格的主要依据之一。

3. 清算价格

清算价格是指公司在清算时，每股所代表的实际金额。从理论上讲，每股的清算价格应当等于每股的账面价格。但在实践中，清算时公司资产的变卖金额往往与账面价格不一致，而且在多数情况下，清算价格低于账面价格。

4. 市场价格

市场价格是指股票在市场交易时所确定的价格。股票市价经常波动，它受很多因素的影响，也是最难以预见的。

二、股票发行

(一) 发行的条件

发行股票是股份有限公司筹集资金的重要渠道，但不是任何公司都可以公开发行股票筹资。公开发行股票，必须符合法律、行政法规规定的条件，并依法报经国务院证券监督管理机构或者国务院授权的部门核准；未经依法核准，任何单位和个人不得公开发行股票。

有下列情形之一的，为公开发行：

(1) 向非特定对象发行证券；

(2) 向累计超过200人的特定对象发行证券；

(3) 法律、行政法规规定的其他发行行为。

设立股份有限公司时公开发行股票，应当符合《中华人民共和国公司法》规定的条件和经国务院批准的国务院证券监督管理机构规定的其他条件，向国务院证券监督管理机构报送募股申请和下列文件：

(1) 公司章程；

(2) 发起人协议；

(3) 发起人姓名或者名称，发起人认购的股份数、出资种类及验资证明；

(4) 招股说明书；

(5) 代收股款银行的名称及地址；

(6) 承销机构名称及有关的协议，依照《公司法》规定聘请保荐人的，还应当报送保荐人出具的发行保荐书。

法律、行政法规规定设立公司必须报经批准的，还应当提交相应的批准文件。

公司公开发行新股，应当符合下列条件：

(1) 具备健全且运行良好的组织机构；

(2) 具有持续盈利能力，财务状况良好；

(3) 最近3年财务会计文件无虚假记载，无其他重大违法行为；

(4) 经国务院批准的国务院证券监督管理机构规定的其他条件。

上市公司非公开发行新股，应当符合经国务院批准的国务院证券监督管理机构规定的条件，并报国务院证券监督管理机构核准。

(二) 发行的程序

公司公开发行新股，应当向国务院证券监督管理机构报送募股申请和下列文件：

(1) 公司营业执照；

（2）公司章程；

（3）股东大会决议；

（4）招股说明书；

（5）财务会计报告；

（6）代收股款银行的名称及地址；

（7）承销机构名称及有关的协议，依照《公司法》规定聘请保荐人的，还应当报送保荐人出具的发行保荐书。

公司对公开发行股票所募集的资金，必须按照招股说明书所列的资金用途使用。改变招股说明书所列资金用途，必须经股东大会作出决议。擅自改变用途而未作纠正的，或者未经股东大会认可的，不得公开发行新股，上市公司也不得非公开发行新股。

发行人申请首次公开发行股票的，在提交申请文件后，应当按照国务院证券监督管理机构的规定，预先披露有关申请文件。

国务院证券监督管理机构下设发行审核委员会，依法审核股票发行申请。

发行审核委员会由国务院证券监督管理机构的专业人员和所聘请的该机构外的有关专家组成，以投票方式对股票发行申请进行表决，提出审核意见。发行审核委员会的具体组成办法、组成人员任期和工作程序，由国务院证券监督管理机构规定。

国务院证券监督管理机构依照法定条件负责核准股票发行申请。核准程序应当公开，依法接受监督。

发行人向非特定对象公开发行的证券，法律、行政法规规定应当由证券公司承销的，发行人应当同证券公司签订承销协议。证券承销业务采取代销或者包销方式。

证券代销是指证券公司代发行人发售证券，在承销期结束时，将未售出的证券全部退还给发行人的承销方式。证券包销是指证券公司将发行人的证券按照协议全部购入或者在承销期结束时将售后剩余证券全部自行购入的承销方式。

股票发行采取溢价发行的，其发行价格由发行人与承销的证券公司协商确定。

三、股票上市

（一）股票上市的条件

股票上市是指股份有限公司公开发行的股票，可以在证券交易所进行交易。经批准在证券交易所上市交易的股份有限公司，通常称作上市公司。

股份有限公司申请股票上市，成为上市公司，可以大大提高公司的知名度，增强公司股票的吸引力，在更大范围内筹措大量资本。

申请股票上市交易，应当向证券交易所提出申请，由证券交易所依法审核同意，并由双方签订上市协议。

股份有限公司申请股票上市，应当符合下列条件：

（1）股票经国务院证券监督管理机构核准已公开发行；

（2）公司股本总额不少于人民币 3 000 万元；

（3）公开发行的股份达到公司股份总数的25%以上，公司股本总额超过人民币4亿元的，公开发行股份的比例为10%以上；

（4）公司最近3年无重大违法行为，财务会计报告无虚假记载。

证券交易所可以规定高于上述规定的上市条件，并报国务院证券监督管理机构批准。

申请股票上市交易，应当向证券交易所报送下列文件：

（1）上市报告书；

（2）申请股票上市的股东大会决议；

（3）公司章程；

（4）公司营业执照；

（5）依法经会计师事务所审计的公司最近3年的财务会计报告；

（6）法律意见书和上市保荐书；

（7）最近一次的招股说明书；

（8）证券交易所上市规则规定的其他文件。

股票上市交易申请经证券交易所审核同意后，签订上市协议的公司应当在规定的期限内公告股票上市的有关文件，并将该文件置备于指定场所供公众查阅。

签订上市协议的公司除公告上述规定的文件，还应当公告下列事项：

（1）股票获准在证券交易所交易的日期；

（2）持有公司股份最多的前10名股东的名单和持股数额；

（3）公司的实际控制人；

（4）董事、监事、高级管理人员的姓名及其持有本公司股票和债券的情况。

（二）股票暂停上市交易的原因

上市公司有下列情形之一的，由证券交易所决定暂停其股票上市交易：

（1）公司股本总额、股权分布等发生变化，不再具备上市条件；

（2）公司不按照规定公开其财务状况，或者对财务会计报告作虚假记载，可能误导投资者；

（3）公司有重大违法行为；

（4）公司最近3年连续亏损；

（5）证券交易所上市规则规定的其他情形。

（三）股票终止上市交易的原因

上市公司有下列情形之一的，由证券交易所决定终止其股票上市交易：

（1）公司股本总额、股权分布等发生变化，不再具备上市条件，在证券交易所规定的期限内仍不能达到上市条件；

（2）公司不按照规定公开其财务状况，或者对财务会计报告作虚假记载，且拒绝纠正；

（3）公司最近3年连续亏损，在其后一个年度内未能恢复盈利；

（4）公司解散或者被宣告破产；

（5）证券交易所上市规则规定的其他情形。

四、股票筹资的优缺点

股票筹资对公司来讲虽然有其有利的一面，但也存在某些缺憾。财务管理者必须清楚了解这种筹资方式的利弊，以便作出正确的筹资选择。下面分别描述普通股与优先股筹资的优缺点。

（一）普通股筹资的优缺点

公司利用普通股筹资的优点主要有：

（1）普通股股本是公司的永久性资本，不需要偿还，在公司存续期内可以自行安排使用，是公司最稳定的资本来源，除非公司破产清算时才予以偿还。采用这种方式筹资，可以保证公司最低的资本需求，使公司具有长期持续经营的基础。

（2）普通股筹资方式可以使公司不必负担固定的利息费用。如果公司盈利，并且认为适于分配股利，就可以决定给股东分配股利。但与债券不同的是，普通股没有必须支付股利的法定义务。无论公司是否盈利，债券的利息都必须按期足额支付。对普通股来讲，公司有很大的回旋余地。在公司盈利较少，或虽有盈利但此时公司急需资金或有更好的投资机会的情况下，公司可以支付或不支付股利。

（3）采取普通股筹资所冒风险小。我们已经得知，普通股股东没有固定的到期日，也不用支付固定的利息，这样公司就不存在到期不能还本付息的风险。公司董事会可以根据公司经营状况、盈利水平、公司的发展战略等因素来决定是否分配股利，这样就避免了因盈利波动给公司正常的生产经营活动带来负面影响。

（4）普通股筹资方式容易吸收社会资本。由于普通股的预期收益比优先股和债券高，又比债券容易及时卖出，因此受到一些投资者的欢迎。尤其是向社会公众发行股票时，筹资速度快，能够在短期内聚集巨额资本，而且还是自有资本，这是其他筹资方式难以做到的。

（5）普通股构成支付公司债务的基础，发行较多的普通股，意味着公司对债权人提供了较大程度的保护，能有效地增强公司的借款能力与贷款信用。

利用普通股筹资的缺点主要有：

（1）筹措普通股时发生的费用较高，如证券经营机构的顾问费用、承销费用等。投资人投资于普通股所冒的风险大（这一点与前述公司所冒风险小正好相反），因此要求的投资回报也就高。另外，股利应从税后利润中支付，无抵税作用。据西方各国的经验数据，发行证券费用率最高的是普通股，其次是优先股，最低的是公司债券。

（2）普通股的增加发行往往会使公司原有股东的参与权掺水。因为增发新股意味着增加新股东，加剧了股权分散，从而降低了原有股东对公司的控制权，新股东会获得原有股东拥有的投票权和支配权。另一方面，新股东对公司已累积的盈余拥有分享权，这样就降低了每一股普通股可能的净收益，可能引起普通股市价的下跌。

（二）优先股筹资的优缺点

优先股股票是一种性质复杂的有价证券，同时具有权益资本与债务资本的若干特征。在法律上，它是公司权益资本的一部分，优先股股利不是税前列支的费用，优先股股东拥有与普通股股东大致相同的各种权利，但没有选举权和表决权。

但是，优先股具有明确规定的股息率，这种固定的股息率加上优先股对收入和资产的优先要求权，使它类似于负债。因此，人们将优先股股票视为一种集权益资本和负债于一体的混合证券。

优先股具有负债的某些特征，例如：有确定的股息率；虽然没有明确的到期日，但在优先股发行契约中可以订立收回条款；股东没有选择权、表决权；优先股可以转换为普通股。这些特征在普通股股东眼中，相当于一种负债。

优先股作为权益资本的一部分，具有股本的特征，例如：优先股没有到期日；股利在公司税后净收益中分配；股利的支付不是固定义务。股东对财产的请求仅仅以面值为限。所以，法律上认为优先股是股票，属于权益资本的范畴。

优先股筹资方式与发行普通股和债券相比，具有如下优点：

（1）优先股一般没有固定的到期日，不用偿付本金。发行优先股筹集资本，可以使公司获得一笔长期稳定的资金来源，而且不承担偿还本金的义务。

（2）股利的支付既固定，又有一定的灵活性。优先股虽然采取固定股利的方法，但对固定股利的支付并不构成公司的法定义务。当公司经营情况不好时，可以不支付股息，留待以后再宣布与支付，这就给处于困境的公司提供了一个扭亏为盈的缓冲机会。所以，优先股股东不会像公司债权人那样迫使公司破产。

（3）可以保持普通股股东对公司的控制权。当公司既想向外界筹措自有资本，又想保持原有股东的控制权时，利用优先股筹资最合适。因为优先股股东一般不享有投票权，所以公司能够避免优先股股东参与投票而分割对公司的控制权，有效地保持了原有股东对公司的支配地位。

（4）从法律上讲，优先股股本属于自有资本，发行优先股能加强公司的自有资本基础，可适当增强公司的信誉，提高公司的借款举债能力。

优先股筹资的缺点主要有：

（1）优先股的资本成本虽低于普通股，但比债券高。

（2）可能形成较重的财务负担。优先股要求支付固定股利，但又不能在税前扣除，当盈利下降时，优先股的股利可能会成为公司一项较重的财务负担，有时不得不延期支付，这样会影响公司的声誉。

第 2 节　留存收益

公司自有资本筹集形成了所有者权益（股东权益），包括实收资本（股本）、资本公积、盈余公积和未分配利润。实收资本（股本）和资本公积是投资人的投资及股本溢价等，是公司依法以吸收直接投资、发行股份等方式筹集的权益资金；而盈余公积和未分配利润不是来自投资人的直接投资，而是通过公司的生产经营活动产生的，是投资的增值，即公司的留存收益。

留存收益是公司在生产经营过程中产生的、从公司实现的净利润中提取或留存于公司的内部积累，由于法定的原因或某种理财决策的需要，没有分配给股东而留存于公司的盈利。

公司从净利润中提取的盈余公积包括法定公积金和任意公积金。根据我国《企业财务通则》的规定，法定盈余公积金按照年度净利润（减弥补以前年度亏损）的10%提取，法定盈余公积金累计额已达注册资本的50%时可以不再提取。任意盈余公积金提取比例由投资者决议。盈余公积是有特定用途的累积盈余，可以用于弥补公司亏损或者转增资本。法定盈余公积金转增资本后留存公司的部分，以不少于转增前注册资本的25%为限。在我国，以法律法规的形式，强制要求公司每年计提固定比例的法定盈余公积金，其目的在于促使公司稳健经营和充分保护债权人的权益。强制提取法定盈余公积金，就是强制公司增加自有资本，减少股利分配，防止将利润分光吃净，以求扩大生产经营规模。

未分配利润是指公司实现的净利润经过弥补亏损、提取盈余公积和向投资者分配利润后留存在公司的历年结存的利润。未分配利润是没有指定用途的累积盈余。

公司自有资本筹集，一方面可以通过吸收直接投资、发行股份等方式，另一方面就是依靠公司的内部积累。留存收益是公司重要的资本来源。目前我国经济处于中高速发展阶段，经济发展的速度在世界上仍然位于前列。国内经济的发展、国际经济的不确定性，使得我国公司处于高度竞争的环境，不进则退，所以很多公司忙于进行规模扩张。当然，股份公司可以通过发行股份来筹集权益资金以满足公司增长的需求。股本扩张虽然可以为公司增长提供资金保证，但如果公司热衷于此，把资本市场当作提款机，久而久之，会引起投资者的极大反感。在我国的股票市场，常有上市公司不断进行巨额再融资，投资者无奈，只得“用脚投票”，其后果既伤害了投资者，又给公司带来了负面影响。公司只有提高自身盈利能力，增加自身积累，不断创造价值，才是公司资本增长的内涵动力。

留存收益中的盈余公积以法定、量化的方式筹集与积累了自有资本。而未分配利润的积累，则涉及公司积累资本与股东获得投资收益的分配关系。公司不应当将利润分光吃净，不考虑公司资本增长的需要，但也不应当以公司发展为由，全然不顾股东的利益，长期不分红派现。我国有些上市公司，几年、十几年不分红，使股东（特别是小股东）的利益难以实现。所以，留存收益的积累涉及财务管理的股利分配决策，本书将在第 9 章阐述。

本章小结

公司自有资本筹集形成了所有者权益（股东权益），包括实收资本（股本）、资本公积、盈余公积和未分配利润。实收资本（股本）和资本公积是投资人的投资及股本溢价等，是公司依法以吸收直接投资、发行股份等方式筹集的权益资金；而盈余公积和未分配利润不是来自投资人的直接投资，而是通过公司的生产经营活动产生的，是投资的增值，即公司的留存收益。

思考题

1. 股票筹资对公司来讲有何利弊?
2. 作为投资者，你对股票的认识有多少?
3. 你如何认识留存收益这种资本来源?

重点概念

1. 股票：公司签发的证明股东所持股份的凭证。

2. 普通股股票：股份有限公司发行的代表股东享有平等的权利和义务、不加特别限制、股利不固定的最基本的股票。

3. 优先股股票：股份有限公司发行的在分享股利和公司剩余财产时具有优先权的股票。

4. 留存收益：公司在生产经营过程中产生的、从公司实现的净利润中提取或留存于公司的内部积累，由于法定的原因或某种财务管理决策的需要，没有分配给股东而留存在公司的盈利。

第 5 章

公司借入资本筹集

本章要点

短期银行借款的种类。

短期借款的信用条件：信用额度、周转信用协议、补偿性余额等。

短期借款担保与短期借款成本的计算。

长期银行借款的种类。

长期借款的程序与偿还的管理。

债券的特征与基本要素。

公司债券的种类。

公司债券发行与交易的有关问题。

融资租赁的具体形式及租金的计算。

商业信用的主要形式：应付账款、应付票据和预收货款。

各种筹资方式的优缺点。

引导案例

2013 年 4 月，苹果公司完成了世界上最大规模的企业债券发行，融资 170 亿美元。

2013 年 4 月 24 日，苹果公司宣布该公司历史上最强回馈股东的股票回购和分红计划，将在 2015 年之前用 1 000 亿美元现金回馈股东。为筹措资金，苹果公司于 4 月 30 日发行了 170 亿美元债券，这是世界上最大规模的企业债券销售，也是苹果公司 17 年来的首次发债。

此前世界最大的企业债券发行是 2009 年罗氏控股 165 亿美元的债券发行，其次是 2001 年法国电信公司 164 亿美元的债券发行。苹果公司此次的债券发行也超过了制药集团 Abbvie，该公司 2012 年 11 月发行了 147 亿美元债券。

在这次债券销售之前，苹果公司没有任何债务，是美国所有大型科技公司中唯一没有任何负债的企业。

苹果公司发行债券是为其未来 3 年 1 000 亿美元的股东现金回报计划筹集资金。这一巨大的现金回报计划旨在安抚投资者对苹果公司销售放缓，以及一周前苹果公司财报 10 年来首次出现净利润同比下滑的担忧。

此时的苹果公司并不缺乏现金，它拥有 1 450 亿美元的现金，但其中只有约 450 亿美元在美国本土，另外约 1 000 亿美元现金被留在低税率的海外，如果将现金转移到国内用于股东回报，苹果公司将需要承担相当规模的税负。

苹果公司选择在这个时机进入债市融资是明智之举，原因是此时的利率接近于历史低点，这意味着筹资成本较低。

其时，美国债券利率降至历史最低水平，10 年期美国国债利率降至 1.65%。利用美国国债利率大幅下滑的时机，苹果公司发行了 2016 年、2018 年到期的浮动利率债券，并发行了 4 批固定利率债券，分别将于 2016 年、2018 年、2023 年和 2043 年到期。

苹果公司利用市场的低利率发债，它发行的 10 年期固定利率债券年收益率为 2.415%；3 年期固定利率债券年收益率为 0.511%；5 年期固定利率债券年收益率为 1.076%；30 年期固定利率债券年收益率为 3.883%。

全世界的投资者蜂拥购买苹果公司自 1996 年以来首次发行的债券，市场对苹果公司的债券需求达到了 520 亿美元。这也成为华尔街从未见过的最受投资人渴求的债券发行之一。

当日，苹果公司股价在纳斯达克交易中上涨 12.63 美元，报收于 442.75 美元，涨幅为 2.94%。过去 10 个交易日中，苹果公司的股价回弹了 12%以上，原因是以盈利为导向的一批新投资者在近 3%的股息收益率的吸引下开始买入这支股票。

对苹果公司来讲，在这 7 天内以现金返还战略来满足投资者的需求，成为全球最大的派息公司，还以 4 130 亿美元的市值重夺全球最大公司的宝座。

第 1 节　银行借款筹资

公司生产经营活动的正常运转以及扩充生产能力的要求，都需要大量资金给予支持。这些资金的来源除了自有资本，相当大的部分要依靠向银行借款筹集。这里所讲的银行借款筹资，是指公司向银行等金融机构借入款项。

银行借款按借款使用期限划分，可分为短期借款、中期借款和长期借款。

一、短期借款

短期借款是公司向银行等金融机构借入的期限在 1 年以下（含 1 年）的借款。短期银行借款属银行流动资金借款，是公司筹措短期资金的重要方式。

（一）短期借款的种类

1. 按有无担保分类

按照国际惯例，短期银行借款按有无担保可分为信用借款和担保借款。

信用借款是以借款人（公司）的信誉取得的借款。其特点是银行仅以公司信誉及相关的经济指标为依据予以贷款，贷款风险较大。

担保借款又分为保证借款、抵押借款和质押借款。

（1）保证借款，指按《担保法》规定的保证方式，以第三人承诺在借款人不能偿还银行借款时，按约定承担责任或者连带责任而从银行借入的款项。

（2）抵押借款，指按《担保法》规定的抵押方式，以借款人或第三人的财产作为抵押物从银行借入的款项。

（3）质押借款，指按《担保法》规定的质押方式，以借款人或第三人的动产或权利作为质物从银行借入的款项。

2. 按偿还方式分类

短期银行借款按偿还方式不同，可分为一次偿还借款和分期偿还借款。

3. 按借款目的和用途分类

我国目前短期银行借款按目的和用途主要可分为周转借款、临时借款、结算借款和卖方信贷等。

（1）周转借款，是指公司为了满足生产经营周转的需要，在流动资产计划占用额的范围内，为弥补资金不足而向银行取得的借款。公司流动资产的正常资金来源，应为公司权益资本中扣除用于固定资产后余下的部分。公司年度流动资产的计划占用额与公司流动资产的正常资金来源之间的差额，就是生产经营周转借款的需要量，公司可以在此范围内向银行办理借款申请。

（2）临时借款，是指公司在生产经营过程中，由于临时性或季节性原因需要超定额储备物资，而向银行取得的借款。临时借款主要是为了解决以下几种情况的资金需求：

1）由于客观原因不能及时销售产品，造成资金短期紧缺。

2）原材料的季节性储备。

3）进口物资的集中到货。

4）为发展名优产品进行经济联合而需要资金。

5）引进软件、换取外汇等其他临时需要。

临时借款期限应根据物资占用时间和销售收入情况来定，一般不超过 6 个月。

（3）结算借款，是指公司采用托收承付结算方式向异地发出商品，在委托银行收款期间为解决在途结算资金占用的需要，以托收承付结算凭证为保证向银行取得的借款。

（4）卖方信贷，是指公司采用赊销方式销售商品时，为解决因延期收款或分期收款占用的资金而向银行取得的借款，待购货单位支付货款后再归还借款的一种信用行为。这种借款方式实际上是银行用流动借款支持制造先进设备的卖方，并用赊销方式支持使用设备的买方，鼓励企业用技术先进的产品更新陈旧设备。公司申请卖方信贷必须符合下列条件：

1）产品必须纳入国家计划，性能好、技术先进，符合技术改造、设备更新的要求。

2）只能将产品销售给直接使用单位，不能赊销给物资供应等经营单位。

3）买方购买的设备必须是当年设备更新和技术改造计划之内需要的。

4）买方必须有首期付款，并尽可能提高首期付款的比例。

（二）短期借款的信用条件

按照国际惯例，短期银行借款往往会附加一些信用条件，主要有信用额度、周转信用协议、补偿性余额等。

1. 信用额度

信用额度是借款公司与银行之间正式或非正式协议规定的公司借款的最高限额。有了这个信用额度，公司就可以在其限额内随时根据需要向银行申请借款。信用额度的有效期限通常为1年。在正式协议下，银行有保证在信用额度内向公司贷款的义务。例如，协议规定某公司的信用额度为100万元，公司已借用80万元尚未偿还，此时，当公司申请余下的20万元借款时，银行应按协议规定出借给公司。但在非正式协议下，银行并不承担按照最高借款限额保证贷款的法律义务。

2. 周转信用协议

周转信用协议是一种经常被大公司使用的正式信用额度。周转信用协议与一般信用额度不同，银行对其负有法律义务，并因此向公司收取一定的承诺费。例如，某大公司与银行确定的周转信用协议额度为200万元，承诺费率为2%，该公司本年度内借款150万元，尚未使用的余额为50万元，公司本年度应向银行支付承诺费10 000元（500 000×2%）。由此可以看出，银行收取承诺费，是按贷款限额未使用部分的一定比率计算的。

3. 补偿性余额

补偿性余额是银行将借款公司借款的10%～20%的平均存款余额留存银行，其目的是降低银行贷款风险，提高贷款的有效利率。例如，某公司按年利率5%从银行借入款项100万元，银行要求公司按照贷款额的20%保持补偿性余额。这样，该公司实际可动用的借款只有80万元。该笔借款的实际年利率计算如下：

$$\frac{100\times5\%}{100\times(1-20\%)}=6.25\%$$

（三）短期借款担保

银行在发放短期贷款时，为降低贷款风险，可向借款公司索取担保品。公司只有按要求向银行提供担保品，才能取得有担保的短期借款。

由于短期借款期限短，因此能够作为短期借款的担保品，一般是流动性较强的资产，如公司流动资产中的应收账款、应收票据、存货等。

按照担保品的不同，短期担保借款可分为应收账款担保借款、应收票据贴现借款、存货担保借款。

1. 应收账款担保借款

指公司以其应收账款的债权作为担保品向银行取得的借款。在我国，公司在托收承付方式下向银行办理的结算借款，就属于以应收账款作为担保品的借款。

2. 应收票据贴现借款

公司将票据贴现，就是以票据为担保向银行取得银行信用。公司使用应收票据向银行取得贴现借款，实际上是将其应收票据转让给银行。

3. 存货担保借款

指公司以存货作为担保品向银行取得的借款。我国企业的临时借款，包括超额定借款和其他临时借款，就属于存货担保借款。

（四）短期借款的成本

公司向银行借款应支付利息，短期借款的成本主要体现为借款利率的高低。按照国际惯例，短期银行借款的利率会因借款公司的类型、借款金额及时间的不同而有所区别。对那些信誉好、贷款风险低的公司，银行会采取较低的利率；反之，则会采取较高的利率。

下面先介绍几种利率，再计算借款成本。

短期借款利息的计算，有单利计算法、贴现利率计算法和附加利率计算法三种。

1. 单利计算法

多数银行通常按单利计算收取短期贷款的利息。对公司来讲，往往也是按单利来比较不同银行的借款成本。在采取单利计算的情况下，短期借款成本取决于合同约定的利率和银行收取利息的方式。如果利息在借款到期日随本金一起偿付，这时，名义利率就等于实际利率。例如，公司从银行取得借款 30 000 元，年利率按单利计算为 8%。一年到期后按单利计算应偿还本息为 32 400 元，那么，实际利率应为：

$$实际利率=\frac{利息}{借款本金}\times 100\%$$

$$=\frac{2\ 400}{30\ 000}\times 100\%=8\%$$

2. 贴现利率计算法

该方式下，银行在向公司贷款时，预先扣除贷款的贴现利息，而以贷款面值减去贴现利息后的差额，支付给公司。公司的应收票据贴现，就是采用贴现利率计算的。在该计算方法下，实际利率要高于名义利率。

例如，某公司将一张不附息的面值 30 000 元的票据向银行办理贴现，贴现月利率为 0.6%，贴现天数为 60 天，则

$$贴现利息=30\ 000\times 0.6\%\div 30\times 60=360(元)$$

$$公司实得借款=30\ 000-360=29\ 640(元)$$

$$公司实际负担的月利率=\frac{贴现利息}{公司实得借款}=\frac{360}{29\ 640}\times\frac{30}{60}=0.607\%$$

3. 附加利率计算法

采用该方法时，即使公司是分期偿还贷款，银行也按照贷款总额和名义利率来计算利息。在这种方式下，实际利率要高于名义利率，因此公司实际负担的利息费用较高。

例如，某公司按照附加利率 5%取得一年期的银行借款 30 000 元，如果分 12 个月平均偿还，则每个月末需偿还 2 500 元，年平均借款使用额只有 15 000 元（30 000÷2），而年利息仍是 1 500 元（30 000×5%）。公司实际负担的利率计算如下：

$$\text{公司实际负担的年利率}=\frac{\text{利息}}{\text{借款总额}/2}=\frac{1\,500}{30\,000/2}=10\%$$

在上述几种利息的计算方法中，我们提到了名义利率和实际利率。名义利率是指记在借款契约上的利率。实际利率是指借款的有效利率，也就是银行实际赚取的利率。如前所述，当借款人在借款到期后支付利息时，名义利率等于实际利率；当借款人贴现贷款，也就是银行预扣利息时，实际利率大于名义利率。

在计算短期银行借款的成本时，应考虑到短期借款的利息在会计上是作为费用处理的，因而可以使缴纳的所得税减少。所以，从严格意义上讲，实际利率并不能作为短期借款的成本。将抵减所得税这一因素考虑进去，短期借款的成本应按下列公式计算：

$$\text{短期借款成本}=\text{实际利率}\times(1-\text{所得税税率})$$

（五）短期借款的优缺点

1. 短期银行借款的优点

（1）筹资效率高。银行资本雄厚，能够及时为公司提供各类短期借款。公司办理短期借款的程序比较简单，能够及时取得所需借款。特别是对于季节性和临时性的资金需求，采用向银行借入短期借款的方式显得更加方便有效。对一些信誉好的大公司来讲，还可以较低的利率借入款项，从而降低使用借款的成本。

（2）筹资弹性大。短期银行借款具有较大的弹性，公司可在资金需要增加时借入，在资金需要减少时偿还。这样有利于公司现金流量的调剂，灵活地安排资金的使用，随借随还，提高公司资金的使用效率。

2. 短期银行借款的缺点

（1）资金成本较高。公司采用短期银行借款方式筹资，其借款成本比商业信用高。如果采用担保借款方式，由于需要支付管理和服务费用，其资金成本更高。

（2）限制较多。公司向银行借款，银行不仅要对公司的经营和财务状况进行调查以后才能决定是否贷款，有些银行还要对公司的某些方面加以控制，要求公司将流动比率和负债比率维持在一定水平之内，以保证银行的利益不受损害。诸如此类的要求，构成了对公司的一些限制。

二、中长期借款

中期借款是公司向银行借入的、期限在 1 年以上（不含 1 年）、5 年以下（含 5 年）

的借款。长期借款是公司向银行借入的、期限在 5 年以上（不含 5 年）的借款。

通常人们将期限在 1 年以上的各种银行借款统称为长期借款，为便于表述，下面将中长期借款统称为长期借款。

（一）长期借款的种类

1. 按提供贷款的机构分类

长期借款按照提供贷款的机构，可以分为政策性银行贷款、商业银行贷款和保险公司贷款等。

（1）政策性银行贷款，是指执行国家政策性贷款业务的银行提供的贷款。所谓政策性银行，一般是指由政府设立，以贯彻国家产业政策、区域发展政策为目的，为完成政府特定任务，满足社会经济发展需要而设立的金融机构。1994 年，我国组建了三家政策性银行，即国家开发银行、中国进出口银行和中国农业发展银行。这些银行提供的政策性贷款通常为长期贷款，而且一般只贷给国有企业。如国家开发银行为满足企业承建国家重点建设项目的资金需要提供贷款，中国进出口银行为大型设备的进出口提供买方或卖方信贷等。

（2）商业银行贷款，是指各商业银行向工商企业提供的贷款。所谓商业银行，是以获取利润为经营目标，以经营金融资产和金融负债为主要业务，具有综合性服务功能的金融企业。商业银行贷款包括短期贷款和长期贷款。其中，长期贷款一般有以下特点：第一，期限在 1 年以上；第二，主要用来满足企业建设竞争性项目的资金需要；第三，银行与公司之间要签订借款合同，其中含有对借款单位的具体限制条件；第四，规定借款利率，可以是固定利率，也可以随基准利率的变动而变动。主要采用分批偿还方式，一般每批偿还相等的金额，当然也有的采用到期一次偿还的方式。

（3）保险公司贷款，是指由保险公司向企业发放的贷款。所谓保险公司，是以经营保险业务为主的经济组织。当前我国保险公司经营的保险业务主要分为财产保险、责任保险、保证保险和人身保险四大类。保险公司贷款属于其他非银行金融机构贷款类，其贷款期限一般比银行贷款长，利率相对要高，而且对借款公司的信用和担保品的选择也更加严格。

2. 按贷款有无抵押品分类

长期借款按照贷款有无抵押品，可以分为信用贷款和抵押贷款。

（1）信用贷款，是指无须以抵押品作担保，仅凭借款公司的信誉或其保证人的信用而发放的贷款。对于这种贷款，由于风险较高，通常只适用于信誉较好的公司，其银行利率往往较高，并附有一定的限制条件。长期以来，我国银行贷款基本上采用无实物抵押的贷款方式。目前，我国各商业银行向国有企业的贷款，大多数都采用信用贷款方式。

（2）抵押贷款，是指以特定的抵押品作为担保的贷款。作为贷款抵押品的可以是不动产，如房屋、建筑物、机器设备等，也可以是股票、债券等有价证券。借款公司到期不能偿还贷款本息时，银行可以取消公司对抵押品的赎回权并有权处理抵押品。近年来，我国银行的抵押贷款方式有了一定程度的发展，有助于降低银行贷款的风险。

3. 按贷款行业分类

长期借款按照贷款行业，可分为工业贷款、商业贷款和农业贷款等。

（1）工业贷款是银行贷给工业企业的款项，主要用于固定资产和流动资产投资。

（2）商业贷款是银行贷给商业企业的款项，主要用于商品流转的资金需要。

（3）农业贷款主要用于改良土壤或水利设施以及造林等。

4. 按贷款用途分类

长期借款按照贷款用途，可以分为固定资产贷款、大修理贷款、技术改造贷款、科研开发和新产品试制贷款等。

（二）长期借款的程序

长期借款的程序大致包括以下五个环节。

1. 公司提出借款申请

公司向银行提出借款申请，一般必须具备下列基本条件：

（1）公司必须是工商行政管理机关核准登记的企业法人，并在工商部门办理了年检手续。公司应持有企业法人营业执照。

（2）公司必须实行独立的经济核算。只有实行独立核算的借款人，才能与银行签订借款合同。

（3）公司必须具有一定数量的自有资本。公司自有资本的多少，是衡量偿债能力大小的一个标志。公司应具有一定的物资和财产保证，担保其具有相应的经济实力。

（4）公司已经开立了基本账户和一般存款账户。

（5）借款用途必须合理合法，具有借款项目的可行性报告。

（6）公司的资产负债率符合银行的要求，具有偿还贷款本息的能力。

2. 银行审核借款申请

银行按照有关政策和贷款条件，对提出借款申请的公司进行审查，并及时作出答复。短期借款的答复时间不得超过 1 个月，中长期借款的答复时间不得超过 6 个月。银行审查的内容主要有以下几点：

（1）公司的财务状况。

（2）公司的信用情况。

（3）公司盈利的稳定性。

（4）公司的发展前景。

（5）借款投资项目的可行性。

（6）借款的担保品等。

银行对公司上述情况进行审查后，应当注意对公司的债务、财务、生产、经营等情况保密，维护公司的利益。

3. 签订借款合同

银行在审查了借款申请后，依据审批权限，核准公司申请的借款金额和用款计划。

公司和银行双方签订借款合同，应明确规定贷款的数额、用途、期限、利率、还款资金来源及还款方式、保证条款、违约责任和一些限制性条款。

在我国，银行对借款人的限制主要有以下几点：

（1）不得在银行同一辖区内的两个或两个以上同级分支机构取得贷款。

（2）不得向银行提供虚假的或者隐瞒重要事实的资产负债表、利润表。

（3）不得用贷款从事股本权益性投资，国家另有规定的除外。

（4）不得用贷款在有价证券、期货等方面从事投机经营。

（5）除依法取得经营房地产资格的公司外，不得用贷款经营房地产；依法取得经营房地产资格的公司，不得用贷款从事房地产投机。

（6）不得套取贷款用于借贷，牟取非法收入。

4. 公司取得借款

公司根据借款合同办理借款手续，取得借款。银行在核定的贷款指标范围内，根据公司用款计划和实际需要，一次或分次将贷款转入公司的存款结算账户。

5. 公司归还借款

当贷款到期时，银行依据合同约定从借款公司的账户上划收贷款本金和利息。

借款公司若因暂时财务困难，需要延期归还借款时，应向银行提交延期还贷计划，经银行审查核实后，续签合同，按新计划归还贷款。逾期期间，银行一般按逾期贷款计收利息。

借款公司无力或拒不归还贷款时，银行可以依据法律程序处理借款公司作为借款保证的物资和财产，以抵偿贷款。

借款公司未能履行借款合同规定义务的，银行有权依照合同约定要求公司提前归还贷款。

（三）长期借款偿还的管理

公司从银行取得长期借款，应履行借款合同，按期向银行还本付息。财务管理应从以下几点做好借款偿还的管理工作。

1. 选择还款方式

长期借款的偿还方式，主要有以下三种：

（1）到期日一次偿还。采用这种方式，由于长期借款数额往往较大，于到期日集中还款，会加大公司在借款到期日时大宗款项偿还的压力。

（2）定期偿还相等份额的本金。在借款期限内定期偿还相等金额的款项，直至在到期日时还清全部借款。采用这种方式，避免了大宗款项集中于到期日偿还的压力，但要做好定期还款的资金安排工作。

（3）分批偿还。采用这种方式，每批偿还金额可以不等，以便于公司灵活安排还款计划。

2. 制定还款计划

长期借款金额大、时间长。公司借入长期借款后，必须制定还款计划，作出偿还借款的安排，这是保证如期足额偿还借款的重要措施。公司应根据自身的经营状况和财务状况，统筹安排，保证借款到期日时的还款资金来源，使公司具有良好的偿债能力。

上面谈到了公司对长期借款偿还的管理问题，事实上，最关心借款能否偿还的还是银行。银行将款项贷给公司，从贷出的那一刻起，就意味着要承担某种风险。什么时候贷款的本金和利息都收回了，风险才告消失。

为了规避风险，银行按借款人偿还贷款的可能性进行贷款风险分类。银行信贷分析和管理人员根据获得的全部信息，运用定性和定量分析方法，将贷款划分为正常、关注、次级、可疑、损失五类。贷款风险分类是银行信贷管理的重要组成部分。银行一般将贷款分类的标准、程序和结果视为商业秘密。

我国于 1998 年按照国际惯例开始实行贷款风险五级分类方法。

（1）正常类。借款人能够履行合同，有充分把握按时足额偿还本息。

（2）关注类。尽管借款人目前有能力偿还贷款本息，但是存在一些对偿还贷款本息有不利影响的因素。

（3）次级类。借款人的还款能力出现了明显问题，依靠其正常经营收入已无法保证足额偿还本息。

（4）可疑类。借款人无法足额偿还本息，即使执行抵押或担保，也肯定要造成一部分损失。

（5）损失类。在采取了所有可能的措施和经过了一切必要的法律程序之后，本息仍然无法收回，或只能收回极少部分。

上述五类贷款中，后三类合称为不良贷款。

（四）长期借款的优缺点

1. 长期银行借款的优点

（1）借款比较便利。公司筹措大额款项，若采取发行各种证券的方式筹资，审批手续较为复杂，各项前期准备工作也要耗费较多时间。而采用向银行借款方式，相对来讲借款程序较为简单，只要符合贷款条件，无须花费太多时间，能够满足公司及时的资金需要。

（2）筹资成本相对节约。采用向银行借入长期贷款的方式筹资，利息可在税前支付，作为税前抵减的费用，使长期借款的成本比采取股票筹资方式要低得多。而采取发行公司债券方式筹资，一般来讲，其利率总是高于银行借款利率。同时公司与银行的借贷关系是直接发生的，不需要通过中介机构，因此也减少了交易成本。

（3）具有较大的灵活性。采用长期银行借款方式，是由公司和银行双方直接协商贷款的金额、期限和利率。公司在使用贷款的过程中，若财务状况发生较大变化，可以与银行进一步协商，变更借款数量及条件。因此，长期银行借款方式相对发行各种证券方式要灵活得多。

（4）可以发挥财务杠杆的作用。对于长期银行借款，银行只收取固定的利息。而对于公司来讲，若经营有方，资本利润率超过银行贷款利率，其差额部分可以尽收手中，正所谓“用别人的钱为自己生利”。

2. 长期银行借款的缺点

（1）财务风险较高。公司在向银行借入长期借款时，往往对投资前景看好。但由于借款时间长，对未来几年、十几年的经济形势不一定能够判断准确，时间越长，不可预见的因素越多。今天看好的项目，若干年后是否还具有成长性则很难说。在长期借款到期之日，公司必须还本付息，此时若公司经营不甚景气，还款会出现困难，从而导致公司财务状况恶化。

（2）限制条款较多。长期银行借款对公司来讲财务风险较高，对银行来讲，风险则更大，毕竟银行是债权人，它更关心贷出的款项能否按期足额收回，所以银行规定了许多限制条款。这样有可能影响到公司今后其他筹资、投资活动。

（3）筹资数额有限。向银行借款，往往是针对某一项目的定向筹资，不可能满足公司经营全方位、大规模的资金需要。在这一点上，银行借款方式就不如股票、债券筹资方式。对于后者来讲，可以一次筹集到大笔资金，满足公司经营大幅扩张和大范围调整的资金需要。

第2节　发行债券筹资

股份有限公司和有限责任公司为筹集生产经营资金，可以发行公司债券。

一、债券的特征

与股票相比，公司债券有如下几个基本特征：

（1）公司债券属于负债性质的筹资方式。公司一旦发行公司债券，相对债券购买者来讲，就处于债务人的位置，应按约定的时间还本付息。所以，公司利用债券筹集的资本是借入资本，完全不同于股票筹资。

（2）债券具有索偿的优先权。债券持有人除了拥有按期收回本息的权利，在公司对其收入的分配顺序上也优先于股东。若公司破产清算，首先应偿还债权人的债务，若有剩余，才对股东进行清偿。从这一点上看，债券持有者的风险要小于股票持有者。当然，前者的收益从理论上讲也会小于后者。

（3）债券持有者只是公司的债权人而非所有者，不管持有数量多少，都不可能参与公司的经营管理，无权干涉公司的各项决策。

（4）债券随时可以变现，因此流动性强，买卖灵活。

二、债券的基本要素

债券作为一种有价证券，必须具备以下几个基本要素。

1. 公司名称

公司发行公司债券，必须在债券上注明公司名称，明确债务人，以便承担有关法律责任。

2. 债券的票面金额

债券票面金额的大小，直接影响债券的发行成本及发行数量，从而影响筹资的效果。

3. 债券的利率

债券利率的高低是由发行债券的公司决定的，但要受到银行利率、公司的资信级别、偿还期限、偿还利息的方式以及资本市场资金的供求关系等因素的制约。

4. 债券的偿还期限

债券具有固定的偿还期限。偿还期限长短的确定，主要受发行公司未来可调配的资金规模、市场利率的状况、证券市场的完善程度等因素的影响。

5. 债券的发行价格

债券的发行价格不一定等于债券的票面金额。债券的发行价格以票面金额为基础，但究竟定为多少还要考虑资本市场的供求状况、市场利率的变化情况等因素。债券的发行有三种方式，即平价发行、溢价发行和折价发行。平价发行是指按债券票面金额发行；溢价发行是指按高于债券票面金额的价格发行；折价发行是指按低于债券票面金额的价格发行。

三、公司债券的种类

公司债券的分类主要有以下几种方法。

1. 按债券是否记名分类

按债券是否记名，可以分为记名债券和无记名债券。

（1）记名债券。这类债券应在券面上记载债券持有人的姓名或名称。发行记名债券的公司应在公司债券存根簿上记载债券持有人的姓名或名称及住所；债券持有人取得债券的日期及债券的编号；债券总额，债券的票面金额、利率，还本付息的期限和方式；债券的发行日期。

记名债券的转让，应由债券持有人以背书方式或采取法律、行政法规规定的其他方式。转让后，应由公司将受让人的姓名或名称及住所记载于公司债券存根簿。

（2）无记名债券。这类债券无须在券面上记载债券持有人的姓名。但应在公司债券存根簿上载明债券总额、利率、偿还期限和方式、发行日期及债券编号。无记名债券的转让，由债券持有人在依法设立的证券交易场所将该债券交付给受让人后即发生效力。

2. 按债券有无担保分类

按债券有无担保，可以分为担保债券和信用债券。

（1）担保债券。这类债券的发行必须以发行公司的特定财产作为担保品，或者由担保人作保证到期还本付息。

（2）信用债券。这类债券的发行无须抵押品担保，仅凭公司的信用。

3. 按债券本金的偿还方式分类

按债券本金的偿还方式，可以分为一次性偿还债券、分期偿还债券、偿债基金债券和可转换为股票的债券等。

（1）一次性偿还债券。这种债券由发行债券的公司在债券到期日一次性还本付息。

（2）分期偿还债券。这种债券可以由发行债券的公司在债券的偿还期内分期还本付息。

（3）偿债基金债券。这种债券由发行债券的公司，按照债券合同的要求，从每年的盈余中按发行总额的一定比例，提取一定数量的基金存入信托机构，以满足今后还本付息的款项需要。

（4）可转换为股票的债券。这种债券根据发行公司债券募集办法的规定，债券持有人可以将其转换为发行公司的股票。公司发行该种债券，除具备发行公司债券的条件，还应当符合发行股票的条件。发行可转换为股票的公司债券，应当在债券上标明可转换公司债券字样，并在公司债券存根簿上载明可转换公司债券的数额。对债券持有人来讲，他具有转换股票或者不转换股票的选择权。

4. 按利率规定情况分类

按利率规定情况，可以分为固定利率债券和浮动利率债券。

（1）固定利率债券。该种债券在发行公司发行债券时，预先规定了固定的利率。

（2）浮动利率债券。这种债券在发行时没有规定固定利率，其利率随市场利率的波动而变动。

5. 按能否上市分类

按能否上市，可以分为上市债券和非上市债券。

（1）上市债券。这种债券是经有关部门批准，可以在证券交易所进行买卖的公司债券。

（2）非上市债券。这种债券是指不能在证券交易所交易的债券。

四、公司债券的发行与交易

这里所指的公司债券，是公司依照法定程序发行、约定在一定期限还本付息的有价证券。

申请发行公司债券，应当符合我国《证券法》、《公司法》和《公司债券发行与交易管理办法》规定的条件，由国务院证券监督管理机构或者国务院授权的部门核准。

（一）公开发行公司债券的条件和标准

公开发行公司债券，应当符合下列条件：

（1）发行人具有符合法律规定的组织机构。

（2）发行人最近3年财务会计报告被出具标准无保留意见。

（3）发行人及其控股股东、实际控制人最近3年内没有贪污、贿赂、侵占财产、挪用财产或者破坏社会主义市场经济秩序的犯罪记录。

（4）发行人最近3年平均可分配利润足以支付债券1年的利息。

（5）国务院证券监督管理机构或者国务院授权的部门规定的其他条件。

资信状况符合以下标准的公司债券可以向公众投资者公开发行，也可以自主选择仅面向合格投资者公开发行：

(1) 发行人最近3年无债务违约或者迟延支付本息的事实。

(2) 发行人最近3个会计年度实现的年均可分配利润不少于债券1年利息的1.5倍。

(3) 债券信用评级达到AAA级。

(4) 中国证券监督管理委员会根据投资者保护的需要规定的其他条件。

未达到上述规定标准的公司债券公开发行应当面向合格投资者；仅面向合格投资者公开发行的，中国证券监督管理委员会简化核准程序。

公司存在下列情形之一的，不得公开发行公司债券：

(1) 最近36个月内公司财务会计文件存在虚假记载，或公司存在其他重大违法行为。

(2) 本次发行申请文件存在虚假记载、误导性陈述或者重大遗漏。

(3) 对已发行的公司债券或者其他债务有违约或者迟延支付本息的事实，仍处于继续状态。

(4) 严重损害投资者合法权益和社会公共利益的其他情形。

(二) 公司债券的发行程序

发行公司债券，发行人应当依照《公司法》或者公司章程相关规定对以下事项作出决议：

(1) 发行债券的数量。

(2) 发行方式。

(3) 债券期限。

(4) 募集资金的用途。

(5) 决议的有效期。

(6) 其他按照法律法规及公司章程规定需要明确的事项。发行公司债券，如果对增信机制、偿债保障措施作出安排的，也应当在决议事项中载明。

公开发行公司债券，募集资金应当用于核准的用途；非公开发行公司债券，募集资金应当用于约定的用途。除了金融类企业，募集资金不得转借他人。发行人应当指定专项账户，用于公司债券募集资金的接收、存储、划转与本息偿付。

申请公开发行债券，应当向国务院证券监督管理机构或者国务院授权的部门报送下列申请文件：

(1) 发行人关于公开发行的申请及授权文件。

(2) 公开发行证券募集说明书。

(3) 财务会计报告。

(4) 证券经营机构、证券服务机构就本次发行出具的文件。

(5) 国务院证券监督管理机构或者国务院授权的部门规定的其他文件。

发行人报送申请文件后，应当按照国务院证券监督管理机构或者国务院授权的部门的规定披露有关申请文件。

国务院证券监督管理机构或者国务院授权的部门应当自受理债券发行申请文件之日起3个月内，依照法定条件和法定程序作出予以核准或者不予核准的决定，发行人根据要求补充、修改发行申请文件的时间不计算在内；不予核准的，应当说明理由。

发行申请核准后，公司债券发行结束前，发行人发生重大事项，导致可能不再符合发行条件的，应当暂缓或者暂停发行，并及时报告中国证券监督管理委员会。影响发行条件的，应当重新履行核准程序。承销机构应当勤勉履行核查义务，发现发行人存在上述规定情形的，应当立即停止承销，并督促发行人及时履行报告义务。

发行人向国务院证券监督管理机构或者国务院授权的部门报送的债券发行申请文件，应当真实、准确、完整。

为债券发行出具有关文件的证券服务机构和人员，应当严格履行法定职责，保证其所出具文件的真实性、准确性和完整性。

国务院证券监督管理机构或者国务院授权的部门对已作出的核准发行的决定，发现不符合法定条件或者法定程序，尚未发行的，应当予以撤销，停止发行。已经发行尚未公开交易的，撤销发行核准决定，发行人应当按照发行价并加算银行同期存款利息返还证券持有人。给投资者造成损失的，还应当依法承担赔偿责任。

发行人的董事、监事和高级管理人员、控股股东、实际控制人以及与本次发行有关的证券经营机构应当与发行人承担连带责任，但是能够证明自己没有过错的除外。证券服务机构应当就其所出具的文件与发行人承担连带责任，但是能够证明自己没有过错的除外。

发行公司债券的申请经国务院授权的部门核准后，应当公告公司债券募集办法。

公司债券募集办法中应当载明下列主要事项：

（1）公司名称。

（2）债券募集资金的用途。

（3）债券总额和债券的票面金额。

（4）债券利率的确定方式。

（5）还本付息的期限和方式。

（6）债券担保情况。

（7）债券的发行价格、发行的起止日期。

（8）公司净资产额。

（9）已发行尚未到期的公司债券总额。

（10）公司债券的承销机构。

公开发行公司债券，可以申请一次核准，分期发行。自中国证券监督管理委员会核准发行之日起，发行人应当在12个月内完成首期发行，剩余数量应当在24个月内发行完毕。公开发行公司债券的募集说明书自最后签署之日起6个月内有效。采用分期发行方式的，发行人应当在后续发行中及时披露更新后的债券募集说明书，并在每期发行完成后5个工作日内报中国证券监督管理委员会备案。

（三）公司债券发行与承销管理

发行公司债券应当由具有证券承销业务资格的证券公司承销。

取得证券承销业务资格的证券公司、中国证券金融股份有限公司以及中国证券监督管理委员会认可的其他机构非公开发行公司债券可以自行销售。

承销机构承销公司债券，应当依据有关法规以及中国证券监督管理委员会、中国证券业协会有关尽职调查、风险控制和内部控制等相关规定，制定严格的风险管理制度和内部控制制度，加强定价和配售过程管理。

承销机构承销公司债券，应当依照《证券法》相关规定采用包销或者代销方式。

发行人和主承销商应当签订承销协议，在承销协议中界定双方的权利义务关系，约定明确的承销基数。采用包销方式的，应当明确包销责任。公开发行公司债券，依照法律、行政法规的规定应由承销团承销的，组成承销团的承销机构应当签订承销团协议，由主承销商负责组织承销工作。公司债券发行由两家以上承销机构联合主承销的，所有担任主承销商的承销机构应当共同承担主承销责任，履行相关义务。承销团由三家以上承销机构组成的，可以设副主承销商，协助主承销商组织承销活动。承销团成员应当按照承销团协议及承销协议的约定进行承销活动，不得进行虚假承销。

公司债券公开发行的价格或利率以询价或公开招标等市场化方式确定。发行人和主承销商应当协商确定公开发行的定价与配售方案并予以公告，明确价格或利率确定原则、发行定价流程和配售规则等内容。

发行人和承销机构不得操纵发行定价、暗箱操作；不得以代持、信托等方式谋取不正当利益或向其他相关利益主体输送利益；不得直接或通过其利益相关方向参与认购的投资者提供财务资助；不得有其他违反公平竞争、破坏市场秩序等行为。

公开发行公司债券的，发行人和主承销商应当聘请律师事务所对发行过程、配售行为、参与认购的投资者资质条件、资金划拨等事项进行见证，并出具专项法律意见书。公开发行的公司债券上市后10个工作日内，主承销商应当将专项法律意见随同承销总结报告等文件一并报中国证券监督管理委员会。

发行人和承销机构在推介过程中不得夸大宣传，或以虚假广告等不正当手段诱导、误导投资者，不得披露除债券募集说明书等信息以外的发行人其他信息。承销机构应当保留推介、定价、配售等承销过程中的相关资料，并按相关法律法规规定存档备查，包括推介宣传材料、路演现场录音等，如实、全面反映询价、定价和配售过程。相关推介、定价、配售等的备查资料应当按中国证券业协会的规定制作并妥善保管。

中国证券业协会负责制定非公开发行公司债券承销业务的风险控制管理规定，根据市场风险状况对承销业务范围进行限制并动态调整。

（四）公司债券上市交易

公开发行的公司债券，应当在依法设立的证券交易所上市交易，或在全国中小企业股份转让系统或者国务院批准的其他证券交易场所转让。

证券交易所、全国中小企业股份转让系统对公开发行公司债券的上市交易或转让实施分类管理，实行差异化的交易机制，建立相应的投资者适当性管理制度，健全风险控制机制。证券交易所、全国中小企业股份转让系统应当根据债券资信状况的变化及时调整交易机制和投资者适当性安排。

公开发行公司债券申请上市交易或转让的，应当在发行前根据证券交易所、全国中小企业股份转让系统的相关规则，明确交易机制和交易环节投资者适当性安排。发行环节和交易环节的投资者适当性安排应当保持一致。

五、公司债券发行价格的计算

债券发行价格取决于债券未来本息按市场利率计算的现值。其计算公式为：

$$\text{债券发行价格} = \sum_{t=1}^{n} \frac{\text{年利息}}{(1+\text{市场利率})^t} + \frac{\text{面值}}{(1+\text{市场利息})^t}$$
$$= \text{年利息} \times ADF_{i,n} + \text{面值} \times DF_{i,n}$$

式中，i 为市场利率，指债券发行的市场利率；n 为债券期限；t 为支付利息的具体时间。

例如，某公司获准发行面值 1 000 元、年利率为 5%、期限为 5 年的公司债券，于每年末付息。

（1）当市场利率为 5%时，发行价格为：

$$50 \times ADF_{5\%,5} + 1\,000 \times DF_{5\%,5} = 50 \times 4.33 + 1\,000 \times 0.784 = 1\,000(\text{元})$$

（2）当市场利率为 6%时，发行价格为：

$$50 \times ADF_{6\%,5} + 1\,000 \times DF_{6\%,5} = 50 \times 4.212 + 1\,000 \times 0.747 = 958(\text{元})$$

（3）当市场利率为 4%时，发行价格为：

$$50 \times ADF_{4\%,5} + 1\,000 \times DF_{4\%,5} = 50 \times 4.452 + 1\,000 \times 0.822 = 1\,045(\text{元})$$

六、发行债券筹资的优缺点

1. 发行债券筹资的优点

（1）筹资成本较低。相对发行股票筹资方式来讲，发行公司债券筹资方式的筹资成本比较低。这是因为，一是债券的发行费用比股票低；二是债券的利息在所得税前支付，发行公司实际上享受了扣减所得税的优惠。

（2）可以发挥财务杠杆的作用。发行公司债券，只需支付给债券持有人固定的利息。无论公司盈利多少，都不必在规定的利息之外多支付一分钱。当公司经营状况良好、盈利较多时，公司利用债券筹资带来的收益会大大高于其筹资成本。

（3）保证股东对公司的控制权。债券持有人无权参与或干涉公司的经营政策，也不能享受公司税后净利润的分配，只有收回债券本息的权利。这样，发行债券筹资既可以使公司获得生产经营急需的资金，又不必担心因此稀释股权，使现有股东失去对公司的控制权。

2. 发行债券筹资的缺点

（1）财务风险较高。公司采用发行债券的方式筹资，必须在固定的到期日偿还固定数额的本息。若在债券到期日时，公司经营不景气，无法向债券持有人偿还本息，就会陷入偿债危机，甚至导致公司破产。

（2）限制条款较多。发行公司债券要保护债权人的权益，因而往往规定有许多限制条款。这些限制条款一般比长期借款、租赁筹资等都要严格得多，从而导致公司的财务活动受到一定的限制，有时也会影响公司进一步筹资的能力。

（3）筹资数额有限。发行公司债券筹资，其数额大小有一定的限度，不能无限扩张。

第 3 节　融资租赁和商业信用

一、融资租赁

公司从事生产经营活动，必须拥有一定的资产作为生产经营的物质基础。这些资产可以通过筹集一定的款项进行购买，也可以通过租赁的方式加以使用。所谓租赁，就是出租人（资产所有者）将资产出租给承租人（资产使用者），按照契约或合同的规定，按期收取租金的一种经济行为。租赁是国际上非常流行的一种筹资方式。采用租赁方式获得资产的使用权，既满足了生产经营的需要，又解决了购置资产的资金不足问题。

（一）租赁的种类

租赁主要分为经营租赁和融资租赁两类。

1. 经营租赁

经营租赁是由出租人将自己的设备或用品反复出租，直到该设备报废为止。承租人只是为了短期使用借入的设备或物品，待使用期结束，即与出租人解除租赁关系。这是一种短期商品信贷形式，租赁物品一般都是常见的设备等，租赁期通常在一年以下，所以承租人达不到筹集长期资金的目的。例如出租工程建筑设备、汽车、电脑等都是属于租期较短的租赁业务。采用经营租赁方式，出租人不仅要为用户提供一种短期筹资的便利形式，而且要提供设备的维修、保养等服务。在科学技术飞速发展的情况下，出租方还要承担出租设备提前报废的风险。因此，确定租金时要考虑到这些因素。

经营租赁有以下一些特点：

（1）租赁期短，承租人只是短期使用租入的设备，一般不涉及长期而固定的业务。这样，出租人可以将租赁资产收回自用或多次出租。

（2）租赁合同比较灵活，在合理的条件下，承租人可以在租赁期间事先通知出租人解除租赁合同。

（3）经营租赁的通常是一些通用设备，设备更新较快，出租人需要承担设备过时的风险。

（4）出租人须提供专门服务，如负责租赁资产的维修保养和技术指导等服务。

（5）经营租赁的租金较高。

（6）租赁期满，租赁资产一般应归还给出租人。

2. 融资租赁

融资租赁是因承租人需要长期使用某种资产，但又没有足够的资金自行购买，先由出租人出资购买该项资产，然后出租给承租人的一种租赁方式。采用这种租赁方式，由于租赁资产是由出租人支付全部的价款，实际上是向承租人提供了一种全额长期信贷，因而它是一种融资性租赁。融资租赁能够解决公司对资产的长期需要，所以也可看做资本租赁，它是现代租赁的主要形式。例如，出租不动产、医疗设备、飞机等比较适宜采取融资租赁的方式。

融资租赁有如下几个特点：

（1）租赁期长，租期一般为租赁资产预计使用年限的一半以上。

（2）租赁合同比较稳定，在合同有效期内双方均无权单方面撤销合同。

（3）出租人不承担租赁资产的维修等服务，有关租赁资产的维修、保险、管理等均由承租人负责。

（4）租赁期满，对租赁资产的处理往往有两种办法：将设备作价转让给承租人，贷款由出租人收回；延长租期续租。

在我国，融资租赁对中小企业有着特殊的意义。我国中小企业占到企业总数量的90%以上，但获得的金融服务只占10%。与此形成鲜明对比的是，占比不足10%的大型企业占尽资本优势，能轻而易举从各大商业银行得到大笔优质贷款。这种不对称的结构性矛盾，已经对国民经济的正常发展形成了非常明显的掣肘。

由于种种原因，国内中小企业很难从银行取得贷款。而融资租赁的方式具有项目融资的特点，由项目自身所产生的效益偿还，资金提供者只保留对项目的有限权益，信用审查的手续简便，融资和融物为一体，大大节约了时间，使企业能在最短的时间内获得设备使用权，进行生产经营，迅速抓住市场机会。最近几年，融资租赁在我国发展迅速，截至2015年6月底，融资租赁合同余额约为36 550亿元。

2015年10月，大连市600台比亚迪纯电动车辆融资租赁合同签约仪式在公交集团举行。这种通过融资租赁方式更新公交车辆，以解决资金需求的做法，也是我国东北地区和整个公交行业首次采取竞争性磋商谈判方式招标融资租赁机构。

大连市积极探索融资租赁与政府和社会资本合作融资模式相结合。为缓解财政支出压力，探索新型融资渠道，大连市财政局决定对公交集团已采购的600台比亚迪纯电动车辆采取融资租赁方式，解决购车资金。大连装备融资租赁有限公司成为合作方。

此案例表明，600台比亚迪纯电动公交车辆所需资金，无论对公交集团还是对地方政府财政都是一笔不小的一次性开支，但通过融资租赁方式将资金压力有效地化解了。

（二）融资租赁的具体形式

融资租赁的具体形式主要有直接租赁、返回租赁和杠杆租赁三种。

1. 直接租赁

采用这种形式，就是由出租人将设备直接租给承租人，然后向其收取租金。这是融资租赁的一种典型形式。为什么将这种形式称为直接租赁？因为直接租赁业务只涉及出租方和承租方，没有中介环节。作为直接租赁出租方的往往是产品制造厂家、独立租赁公司、专用设备租赁公司等。

2. 返回租赁

采用这种形式，就是公司根据协议先将设备卖给租赁公司，然后再以租赁的方式从租赁公司手中将该项设备租回使用。这种做法的一般程序是：那些制造设备的厂家将自己生产的机器设备，采用与市价大致相同的售价将设备卖给租赁公司，将设备的所有权转移到租赁公司，而出售设备的公司则得到一笔相当于设备售价的资本。然后，出售设备的公司作为承租人，又将该设备租用。这样，承租人通过付出租金，获得了该项设备的使用权。返回租赁形式也只涉及出租人和承租人双方，在返回租赁过程中，该项设备始终保留在承租方，也就是该设备的原生产厂家。

采用这种租赁形式，设备的生产厂家可以一次获得该设备的全部价款，在租赁期间每期只支付数额不多的租金，既不积压资金，又不影响设备的使用。对承租方来讲，是一种充分利用资金的有效方式。返回租赁的出租方多为金融机构，如保险公司、金融公司、投资公司等，当然，也有独立租赁公司。

3. 杠杆租赁

杠杆租赁实际上是一种担保贷款租赁方式，又称借款租赁或减税优惠租赁，它是融资租赁的一种派生物。采用这种租赁形式，出租方难以靠自有资金购进价格昂贵的设备时，只需自筹该项设备所需价款的一小部分，通常为20%～40%，其余所需大部分资金，向银行等金融机构要求贷款，同时以该项设备作为贷款的担保品。通过这种方式，租赁公司获得了该项设备，并将其出租给承租人。然后，要求承租人向提供贷款的银行按时交付租金，承租人因此而获得该设备的使用权。银行通过收取租金取得了收益权，但对其债权没有追索权。对出租方来讲，它收取佣金，并拥有该项设备的所有权。

之所以将这种方法称作杠杆租赁，是因为出租人能够以少量资本带动巨额的租赁业务，就如杠杆原理一样。这种租赁形式主要适用于类似飞机、船舶、海上钻井设备等巨额资产的租赁业务。在杠杆租赁形式中，参加者有出租人、贷款人、承租人三方。

对出租人来讲，采用杠杆租赁方式有如下几个特点。

（1）虽然向银行贷款采取了抵押担保的方式，但由于贷款人对其所提供的债权没有追索权，实际上出租方的风险仅限于它自己所支出的租赁设备价款的20%～40%，其余部分本来就是由贷款人提供的。

（2）虽然出租人所购用于租赁的设备，仅有一部分资金是自有的，但仍可按设备的全部价值享受多种减免待遇，从而降低了出租人的租赁成本。例如，出租人作为该项设备的所有者，可以从应税收益中扣除该项设备的全部折旧费，享受由此带来的减税的全部利益。

（3）出租人既是租赁资产的所有者，又是借款者。

（4）由于出租人享受到较多的利益，往往会让利于承租人，从而使杠杆租赁方式的租金低于一般融资性租赁。

对承租人来讲，杠杆租赁形式与上述两种租赁形式并无区别。只要是租赁设备，无论采取什么形式，承租人都要按租赁合同支付租金，从而获得对租赁设备的使用权，以满足自身生产经营的需要。

（三）融资租赁的租金

融资租赁的租金主要由以下几项组成。

（1）设备价款。指租赁设备的买价、运杂费、安装费、途中保险费等。

（2）利息费用。指租赁公司为购买租赁设备所筹集资金的利息。

（3）租赁手续费。指租赁公司承办租赁设备的营业费用和一定的盈利。

租金的计算方法很多，这里不一一介绍，只介绍一种我国租赁机构常用的等额年金法。

例如，某公司于2014年初从租赁公司租入一项设备，价值为100万元，租期为5年。租赁年利率为5%，租赁手续费为设备价值的2%。租金每年末支付一次。该项设备每年支付租金的计算方法如下：

将年利率5%加上手续费2%，求出租费率7%，作为贴现率。以此贴现率计算每年末支付的租金额。

$$\text{年租金}=\text{设备价值}\times\frac{1}{\mathrm{ADF}_{i,n}}$$

$$=100\times\frac{1}{\mathrm{ADF}_{7\%,5}}$$

$$=100\times\frac{1}{4.1}=24.39(\text{万元})$$

根据上述资料及计算结果编制租金摊销计划表，如表5—1所示。

表5—1　　**租金摊销计划表**　　单位：元

日期	支付租金 (1)	应计租费 (2)=(4)×7%	本金减少 (3)=(1)−(2)	应还本金 (4)
2014年初				1 000 000
2014年末	243 900	70 000	173 900	826 100
2015年末	243 900	57 827	186 073	640 027
2016年末	243 900	44 802	199 098	440 929

续前表

日期	支付租金 (1)	应计租费 (2)＝(4)×7%	本金减少 (3)＝(1)－(2)	应还本金 (4)
2017年末	243 900	30 865	213 035	227 894
2018年末	243 900	16 006	227 894	0
合计	1 219 500	219 500	1 000 000	

（四）融资租赁筹资的优缺点

1. 融资租赁筹资的优点

（1）具有一定的筹资灵活性。公司采用融资租赁方式就可获得某项资产的使用权，而不必动用公司宝贵的现金（特别是在资金紧张时）去购置该项资产，不会影响公司正常的资金周转。另外，采用该方式获取所需资产的使用权要比向银行借款所受的限制少，方便灵活。而且，举债不仅限制多，从申请借款到以借款去购置设备，所需时间较长，但租赁使筹资与租入设备同步进行，更能满足公司生产经营急需。

（2）享受税收优惠。租金作为一种费用，应在所得税前扣除，这就使承租者可以从应税收益中扣除其支付的全部租金。因此，避税是租赁业得以迅速发展的一个主要原因。

（3）避免设备过时的风险。由于科学技术的进步，新工艺、新产品不断出现，设备更新换代越来越快。因科技发展导致设备陈旧过时，例如电脑类的设备或物品，过时陈旧的风险很大，采用租赁方式，往往在租赁合同中规定此类风险主要由出租人承担，从而使承租人避免了这类风险。

（4）维持一定的信用能力。租赁作为一种筹资方式，似乎与举债相同，但实际上租赁比举债对租入设备的公司更有利。因为在承租人的资产负债表中，租入的设备并不在表内的资产方及负债方列示，并不改变公司的资本结构。这样，一方面使公司未来举债的能力加强，另一方面又使公司保持了目前的信用状况。

2. 融资租赁筹资的缺点

（1）租金费用较高。与举债相比，租赁的成本相对较高。因为在承租人支付的租金中，不仅包括租赁设备的各项成本，而且包括出租方应获取的利润。所以，租赁设备所支付的租金总额通常要高出设备价值的30%左右。这显然表明承租人所支付的租金费用比举债所需支付的利息要高。

（2）损失资产残值。虽然出租人将设备出租，但该项资产的所有权仍属于出租人。当租赁期满时，除非承租人购买该项资产，否则资产残值应归出租人所有。对承租人来讲，相对于举债购置资产而言，采用租赁方式无法获取设备使用期满后的残值收入。如果该项资产残值数额较大的话，承租人的损失就较大。

二、商业信用

商业信用是一种在商品交易中公司之间由于延期付款或预收货款形成的借贷关系。

商业信用属于一种常见的短期筹资方式，买卖双方采取赊销、赊购方式进行商业交易，彼此提供信用，不需要一手交钱，一手交货。当买方收到所购货物时，不必立即支付现金，而是由卖方向买方开出票据或账单。这就意味着卖方向买方提供信用，买方由此获得一项临时性的资金来源。

（一）商业信用的形式

公司利用商业信用筹资的具体形式，通常有应付账款、应付票据和预收货款等。

1. 应付账款

这是一种最普遍、最常见的商业信用形式。买方收到所购货物后，不仅不需要立即支付现金，也不必出具借据，只是建立了一种短期的债务、债权关系，买方只是一个"欠账"人，它在卖方的允许下可以延期支付货款。应付账款方式完全建立在买方的信用上。这种形式使买方相当于借用卖方的资金购买商品，大大减少了公司的资金占用。那么，为什么卖方允许买方延期付款？主要是为了促销商品。当然，买方具有较高的信用是采用这种形式的基础。

依照国际惯例，卖方往往规定一些信用条件，以便促使买方能够按期或提早付款。例如，规定 3/10，n/30，就是指买方若能在购货发票日算起 10 天内付款，可享受 3%的购货折扣；若在 10～30 天内付款，则不能享受这笔折扣，买方必须支付全部货款；允许买方付款期限最长为 30 天。

应付账款信用形式，按其是否负担代价，分为免费信用、有代价信用和展期信用。

（1）免费信用，是指买方在规定的折扣期限内享受折扣而获得的信用。例如，A 公司以 3/10，n/30 的信用条件从 B 公司购入价值 100 000 元的商品。A 公司在 10 天内付款，应获得最长为 10 天的免费信用，其享受的折扣额为：

$$100\ 000\times 3\%=3\ 000(\text{元})$$

其免费信用额为：

$$100\ 000-3\ 000=97\ 000(\text{元})$$

（2）有代价信用，是指买方放弃折扣需要付出代价而取得的信用。例如，如果 A 公司在 30 天内付款，而没有享受这种折扣，则意味着商业信用有了机会成本。这种不享受折扣的成本，可按下列公式计算：

$$\text{放弃折扣成本}=\frac{\text{折扣百分比}}{1-\text{折扣百分比}}\times\frac{360\text{ 天}}{\text{信用期限(天)}-\text{折扣期限(天)}}$$

以上例信用条件，A 公司该项业务的商业信用成本为：

$$\frac{3\%}{1-3\%}\times\frac{360}{30-10}=55.67\%$$

该计算结果表明，A 公司放弃享受折扣，就会产生年利率为 55.67%的机会成本，这样就使本来对公司有利的商业信用，成为一种代价很大的短期筹资方式了。

（3）展期信用，是指买方在规定的信用期满后，推迟付款而强制取得的信用，实际上就是拖欠货款。仍以上例信用条件，如果A公司拖延到第50天付款，其展期信用的成本计算如下：

$$展期信用成本=\frac{3\%}{1-3\%}\times\frac{360}{50-10}=27.84\%$$

采用展期信用形式，使成本大大降低，降到27.84%。道理很简单，拖欠他人的货款不还，当然降低了自己的信用成本。但这是违反常规的做法，切不可因小失大，因为这样做，A公司将冒信用地位和信用等级下降的风险。

2. 应付票据

买方在购买商品时采取延期付款的方式，但要向卖方开具承兑商业票据。这种应付票据按承兑人的不同，可分为商业承兑汇票和银行承兑汇票两种。延期付款也要规定付款期限，其时间长短由交易双方商定，但不可过长，毕竟这是一种短期筹资方式。在我国，应付票据期限规定最长不得超过9个月。

在采用商业承兑汇票的情况下，承兑人是付款人，承兑人对这项债务所作的在一定时期内支付的承诺，是公司的一项负债。在采用银行承兑汇票的情况下，承兑的虽为银行，但由银行承兑的票据，只是为收款方按期收回债权提供了可靠的信用保证，对付款人或承兑申请人来讲，不会由于银行承兑而使这项负债一笔勾销。所以，即使是由银行承兑的汇票，付款人或承兑申请人的负债义务也仍然存在，仍是公司的一项负债。

应付票据筹资的性质与应付账款类似，但期限相对长一些。所以，应付票据到期必须付款，延期支付会因此交付罚金。应付票据是一种对公司有利的短期筹资方式，但要注意树立公司良好的信用形象，不要因为无法支付到期票款而失去银行信用，由此带来的风险实在是太大了。

3. 预收货款

卖方按照合同在交付货物之前向买方预先收取货款，这也是一种信用行为。预收货款方式实际上相当于卖方向买方先借一笔款项，然后用货物偿付。卖方往往在下面两种情况下，采用预收货款的方式：

（1）所售商品为紧俏商品，买方为了获取这种商品，乐意先付货款，以保证得到该种商品。

（2）对于生产周期长、售价高的商品，生产者需要向订货者分次预收货款，以便获取一定的短期资金来源。

（二）商业信用筹资的优缺点

公司利用商业信用筹集短期资金的优点主要如下。

（1）自然筹资。商业信用随着商品交易自然产生，属于自然性筹资，事先不必正式规划，方便灵活。

（2）限制少。相对于银行借款之类的筹资方式，商业信用没有复杂的手续和各种附加条件，也无须抵押担保。

（3）筹资成本低，甚至不发生筹资成本。如果没有现金折扣，或者公司不放弃现金折扣，则利用商业信用筹资不会发生筹资成本。

公司利用商业信用的缺点主要如下。

（1）所筹资金利用时间较短。商业信用的时间一般较短，如果享受现金折扣，则使用时间就更短。

（2）有一定的风险。付款方如果到期不支付货款，长时间拖欠货款，势必影响公司的信誉，造成今后筹资的困难；收款方如果较长时间不能收回货款，势必影响公司的资金周转，造成公司生产经营的困难。我国经济领域中曾经出现的严重的“三角债”现象，就拖垮了许多原本效益不错的企业。

本章小结

公司生产经营活动的正常运转以及扩充生产能力的要求，都需要大量资金给予支持。这些资金的来源除了自有资本，相当多的部分要依靠向银行借款筹集。股份有限公司和有限责任公司为筹集生产经营资金也可以发行公司债券。公司的资产可以通过筹集一定的款项进行购买，也可以租借的方式加以使用，租赁是国际上非常流行的一种筹资方式。公司还有一种常见的短期筹资方式——商业信用。

思考题

1. 你认为在财务管理中，借钱生利是个好办法吗？
2. 当你的公司缺少资金的时候，你会怎么办？
3. 公司除了为生产经营借入款项，还会因为什么用途而需要借款筹资？

重点概念

1. 短期借款：向银行等金融机构借入的、期限在1年以下的借款。
2. 长期借款：向银行等金融机构借入的、期限在1年以上的借款。
3. 公司债券：公司依照法定程序发行的、约定在一定期限还本付息的有价证券。
4. 经营租赁：出租人向承租人提供租赁设备，并提供设备维修和人员培训等服务性业务的租赁形式。
5. 融资租赁：由出租人按照承租人的要求融资购买设备，并在契约或合同规定的较长期限内提供给承租人使用的信用业务。
6. 商业信用：在商品交易中公司之间由于延期付款或预收货款所形成的借贷关系。

第6章

资本结构

本章要点

资本成本及其作用。

资本成本指标的计算。

财务风险与财务杠杆。

影响资本结构的因素。

最优资本结构的理解。

自有资本与借入资本的比例结构分析。

长期资本与短期资本的比例结构分析。

自有资本构成比例分析。

引导案例

2009年5月，美国联邦储备委员会对19家美国大银行进行的压力测试显示，美国银行“缺血”最多，被要求增加339亿美元资本金。美国银行为满足压力测试后监管部门提出的增加资本金要求，通过发行普通股筹资135亿美元，以提高资本充足率来应对可能出现的经济形势的恶化。美国银行表示，此举加强了公司的资本结构。

第1节　资本成本

一、何谓资本成本

所谓资本成本，就是用百分数表示的公司取得并使用资本所应负担的成本，即资本是不能无偿使用的。公司从各种渠道筹集的资本，包括自有资本和借入资本，都不能无偿使用，都要付出代价。例如，公司要向股东支付股利，向银行及债券持有者支付利息等，这些都是资本成本。至于公司在筹资过程中发生的一些费用，如发行股票、债券时支付给金融机构的发行费用，向银行借款的手续费等，只是在筹资时一次性支出，在使用资本时并不会再发生，因此在计算资本成本时，可以作为筹资金额的一项扣除。

资本成本作为一个相对数指标，其计算公式如下：

$$资本成本=\frac{资本占用额}{筹资总额-筹资费用}$$

式中，资本占用额为公司占用资本所支付的费用，如股利、利息等；筹资费用为在资本筹集过程中支付的各种费用，如发行股票、债券支付的印刷费、发行手续费、评估费、公证费、广告费等。

资本成本指标有两个主要作用。

1. 选择筹资方式的依据

当我们以股东财富最大化作为财务管理的目标时，就要求各项成本，包括资本成本，从理论上讲应达到最小。因此，我们必须估算最小的资本成本。而公司为了满足生产经营的需要，会从多方渠道筹措资本。筹资方式不同，其资本成本也就大小不一。财务管理的任务，就是以最低的成本获得公司生产经营所需的资本。为了做到这一点，就要认真分析各种筹资方案资本成本的高低，以使筹资决策最优。

2. 进行投资决策的依据

资本成本在长期投资决策中是一个投资方案能否被接受的最低报酬率。也就是说，如果一个投资项目的预期获利水平不能达到这个报酬率，该项目将被舍弃；相反，若能超过这个报酬率，那么这个项目就是可取的。因此，资本成本又称作舍弃率。

二、单项资本成本的计算

（一）优先股成本

公司采取优先股筹资方式，需要发生一定的发行费用。优先股是不需要偿还的，但要支付固定的股利。在计算优先股成本时，考虑到优先股股利在税后支付，因而不需要进行税金调整。优先股成本的计算公式如下：

$$优先股成本=\frac{优先股年股利支出}{优先股筹资额\times(1-发行费用率)}$$

例如，某公司发行总价值为100万元的优先股，股利率为8%，发行费用率为3%，该公司发行优先股的资本成本计算如下：

$$优先股成本=\frac{100\times8\%}{100\times(1-3\%)}=8.25\%$$

由于优先股股利在税后支付，而债券利息在税前支付，当公司面临破产清算时，其清算资产应先偿还债券持有人，然后才偿付优先股股东，因此优先股的风险大于债券。

从这一点来看，优先股成本应高于债券成本。

（二）普通股成本

普通股成本的计算方法基本上与优先股成本相同，所不同的是，普通股的股利不固定，通常要求逐年递增，在计算时要考虑到适当的股利增长率。普通股成本的计算公式如下：

$$普通股成本=\frac{预期年股利额}{普通股筹资额\times(1-筹资费用率)}+股利增长率$$

例如，某公司发行普通股筹资，总值5 000万元，筹资费用率为3%，预期年股利率为8%，股利年增长率为2%，该公司发行普通股筹资的资本成本计算如下：

$$普通股成本=\frac{5\ 000\times8\%}{5\ 000\times(1-3\%)}+2\%=10.25\%$$

在公司面临破产清算时，普通股股东的索赔权不仅排在债权人后面，而且排在优先股股东之后，所以，在这几种筹资方式中，普通股股东所冒的风险最大，因此，普通股的股利率比负债的利息率和优先股的股利率要高。另外，其股利率还会要求随公司生产经营的不断发展而逐年提高。由此看来，普通股成本是最高的。

（三）留存收益成本

公司的留存收益是由公司税后净利润形成的，属于普通股股东的权益。留存收益不仅是自有资本，而且是公司资产增值的部分，但不能因此认为公司使用留存收益从事生产经营活动是不需要付出代价的。如前所述，资本是不能无偿使用的。任何一项资本，公司只要使用它、占用它，就要付出代价。对于留存收益，公司会为这笔资金的使用要求一个投资报酬率，因为任何投资都要求取得报酬。股东之所以同意将一部分税后净利润留存公司，而不是作为股利分配，就是因为股东要求有相应的报酬作为补偿。留存收益成本的计算方法与普通股成本基本相同，只是不必考虑筹资费用。留存收益成本的计算公式如下：

$$留存收益成本=\frac{预期年股利额}{普通股筹资额}+股利增长率$$

例如，某公司留存收益100万元，年股利率为6%，以后每年递增3%，该公司的留存收益成本计算如下：

$$留存收益成本=\frac{100\times6\%}{100}+3\%=9\%$$

在公司的全部资本中，普通股和留存收益都属于普通股股东的权益。因为普通股风险最大，所以留存收益风险与普通股一样大。由此可以推论，留存收益与普通股一样，要求获得最高的报酬，其资本成本也最大。

（四）长期借款成本

按照国际惯例，债务的利息一般允许在公司所得税前支付。对公司来讲，实际负担的利息应为：利息×(1−所得税税率)。公司长期借款的成本包括借款利息和借款费用两部分，其中，借款利息作为税前费用列支，可以起到抵税的作用。由此我们可以总结出长期借款成本的计算公式：

$$长期借款成本=\frac{年利率\times(1-所得税税率)}{1-筹资费用率}$$

例如，某公司向银行申请获取5年期长期借款1 000万元，年利率为6%，每年付息一次，到期一次还本，筹资费用率为0.2%，所得税税率为25%。该项长期借款成本的计算如下：

$$长期借款成本=\frac{6\%\times(1-25\%)}{1-0.2\%}=4.51\%$$

（五）债券成本

公司采取发行公司债券的方式筹资，其资本成本主要包括债券利息和筹资费用。在会计处理上，债券利息与银行借款利息一样，也是在所得税前的费用项目上列支，所以在计算债券成本时也应考虑到这一点。对于筹资费用，债券筹资要比银行借款筹资方式高得多，不能忽略不计。扣除掉筹资费用，公司通过发行债券实际获得的资金为：债券发行总额×(1−筹资费用率)。因此，债券成本的计算公式如下：

$$债券成本=\frac{年利息\times(1-所得税税率)}{债券发行总额\times(1-筹资费用率)}$$

例如，某公司为筹集大规模改建所需资金，经批准，发行公司债券500万元，债券年利率为5%，筹资费用率为2%，所得税税率为25%。该项债券成本为：

$$债券成本=\frac{500\times5\%\times(1-25\%)}{500\times(1-2\%)}=3.83\%$$

在公司的各种筹资方式中，银行借款和发行债券的成本较低。当公司资不抵债、破产清算时，银行借款的求偿权优先于债券，而债券的求偿权又优先于各种股票。由于债务的风险比股票要小，因而债权人要求的利率低。而且公司支付负债的利息后还可以少缴纳所得税，所以，银行借款与发行债券筹资方式的资本成本相对较低。

三、加权平均资本成本的计算

如前所述，公司在进行筹资和投资决策时，要以资本成本指标作为决策的依据之一。但是，通过上面的分析我们知道，公司的筹资渠道和方式很多，不同的筹资方式，其资本成本又不同。公司在进行筹资和投资决策时，应考虑到公司的加权平均资本成本指标，而不是仅仅考虑某一个别资本类型的成本。

要确定公司的加权平均资本成本，必须通过两个步骤：首先，求得股票的净市价和债款的利率；其次，确定企业所期望的资本结构。

由于不同的资本来源有其不同的成本，因此，企业在计算资本成本时，应将资本筹集的每种来源进行加权。需要提醒的是，如果方案的报酬率是按扣税后的收益计算的，资本成本就应按扣税后的成本计算。一些国家的税法规定，股利是没有所得税扣除数的，但债款利息则有扣除数。下面举例说明加权平均资本成本的计算。

某公司计算资本成本的资料如下：

（1）长期负债共计 100 000 元，增借债款需按 5%的实际利率付息。

（2）发行在外的优先股共计 50 000 元，增发新股需支付 7%的股利。

（3）发行在外的普通股共计 200 000 元，分为 2 000 股，每股净市价为 175 元，价格和收益的比率为 10∶1。

（4）留存收益共计 100 000 元。

（5）所得税税率为 25%。

根据上述资料，编制加权平均资本成本计算表，如表 6—1 所示。

表 6—1　　加权平均资本成本计算表

资本类型	金额（元）	占总额的百分比（%）	税后成本（%）	加权平均成本（%）
长期负债	100 000	22.22	3.75	0.83
优先股	50 000	11.11	7	0.78
普通股	200 000	44.44	10	4.44
留存收益	100 000	22.22	10	2.22
总计	450 000	100	—	8.27

表 6—1 中有关数据的计算过程说明如下：

（1）要计算加权平均数，每种类型的资本都必须包括在内。表中第三列表示每类资本占资本总额的比例。例如，长期负债占总额的 22.22%（即 100 000÷450 000）。

（2）长期负债的税后成本为 3.75%（即长期负债的利率 5%×(1－所得税税率 25%)）。优先股的成本按 7%计算。

（3）在计算税款时债务利息可以扣除，但股利是不能扣除的。普通股和留存收益代表普通股股东在公司中的权益，普通股的现行价格和收益的比率为 10∶1。这意味着公司发行新普通股每增加 1 元资本可以获利 0.10 元，也就是说，普通股股东可以得到的报酬为 10%。

（4）表中最后一列“加权平均成本”，是用占总额的百分比乘以税后成本求得的。例如，长期负债的加权平均成本是 0.83%（即 22.22%×3.75%）。按照这一方法计算，该公司的资本成本为 8.27%。

此外，留存收益可以视为与普通股具有相同的资本成本。留存收益可以看做分配给股东后股东按股票的现行市价再投资的资本。

当我们计算出公司的加权平均资本成本后，就可以将其作为筹资和投资决策的依据了。简单地讲，当我们选择某一种筹资方式时，应考虑它的资本成本是否低于公司的加权平均资本成本；当我们选择某一项投资方案时，应考虑它的投资报酬是否高于公司的加权平均资本成本。

第2节　资本结构

公司拥有或控制的资本类型不同，各种资本的构成及其比例关系就是公司的资本结构。研究资本结构，使之达到最佳组合，是财务管理的一项重要内容，也是公司筹资决策的核心内容。我们在这里所分析的资本结构，具体地讲，是指公司借入资本与自有资本之间的比例关系。

一、财务风险与财务杠杆

（一）财务风险

公司的财务风险，又称融资风险，主要是指因公司资本结构不同而影响公司支付本息的能力所产生的风险。当公司的负债比重较小时，其财务风险比较低；反之，当公司的负债比重较大时，其财务风险比较高。显然，在财务风险较高时，投资者一定会要求较高的投资报酬率，从而导致资本成本升高。

公司的财务风险具体表现为以下几方面。

1. 负债程度

当公司处于负债经营的时候，负债程度越高，特别是资产负债率超过50%以后，公司的财务风险会不断加大，随之而来的就是资本成本的升高。

2. 负债偿还顺序

在公司的资本结构中，有些类型的资本具有优先偿付权，这样，就对偿还顺序排在后面的投资者构成了财务风险。

3. 现金流量脱节

债务资本的偿付是需要一定的现金流量支持的。债务资本必须按期、足额偿付，那么，现金流量就应当在时间、数额上与其保持一致。如果现金流量与债务资本的偿付不配套，造成到期无法偿还的局面，公司就会出现较大的财务风险。

影响公司财务风险的因素主要有：

（1）资本供求的变化。

（2）利率水平的变动。

（3）公司获利能力的变化。

（4）公司内部资本结构的变化，即财务杠杆的利用程度。

上述几个因素中，财务杠杆对财务风险的影响最大，而且具有综合作用。这两者的关系可以理解为，投资者若想获取财务杠杆利益，就要同时承担由此带来的财务风险。对财务管理者来讲，必须在财务杠杆利益与财务风险之间作出利害权衡。

（二）财务杠杆

公司财务杠杆，又称融资杠杆或资本杠杆，是指公司在作出资本结构决策时对债务筹资的利用程度。公司负债经营，无论获取多少利润，债务利息是不变的。在公司长期资本总额不变的条件下，公司从营业利润中支付的债务成本是固定的，当营业利润增加时，每一元营业利润所负担的债务成本就会相应减少，扣除所得税后，可分配给股东的股利就会增加；反之，当营业利润减少时，每一元营业利润所负担的债务成本就会相应增加，扣除所得税后，可分配给股东的股利就会减少。这样，就会给股东带来额外的收益或损失。这种债务对普通股股东收益的影响，称为财务杠杆作用。

财务杠杆作用的程度用财务杠杆系数（DFL）来表示。所谓财务杠杆系数，是指普通股每股税后利润变动率相当于息税前利润变动率的倍数。它衡量的是公司使用具有固定资本成本的负债及优先股融资时，对普通股每股利润的影响，可以用来估计财务杠杆利益的大小，评价财务风险的高低。财务杠杆系数的计算公式为

$$\mathrm{DFL}=\frac{\Delta \mathrm{EPS}/\mathrm{EPS}}{\Delta \mathrm{EBIT}/\mathrm{EBIT}}$$

式中，DFL为财务杠杆系数；EPS为普通股每股利润；ΔEPS为普通股每股利润变动额；EBIT为息税前利润；ΔEBIT为息税前利润变动额。

该公式从理论上便于人们理解财务杠杆系数的含义，但计算起来有不便之处，特别是变动额的确认。因此，为便于计算，将上述公式加以整理。

因为

$$\mathrm{EPS}=(\mathrm{EBIT}-I)(1-T)/N$$
$$\Delta \mathrm{EPS}=\Delta \mathrm{EBIT}(1-T)/N$$

所以

$$\mathrm{DFL}=\frac{\mathrm{EBIT}}{\mathrm{EBIT}-I}$$

式中，I为利息；T为所得税税率；N为流通在外的普通股股数。

从整理后的公式我们可以看出，在息税前利润为正的情况下，公司的利息支付越大(以不超过息税前利润为限)，财务杠杆作用的程度就越大。也就是说，公司负债经营，支付的固定利息会很多，在这种情况下，即使息税前利润变动额较小，也会引起每股利润变动额较大幅度的变化。

例如，某公司全部资本为9 000万元，债务资本比率为0.4，债务利率为6%，所得税税率为25%。在息税前利润为1 000万元时，税后利润为588万元（(1 000－9 000×0.4×6%)×(1－25%)）。财务杠杆系数为：

$$\mathrm{DFL}=\frac{1\,000}{1\,000-9\,000\times 0.4\times 6\%}=1.28$$

上述计算结果表明，当息税前利润增长1倍时，普通股每股利润将增长1.28倍；反之，当息税前利润下降1/2时，普通股每股利润将以1.28倍速度下降。

在公司资本结构中包括优先股的情况下，由于优先股股利通常也是固定的，因此也

具有与债务利息相同的效应，但又应以税后利润支付。当考虑到优先股股利时，前述公式应改写为下列形式：

$$\mathrm{DFL}=\frac{\mathrm{EBIT}}{\mathrm{EBIT}-I-\mathrm{PD}/(1-T)}$$

式中，PD 为优先股股利。

当公司资本结构、利率、息税前利润等因素发生变化时，财务杠杆系数也会变动，从而表示不同程度的财务杠杆利益和财务风险。公司为了取得财务杠杆利益而举债，因此改变了资本结构，增加了必须按期足额还本付息的负担，产生了财务风险。另外，由于财务杠杆作用，在息税前利润下降时，普通股每股利润会以更快的速度下降。财务杠杆系数越大，对财务杠杆利益的影响就越大，财务风险也就越高。

二、影响资本结构的因素

资本结构的变动，除了受资本成本、财务风险等因素影响，在实际工作中，还受许多因素影响。为了确定公司的最佳资本结构，必须分析这些不同的因素，从定性和定量两个方面综合判断。影响公司资本结构的因素主要如下。

1. 公司的成长性

成长性高的公司，为了满足公司的迅速扩张，需要大规模筹资，但在自有资本难以急速扩张的情况下，只能扩大举债的规模。因此，发展较快的公司比低速发展的公司更容易采取负债经营的模式。

2. 公司的获利能力

公司息税前利润最低应满足债务利息的要求，否则不可能运用财务杠杆作用。对获利能力强的公司来讲，除非某一年度需要高额资金用于扩充产能，必须依靠举债筹资，在一般情况下，无须举债，仅靠公司的留存收益就可以满足增资的需要。当然，获利能力强的公司，由于财务风险小，信誉好，举债并不困难。

3. 财务管理者的风险态度

对于那些为追求利润而敢冒风险的财务管理者，其所作出的筹资决策往往倾向于负债的比例较高；而那些对风险持谨慎态度的财务管理者，往往会使公司资本结构中负债所占的比重较小。

4. 公司控制权

公司有价证券的选择对管理层控制权的影响，也会对公司的资本结构决策起相应的作用。例如，某公司管理层为掌握公司的控制权，当手中资金不充裕时，就会通过举债筹资购回更多股份，以便控制公司。当然，这类决策并非经常发生的，决策本身已超出了资本结构的范畴，但又必然会对公司的资本结构产生影响。

5. 竞争结构

竞争对手容易进入的产业，竞争往往过于激烈，利润的稳定性较差，公司不宜借入过高的债务。

6. 资产结构

对于那些资产适宜抵押贷款的公司，如房地产公司等，往往负债额较高；而对于那些资产不适宜抵押贷款的公司，如信息公司、网络公司等，往往举债有一定难度，主要依靠吸收风险投资来解决公司的资金需要。

7. 银行的贷款取向

公司研究自己的资本结构，决定是否举债，以及负债的比例大小等，并非一厢情愿，还要取决于银行的态度。银行作为经营者，要考虑其贷款的安全性、流动性和收益性，只愿把款项贷给符合条件的借款人。

8. 税收因素

债务利息在税前列支，从而节省了税金支出。一般来讲，所得税税率越高，节税作用越明显，举债对公司就越有利。因此，税率的高低对公司资本结构变动具有一定的导向作用。

9. 经济周期

经济周期的不同阶段，对公司资本结构的影响不同。在经济繁荣期，整个社会融资能力强，资本回报率高，公司资本结构中负债的比重会高一些；在经济衰退期，整个社会银根紧缩，资本回报率低，公司资本结构中负债的比重就会降低，否则有可能产生财务风险。

三、优化资本结构

（一）最优资本结构的理解

所谓最优资本结构，是指公司在一定时期内，使其加权平均资本成本最低、公司价值最大时的资本结构。其判断标准有：（1）有利于最大限度地增加股东财富，使公司价值最大化；（2）使公司加权平均资本成本达到最低；（3）保持资本的流动性，使公司的资本结构具有一定的弹性。其中，第（2）条是主要标准。

需要指出的是，人们可以在理论上推导出最优资本结构，但在现实经济生活中，最优往往是一种理想状态，可以接近但难以实现，因而，我们所说的最优资本结构，就是通过财务管理努力达到的一个目标。

简单地讲，资本结构中包括两大部分：自有资本和借入资本。开办一家公司，没有自有资本是不可能的，实际上我们要考虑的是如何对待负债。

首先，最优资本结构中肯定应包含负债。

我们知道，一家公司如果仅仅依靠自有资本的积累滚动发展，它的扩张速度是很慢的。公司若想加速扩张，一定要依靠借入资本的力量，这是因为：

一是负债经营具有财务杠杆作用。我们知道，负债是需要支付利息的，但如果公司经营有方，其资本利润率高于利率时，收益的差额部分均为公司所得。对股东来讲，其投入公司的资本仅是资本结构中的一部分，而公司的收益却是由包括负债在内的全部资本产生的，但支付给债权人的利率往往较低，这样，股东的实际收益率会高于公司的资本利润率，这就是财务杠杆作用。当然，如果公司经营不景气，公司资本利润率低于借款利率，财务杠杆作用正好相反，会使股东的实际收益率反而低于公司的资本利润率。由此可见，最优资本结构中不能没有负债，而且在资本利润率高于利率的前提下，负债比率越大，就会使股东财富越大。

二是负债具有节税作用。由于负债利息能够在税前列支，因而可以减少纳税负担。

其次，最优资本结构中负债比重应合理。

负债经营固然有对公司和股东有利的一面，但过度负债，会加大财务风险，因而财务管理要注意负债的合理比例。负债若无限度，会使公司的股票市价下降；银行在贷款时会提出更严格的限制条件；其他债权人也会对公司的各种债务进行限制；潜在的投资者会因此驻足不前，等等。负债过度不仅对公司信誉造成影响，而且会对客观经济环境产生消极影响。因为在市场经济高度发达的信用基础上，一些公司负债过度，一旦出现财务风险，就会影响到与其有业务往来的其他公司，如此连锁反应，会使宏观经济出现不稳定因素。

影响公司负债比率合理化的因素主要如下。

1. 公司的生产经营状况

对于那些生产经营良好、商品适销对路、资金周转较快的公司，负债比率可以稍微高一些；而对于那些生产经营困难重重、产品滞销、资金周转慢的公司，负债比率应低一些，否则不仅旧债还不上，新债还会加重债务负担。

2. 公司的投资决策

公司通过举债筹措资金，主要是因为投资的需要。财务管理应将筹资与投资联系起来，使投资决策科学化，充分考虑债务还款期限和数额，避免还款期限和款项过于集中。尽量使筹资渠道多元化，借款期限分散化。

3. 流动资产与固定资产的比例关系

我们知道，公司偿债能力的高低很大程度上取决于资产的变现性。如果一个公司需要依靠变卖固定资产还债的话，那么也就意味着这个公司已面临破产的困境。实际上，一个经营状况好的公司是不会动用固定资产还债的，它的决策者会使公司的流动资产与固定资产保持一个合理的比例关系，因为流动资产的变现性要比固定资产强得多。保持一定的变现性强的资产，可使负债的财务风险大大降低。

（二）自有资本与借入资本的比例结构分析

公司自有资本的资本成本高，但筹资风险低；借入资本的资本成本相对低，但筹资风险高。自有资本与借入资本的比例不同，对股东权益的影响也不同。

在借入资本的利率已定的前提下，由于财务杠杆作用，只要借入资本的利率小于投资报酬率，公司负债越多，则自有资本的收益率越大；反之，当借入资本的利率大于投资报酬率时，就需要用自有资本的收益去弥补借入资本的负收益。

确定公司自有资本与借入资本的最佳比例，应当考虑以下几个问题。

1. 计算自有资本的收益率

其计算公式为：

$$自有资本收益率=预期投资报酬率+\frac{借入资本}{自有资本}\times(预期投资报酬率-负债利率)$$

2. 分析公司的经营条件

公司的举债能力、经营业务内容、适应宏观经济变化的能力等，都会影响公司自有资本与借入资本的比例结构。

3. 重视投资人对债务态度的变化

对于投资人而言，一方面，希望公司通过负债经营，使其财富迅速增加，因而投资人对公司负债比例过小并不满足；另一方面，公司债务过重又会增加投资人的投资风险。所以，投资人对公司自有资本与借入资本的比例关系及其变动十分关注。财务管理者必须考虑到投资人对资本结构的态度，保持资本结构的最佳状态，不要伤害投资人的投资热情。

（三）长期资本与短期资本的比例结构分析

我们前面谈到的自有资本和借入资本，主要指的是长期资本，即所有者权益和长期负债。实际上，公司还有一部分资本是由流动负债形成的，属于短期资本。下面我们研究一下长期资本与短期资本的比例结构问题。

我们知道，公司的全部资本主要用于购置固定资产与流动资产。固定资产占用资金的特点是时间长，金额相对稳定，不会频繁地增减变动。而流动资产占用资金的特点则不能笼统加以概括，因为流动资产中有一部分资金实际上被长期、稳定地占用了，具有沉淀性。例如，公司为了保证生产经营的正常进行，防止供、产、销活动因故中断，往往会对某些存货规定合理库存数额，这部分流动资产占用的资金实际上是长期的。流动资产中的另一部分则变动频繁，占用时间不稳定，发生的金额也不稳定，例如，银行存款、应收账款等，变现性较强。

公司的长期资本、短期资本与固定资产、流动资产并无对应关系，但我们在安排公司的资本组合时，要考虑到长期资本和短期资本的特点。长期资本对公司来讲，一经取得便可长期使用，短期内不必考虑偿还问题，特别是所有者权益部分，投资人一旦投资，不得任意抽回资本，更不存在偿还问题，因而风险小，但资本成本较高，要安排定期支付利息或发放股利的现金流动。短期资本对公司来讲，使用期短，流动性强，使用成本低，但风险大。

公司在安排长期资本和短期资本的比例结构时，有三种方式可供其选择：

（1）将长期资本占用到固定资产与长期性流动资产上，而短期资本则满足那些变现性较强的流动资产的占用需要。这样的资本结构将大大降低偿债风险。当流动负债需要偿还时，公司有足够的变现性较强的流动资产作为偿债保证。但这样做会导致公司的加权平均资本成本较高。

（2）将长期资本占用到固定资产和部分长期性流动资产上，其余流动资产都由短期资本满足其占用所需。这样做可以降低加权平均资本成本，但风险也相应提高。因为一部分长期性流动资产占用了短期资本，一旦流动负债集中到期，或需要大额款项支付时，就增加了不能按期足额偿债的风险。

（3）全部资产都由长期资本提供。这种做法显然风险最小，但加权平均资本成本也最高。实际上，一个公司不出现流动负债几乎是不可能的。这种模式只是告诉人们公司在试图最大可能地减少流动负债。

上述三种方式的选择，只是不同的财务管理理念的差异。在实际操作中，这些资本类型与资产类型并不一一对应，人们要做的是在调配资金时，注意到不同类型之间的差异以及结构上的差异，使组合更加完美。这三种方式的选择，重点在于如何对待风险和资本成本。但在实际工作中，你会发现选择并不那么简单，影响人们作出选择的因素还有许多，下面择其要点简述之。

（1）公司信誉高低。对于那些信誉高、筹资能力强、现金流动性好的公司，可以适当增加短期资本的比重。

（2）债权人的态度。公司在长期的经营活动中，总会有一些业务往来密切的固定债权人。这些债权人与公司建立了相对固定的债权债务关系，彼此相互了解和信任。公司长期以来一直信誉很好，偶尔由于资金周转困难不能如约偿债，也会得到债权人的谅解，不致产生财务风险。在这种情况下，公司适当增加短期资本的比重并无大碍。

（3）财务管理能力。高明的财务管理者会合理安排各类资本的使用，使资金周转通畅，现金流入和现金流出安排到位，偿债时间与数额和现金流量配合紧密。通过理想的财务管理技巧，适当增加短期资本比重将是对公司有利的选择。

（四）自有资本的构成比例分析

公司自有资本的构成比例，是指各投资主体在公司中所占的投资比例，主要是各投资主体在注册资本中所占的比例。这个比例的大小关系到各投资主体在公司的控制权、决策权和收益分配权，对各投资主体十分重要。公司自有资本的构成比例是安排最佳资本结构时应认真考虑的一种比例关系。对股份公司来讲，自有资本的结构关系到公司的控股权，这对一些大股东来讲至关重要。

本章小结

公司从各种渠道筹集的资本，包括自有资本和借入资本，都不能无偿使用，都要付出代价。资本成本就是公司取得并使用资本所应负担的成本。公司拥有或控制的资本类型不同，各种资本的构成及其比例关系就是公司的资本结构。研究资本结构，使之达到最佳组合，是财务管理的一项重要内容，也是公司筹资决策的核心内容。

思考题

1. 站在财务管理者、投资者、债权人的不同立场上，如何理解负债经营的利弊？
2. 在筹资和投资活动中，如何运用资本成本指标？

3. 你若经营一家公司，如何理解最优资本结构？

重点概念

1. 资本成本：公司取得并使用资本所应负担的成本。

2. 资本结构：公司各种资本的构成及其比例关系。

3. 财务风险：因公司资本结构不同而影响公司支付本息的能力所产生的风险。

4. 财务杠杆：公司在作出资本结构决策时对债务筹资的利用程度。

5. 最优资本结构：公司在一定时期内，使其加权平均资本成本最低、公司价值最大时的资本结构。

投资篇

第7章

固定资产投资评估

本章要点

现金流量的组成及计算方法。

长期投资决策依据现金流量而非利润指标的原因。

风险价值的计算。

回收期法的计算及其优缺点。

年平均报酬率法的计算及其优缺点。

净现值法的应用。

获利能力指数法的计算。

内含报酬率法的应用。

引导案例

在我国，有个实现了跨越式发展的著名公司：鞍钢。在国有老企业成功转向市场经济的过程中，鞍钢采取“投资→更新技术→新产品→效益→积累→投资”良性循环的做法，制定了“高起点，少投入，快产出，高效益”的科学技改决策。“高起点”，就是要在关键部位采用先进技术和工艺，使整体装备达到世界先进水平；“少投入”，就是盘活一切可用的资产，尽可能运用自己的力量，最大限度地压缩投资额；“快产出”，就是大项目投资回收期不超过5年，一般项目不超过2年；“高效益”，就是既要做到改造期间不停产或少减产，又要通过技术改造大幅提高企业经济效益和市场竞争力。为此，鞍钢制定了《鞍钢固定资产投资管理办法》，实行建设项目经理负责制，由项目经理对立项、设计、设备采购、施工、达产、达效全过程负责，克服以往的技术改造由公司各部门各管一段的弊端，提高了固定资产投资的质量与效益。

第1节　现金流量

一、现金流量的组成及计算方法

现金流量是进行长期投资决策所必须考虑的很重要的计量信息。这里所指的现金就是指货币资金，包括银行活期存款、纸币、硬币、各种支票和汇票等。所谓现金流量，是指投资项目在未来一定时期内，现金流入和现金流出的数量。投资项目在一定时期内支出的费用称为现金流出，取得的收入称为现金流入。在投资决策中，现金流出用负值表示，现金流入用正值表示。一个期间内现金流入量减去现金流出量后的差额，称为现金净流量。

在分析投资方案时，最重要也最困难的步骤就是估计投资方案的现金流量。在进行现金流量预测时，会涉及许多变量，而且需要公司的许多部门和人员参与此项工作。例如，对产品销售量与售价的预测一般由销售部门负责，而销售部门在进行预测时经常会考虑下列因素：产品价格的弹性，广告的效果，经济的繁荣与衰退，竞争对手的动向，顾客的偏好等。同样，工程技术人员和产品开发人员通常要负责估计投资方案的资本支出，而投资方案的营运成本则由成本会计师、生产组织者与采购人员等来估计。要准确地预测出一个大型而又复杂的投资方案所涉及的成本与收入并非易事，而且经常会产生误差。因此，在估计投资方案的现金流量时，特别要注意综合各方面的预测数据，并防止由于预测者个人对投资方案的好恶而使预测结果产生人为的偏差。

现金流量一般由以下三部分组成。

（一）项目的投资额

这是指项目初期发生的现金流出量及项目建成以后发生的现金流出量。主要包括以下几项。

1. 初始投资

这是现金流出最主要的部分，包括土地购置费或租金；设备购置费和安装费；土木工程费（场地的平整、道路的修建、建筑物及辅助工程等所需要的支出）；技术咨询费（设计费用、专利费用、咨询费用、法律公证费用等）。

2. 流动资产投资

增加固定资产的投资，不可避免地要增加新项目所需要的现金、应收账款和存货这一类附加性流动资产投资。在计算现金流量时，流动资产投资均作为项目的最初投资处理，也就是说，将这部分投资视为在项目的第1年初（零基时间）发生的。

3. 投资的机会成本

指若投资项目不占用公司现有的资产，则这些资产用于其他途径所能产生的现金净流量。这类投资的机会成本虽未付出现金，但使公司减少了现金流入，在计算现金流量时应视为现金流出。

例如，假设某公司在厂区外拥有一块土地，现拟在这块土地上兴建销售大楼。在计算销售大楼投资时，不能因为没有动用额外的资金去购买土地，就不考虑这块土地的成本。因为该公司若不利用这块土地兴建销售大楼，它就可以将这块土地移作他用而产生收入，但由于此投资项目占用了这块土地，意味着公司放弃了这笔收入，因此这笔收入就是使用土地的机会成本。

4. 其他费用

如筹建小组费用、职工培训费等。

以上诸项均为现金流出量，其值为负。

(二) 现金净流量

一般按年来计算，指从投资项目完工投产至报废为止整个寿命期间内，每年用于正常生产经营所带来的现金流入量。它等于税后净利与固定资产折旧之和，即

年现金净流量＝税后净利＋固定资产折旧额

式中的折旧在计算现金流量时应单独列示，因为固定资产的原投资额在其建成投产后，按照权责发生制处理，将其分期摊入成本，每期并不需要现金流出。相反，通过每期计提折旧转化为现金流入。至于利润，这里应采用税后净利而非税前净利，因为纳税会影响到现金流量。还需指出一点，公式中的税后净利作为现金净流量的组成部分，其假定前提是：产品实现销售并且全部收到现金，没有应收账款。否则，不能作为现金流入。

现金净流量为现金流入量，其值一般为正。

(三) 终结现金流量

指投资项目经济寿命终结时发生的现金流入量。主要有以下几项：

(1) 固定资产报废时的残值收入。

(2) 原先垫支的流动资产的回收。在计算现金流量时，流动资产投资作为项目的最初投资处理，随着该项目的终结，在应收账款和存货方面的全部原始投资额通常都会得到补偿。因而，原先垫支的流动资产通常都会收回。

(3) 停止使用后的土地市价。

终结现金流量为现金流入量，其值为正。

下面举例说明现金流量的计算。

某公司某项投资方案的有关资料为：厂房、设备投资 80 000 元，土地购置费50 000元，1 年建成，使用寿命为 4 年，固定资产折旧采用直线法，项目终结时的残值为4 000元。运用所建成的固定资产进行生产，需在流动资产各项目上投入 30 000 元。投产后第一年可获销售收入 60 000 元，以后每年比上一年增加 10%（假定均在当年收到现金）。第一年营运成本为 20 000 元，以后每年比上一年增加 10%（假定均在当年付出现金）。所得税税率为 25%。预计 5 年后所购土地市价为 70 000 元。

根据上述资料先计算该投资方案的每年现金净流量（见表 7—1），然后根据表 7—1

及其他有关资料计算现金流量（见表7—2）。

表7—1　　各年现金净流量计算表　　单位：元

指标＼年度	2	3	4	5
销售收入（1）	60 000	66 000	72 600	79 860
付现营运成本（2）	20 000	22 000	24 200	26 620
折旧（3）*	19 000	19 000	19 000	19 000
税前净利（4）=(1)−(2)−(3)	21 000	25 000	29 400	34 240
所得税（5）=(4)×25%	5 250	6 250	7 350	8 560
税后净利（6）=(4)−(5)	15 750	18 750	22 050	25 680
现金净流量（7）=(6)+(3)	34 750	37 750	41 050	44 680

* 年折旧额$=\frac{80\ 000-4\ 000}{4}=19\ 000$（元）。

表7—2　　现金流量计算表　　单位：元

指标＼年度	0	2	3	4	5
厂房、设备投资	−80 000				
土地投资	−50 000				
流动资产投资	−30 000				
现金净流量		34 750	37 750	41 050	44 680
固定资产残值					4 000
流动资产回收					30 000
项目终结时土地市价					70 000
现金流量	−160 000	34 750	37 750	41 050	148 680

在这两张表中，0年代表第1年初，2年代表第2年末，3年代表第3年末，依此类推。在计算现金流量时，将投资看做在第1年初发生的，将各年的现金净流量看做在各年的年末发生的，将终结现金流量看做在最后一年末发生的。这样，在运用一定的专门技术方法进行长期投资决策时，可以简单加以计算。

二、长期投资决策依据现金流量而非利润指标的原因

首先，长期投资决策分析必须考虑货币的时间价值。现金流量在计算时考虑了现金流入和现金流出的时间，而不同时间收付的现金，即使金额相等，也具有不同的价值。在长期投资决策分析中，各年的现金流量用时间价值换算后，可以科学地预测出投资方案的现金流入量是否大于现金流出量，以衡量投资方案的优劣。而利润指标是以权责发生制为基础，不考虑现金流入与流出的时间。因此，利润指标排斥了货币的时间价值因素。

其次，利润实现的时间和数额有多种选择。利润是财务会计的一项重要指标，在用

销售收入减去成本费用计算利润时，会计准则给人们提供了多种选择。这就使利润指标在很大程度上受管理者主观选择的影响，不利于作为长期投资决策分析的依据。

最后，对客观经济环境的适应性。西方企业在长期投资决策分析中，广泛采用现金流量指标而放弃利润指标的原因，除了利润指标的局限性，还与西方国家客观经济环境的变化有很大关系。20 世纪 50—70 年代，整个西方经济处于“黄金”时期，国民经济持续增长，企业利润大幅增加，固定资产的投资规模达到了前所未有的程度。与此相适应，金融市场发展迅速，融资能力很强。企业筹集资金比较容易，即使一时入不敷出，也可以立即取得贷款或透支，因而现金问题并不是很突出。但是，进入 20 世纪 70 年代以后，所谓的“黄金”时期已经结束，通货膨胀严重，生产发展处于停滞状态，资金市场紧张，利率升高，贷款的取得越来越困难，客观经济环境的变化迫使企业开始重视现金的流入和流出。特别是有些正处在发展中的盈利企业发生倒闭，尽管这些企业账面上的利润数额较高，但由于对资金管理不当或由于外界原因造成资金周转不灵，使得企业财务状况恶化，偿债能力不足，最终导致企业破产。造成这种“黑字倒闭”状况的主要原因是由于受当时通货膨胀的影响，资金管理发生了重大变化，银行存款和短期债券的利率不足以弥补通货膨胀率。企业为了求得生存和发展，不致使现金被通货膨胀吞噬，便大量地将现金用于购买实物或进行其他投资，从而使企业资金的流动性大大下降。企业的这种资产结构导致其对经济环境的承受力大大弱化，宏观经济环境或资金市场稍有变化，就会对企业产生连锁反应，轻则危及企业生产发展，重则导致企业破产倒闭。在这种情况下，现金流量指标在投资分析领域广泛采用就不足为奇了。

以上所述的在长期投资决策分析中现金流量取代利润指标的一些道理，不仅适合西方企业，同样适合我国企业。在社会主义市场经济条件下，我国企业在长期投资决策中，必须考虑货币的时间价值和投资的风险价值，重视现金流量，不能只以传统的利润指标来衡量备选方案的优劣。特别是在与外商谈判合资项目时，更应注意这一点。

下面举一个实例来说明我国企业应用现金流量指标的重要性。

某企业与外商拟合资经营一建设项目，期限为 10 年。谈判过程中，外商提出了如下方案：在项目建成投产后前 5 年，它分得实现利润的 75%，我方为 25%；后 5 年，它分得利润的 25%，我方为 75%；项目终止时，厂房、机器设备等固定资产残值大部分归我方。当时参加谈判的我方人员认为：从 10 年的利润总额来看，双方所得各为 50%，而项目终止时所剩下的厂房、机器设备大部分归我方使用，这是一个对我方有利的方案。于是同意了此方案，在合同上签了字。

实际上，这个方案不一定对我方有利，有可能弊大于利。因为从货币的时间价值角度看，同样的金额，在项目初期与项目后期是不等值的；从投资的风险价值角度看，时间越长，风险越大，我方所冒的投资风险比外商要大。后来该企业运用现金流量指标具体计算了一下，结果发现，即使将项目终止时的残值算进去，我方的现金流入量也大大小于对方的现金流入量，该外商的提案并非互利的。但合同既已生效，悔之晚矣。这个案例充分说明了忽视现金流量所造成的危害。

第2节　风险价值

长期投资是一种时间性较长的经济行为，公司投入一笔资金，总要经过一段时间才能获得报酬，再加上投资实施系统自身和外部环境的某些不确定性，决定了投资方案实施过程中存在出现不利情况的可能性，这就是风险问题。一般来讲，投资所需的时间越长，风险也就越大。

在前述货币时间价值的内容中，我们可以看出，时间价值即指投资报酬率或利率。但实际上，除了将银行的存款利率、国债利率等称为几乎没有风险的货币时间价值，其他各种形式的投资几乎都带有或多或少的风险。同时，通货膨胀又是经济领域中的一种现象。因此，严格地讲，投资报酬率或利率不仅包含时间价值，而且包含风险价值和通货膨胀因素。如果抽象掉通货膨胀因素，那么，投资报酬率就是货币的时间价值与风险价值之和。

由于风险的存在，投资者要求获得比无风险情况下更多的收益，以补偿投资者所冒的风险，或者说是对为冒风险所要求的报酬。所谓风险报酬，就是投资者因冒着风险进行投资而要求的超过货币时间价值的那部分通常按百分率计量的额外报酬，又叫风险价值。一般决策者都是厌恶风险的。在投资风险增加的情况下，人们总是要求得到比无风险情况下更高的收益率，才肯去冒险。

下面说明投资的风险价值的计算。

风险价值的计算，主要分为以下四个步骤：

1. 计算期望值

期望值（EV）的计算公式如下：

$$EV(X) = \sum_{i=1}^{n} X_i P_i$$

2. 计算标准离差

期望值是方案实施引起的各种可能出现结果的平均值。但方案一旦付诸实施，它的结果一般不会恰好等于期望值。这样，方案实施可能出现的结果与期望值就会产生偏差。其偏差越大，以期望值作为决策的评价依据的风险也就越大。所以，方案实施可能出现的结果与期望值的偏差，是测定决策风险程度的基础。一种方案实施可能出现的结果有多种，所以会出现多种偏差。通常是以标准离差作为衡量风险程度的依据。一般来讲，标准离差越大，风险越大。标准离差的计算公式如下：

$$\sigma = \sqrt{\sum_{i=1}^{n} (X_i - EV(x))^2 \cdot P_i}$$

3. 计算标准离差率

全面反映风险程度的指标是标准离差率，即标准离差与平均值之比，可用下列公式表示：

$$R=\frac{\sigma}{\mathrm{EV}(x)}$$

4. 计算风险报酬率（风险价值）

投资所冒风险越大，要求获得的风险报酬就越高，也就是说，风险报酬应与风险程度成正比。如果以 RV 表示风险报酬，那么，风险报酬与风险程度的关系可用下式表示：

$$\mathrm{RV}=f\cdot R$$

式中，f 为一个常数，称为风险系数，其大小与投资决策者的气质有关。一般来讲，对成功敏感，愿意冒大风险去追求高收益的投资决策者，对风险系数估计得会小一些；反之，对失败敏感，宁可失去一些获利机会也不愿冒大风险的投资决策者，对风险系数总是估计得大一些。

例如，某公司某投资项目的投资报酬率及概率的有关资料如表 7—3 所示。

表 7—3　　投资报酬率及概率的资料

投资报酬率 X_i(%)	概率 P_i
$X_1=10$	$P_1=0.1$
$X_2=15$	$P_2=0.1$
$X_3=25$	$P_3=0.1$
$X_4=40$	$P_4=0.7$

假设该公司估计风险系数为 20%，银行存款利率（无风险投资报酬率）为 6%。

下面计算风险价值并调整预期投资报酬率。

第一步，计算期望值。

$$\begin{aligned}\mathrm{EV}(x)&=10\times0.1+15\times0.1+25\times0.1+40\times0.7\\&=33(\%)\end{aligned}$$

第二步，计算标准离差。

$$\begin{aligned}\sigma&=\sqrt{(10-33)^2\times0.1+(5-33)^2\times0.1+(25-33)^2\times0.1+(10-33)^2\times0.7}\\&=\sqrt{126}\\&=11.22(\%)\end{aligned}$$

第三步，计算标准离差率。

$$R=\frac{11.22\%}{33\%}=34\%$$

第四步，计算风险报酬率。

$$RV=20\%\times34\%=6.8\%$$

在计算出风险报酬率（风险价值）后，就可以调整预期投资报酬率。方法是将无风险的银行存款利率加上风险报酬率。因此，该投资项目的预期投资报酬率应调整为：

$$6\%(\text{无风险银行利率})+6.8\%(\text{风险报酬率})=12.8\%$$

根据调整后的投资报酬率，该项投资的期望报酬率只有超过 12.8%时才是可取的。

第 3 节　长期投资决策方法

长期投资决策方法是指公司在进行投资决策分析时运用的专门技术方法，以便在各项备选方案中，通过对比分析，选出较优的投资方案。长期投资决策方法，可以分为非贴现法与贴现法两类。其主要区别在于，前者没有考虑货币的时间价值，计算较为简便；后者考虑到了货币的时间价值，计算稍微复杂，但更加科学、合理。

无论是采用非贴现法还是贴现法，都需要计算投资方案的现金流量，以其作为投资决策的必要资料。有时还需要计算投资方案的税后净利。

一、非贴现法

非贴现法主要有回收期法和年平均报酬率法两种。

(一) 回收期法

回收期法，是指以收回原始投资所需时间作为评判投资方案优劣标准的一种投资决策方法，亦称还本期间法。一般来讲，备选方案的回收期越短越好。

运用回收期法进行投资决策分析时，首先应计算备选方案的回收期；然后将备选方案的回收期与管理决策者主观上既定的期望回收期相比较，若投资方案回收期小于期望回收期，则接受投资方案；若投资方案回收期大于期望回收期，则拒绝投资方案。

如果在两个或两个以上的方案间进行选择，应比较各个方案的回收期，选择其中最短的。

1. 每年现金净流入量相等时的回收期计算方法

当投资方案每年的现金净流入量相等时，回收期可按下列公式计算：

$$\text{回收期}=\frac{\text{原始投资额}}{\text{每年现金净流入量}}$$

【例 7—1】 某投资方案的现金流量如表 7—4 所示，若预定的期望回收期为 3 年，要求运用回收期法作出采纳与否的决策。

表 7—4　　某投资方案的现金流量　　单位：元

年度	0	1	2	3	4
现金流量	−70 000	20 000	20 000	20 000	20 000

解：

在表 7—4 中，假设该投资方案的原始投资额为 70 000 元，每年的现金净流入量为 20 000 元，则

$$回收期=\frac{70\ 000}{20\ 000}=3.5(年)$$

因为投资方案回收期 3.5 年大于期望回收期 3 年，故该投资方案不予采纳。

2. 每年现金净流入量不相等时的回收期计算方法

上述回收期计算公式是为相等的每年现金流入量设计的。但在实际工作中，投资方案每年的现金流入量往往是不相等的，在这种情况下，回收期应按累计现金流入量计算。在这种方法下，累计现金流入量与原始投资额达到相等所需要的时间，即为回收期。

【例 7—2】　某投资方案的现金流量如表 7—5 所示，若预定的期望回收期为 4 年，要求运用回收期法作出是否采纳该投资方案的决策。

表 7—5　　某投资方案的现金流量　　单位：元

指标＼年度	0	1	2	3	4	5	6
原始投资额	−60 000						
现金流入量		16 000	18 000	17 000	15 000	16 000	20 000
现金流量	−60 000	16 000	18 000	17 000	15 000	16 000	20 000

解：

从表 7—5 中可知，各年的现金流入量不相等，无法应用前述回收期计算公式，应将每年的现金流入量进行累计，直到现金流入量等于原始投资额时为止。

下面将各年现金流入量累计列于表 7—6 中。

表 7—6　　现金流入量累计表　　单位：元

年度	现金流入量		期末尚未回收的投资余额
	各年	累计	
1	16 000	16 000	44 000
2	18 000	34 000	26 000
3	17 000	51 000	9 000
4	15 000	66 000	
5	16 000	82 000	
6	20 000	102 000	

表 7—6 中的数据显示，回收期超过 3 年，详细计算如下：

$$回收期=3+\frac{9\ 000}{15\ 000}=3.6(年)$$

因为投资方案回收期 3.6 年小于期望回收期 4 年，故该投资方案可以采纳。

3. 回收期法的优点

回收期法是一种简单而且使用广泛的方法，尽管学术界对它的评价并不太高，但有时却受到企业家的欢迎。这种方法的优点在于：

第一，投资方案的回收期可以作为衡量备选方案风险程度的指标。一般来讲，投资回收期越短，说明该项投资在未来时期内的风险越小；投资回收期越长，说明投资的风险越大。通常公司预测短期事件的能力较强，而预测长期事件的能力较弱，因而回收期法特别受到那些处在高科技产品层出不穷、技术竞争异常激烈的市场中的高科技公司的欢迎，这些公司在进行高科技产品开发投资时常常采用这种方法。

第二，回收期法可以衡量投资方案的变现能力，即投资的回收速度。这里有两种情况：一是公司现金比较紧张，需要投资方案所使用的资金很快收回，以补充营运资本；二是技术上的发展较快，需要在较短期间内收回投资，以便用于更新旧设备。因此，回收期法对一些现金紧张的公司来讲，也是一种受欢迎的方法。投资方案的回收期越短，该方案对这类公司就越重要。

第三，方法简便，决策的工作成本较低。尽管有一些更科学但更复杂的投资决策分析方法，但回收期法在制定数额较小的投资方案的决策时，仍被许多公司作为评估工具。因为这种方法计算简易，决策工作的成本比较低。如果动用许多高薪的分析人员及大型计算设备，去分析小金额的投资方案，往往会使分析的工作成本高于使用复杂分析方法带来的效益，得不偿失。

4. 回收期法的缺点

尽管回收期法有上述优点，但在长期投资决策中不能盲目地运用。该方法也有一些严重的缺点：

第一，回收期法忽视了投资方案的获利能力。公司投资的主要目的是获利，而不仅仅是收回投资。如果一个公司投资的目的就是追求最短的回收期，那么，极端地讲，这个公司最好不去投资，因为回收期等于零，则是最短的了。

回收期法未能表明公司的获利能力主要表现在，它忽视了投资方案在回收期后产生的现金流入量。现举例说明。

【例 7—3】 某公司现有两个投资方案，有关资料如表 7—7 所示。试比较两个方案的优劣。

表 7—7　两个投资方案的有关资料

指标	A 方案	B 方案
原始投资额（元）	−100 000	−100 000
投资项目寿命（年）	5	10
每年现金流入量（元）	25 000	20 000

根据表 7—7 的资料，计算 A，B 两方案的回收期：

$$A方案回收期=\frac{100\ 000}{25\ 000}=4(年)$$

$$B方案回收期=\frac{100\ 000}{20\ 000}=5(年)$$

计算结果显示，在回收期法下，A 方案比 B 方案的回收期短，应采纳 A 方案。但事实上，B 方案显然要比 A 方案优越得多。因为 A 方案在回收期后只能获得 1 年的报酬，而 B 方案在回收期后尚有 5 年的现金流入。在实际工作中，当出现获利较少的方案其回收期短于获利较多的方案的情况时，运用回收期法无法衡量不同方案的获利能力，也就无法正确地评价投资方案的优劣。

【例 7—4】 某公司现有两个投资方案，管理决策者需比较两个方案的优劣。两个方案的有关资料如表 7—8 所示。

表 7—8　两个方案的现金流量　单位：元

指标	C 方案	D 方案
原始投资额	−60 000	−60 000
现金流入量：		
第 1 年	20 000	20 000
第 2 年	20 000	20 000
第 3 年	20 000	20 000
第 4 年	10 000	30 000
第 5 年	5 000	50 000

从表 7—8 中可以看出，C 方案和 D 方案前 3 年的累计现金流入量都是 60 000 元，因而两个方案的投资回收期都是 3 年，用回收期法衡量，两个方案无优劣之分。但事实上，D 方案在回收期后的两年中，可获得比 C 方案明显增多的现金流入量，显然，应选择 D 方案。很明显，回收期法忽视了投资项目寿命后期的大量现金流入量。

第二，回收期法的另一个主要缺点是，没有考虑货币的时间价值因素。在回收期法下，各年相等金额的现金流入量被看做具有相等的价值，但实际上我们知道，它们是不等值的。

【例 7—5】 某公司现有 E，F 两个投资方案可供选择，有关资料如表 7—9 所示。试比较两个方案的优劣。

表 7—9　两个方案的现金流量　单位：元

指标	E 方案		F 方案	
原始投资额	−130 000		−130 000	
年度＼现金流入量	各年	累计	各年	累计
1	100 000	100 000	20 000	20 000
2	20 000	120 000	40 000	60 000

续前表

年度 \ 现金流入量	各年	累计	各年	累计
3	10 000	130 000	70 000	130 000
4	20 000	150 000	20 000	150 000
5	20 000	170 000	20 000	170 000

从表 7—9 中可以看出，E 方案和 F 方案在第 3 年的累计现金流入量均为 130 000 元，因而两个方案的回收期都是 3 年，在回收期法下，两个方案无优劣之分。但实际上，E 方案的现金流入量在第 2 年时已累计达到 120 000 元，接近收回全部投资；而 F 方案的现金流入量在第 2 年时只累计达到 60 000 元，仅是 E 方案的 50%。从货币的时间价值角度看，显然 E 方案要比 F 方案优越得多。由于回收期法没有考虑货币的时间价值因素，对此类决策得出了错误的结论。

（二）年平均报酬率法

年平均报酬率（ARR）是指平均每年的现金净流入量或净利润与原始投资额的比率。一般来讲，ARR 越高，说明投资方案的获利能力越强，备选方案就越可取。年平均报酬率法，就是根据投资方案 ARR 的高低进行投资决策的一种方法。

年平均报酬率的两个计算公式如下：

$$\text{ARR}=\frac{\text{年均现金净流入量}}{\text{原始投资额}}\times 100\%$$

$$\text{ARR}=\frac{\text{年均净利润}}{\text{原始投资额}}\times 100\%$$

进行投资决策时，应将投资方案的年平均报酬率与投资者主观上既定的期望年平均报酬率相比较，若投资方案 ARR 大于期望 ARR，则接受该投资方案；若投资方案 ARR 小于期望 ARR，则拒绝该投资方案。

如果有两个或两个以上投资方案可供选择，则应该选择 ARR 最高的投资方案。

【例 7—6】 设某投资方案的预计有关资料如表 7—10 所示。试计算该方案的 ARR。

表 7—10　　某投资方案的现金流量　　单位：元

指标 \ 年度	0	1	2	3	4	5
固定资产投资	−40 000					
流动资产投资	−20 000					
现金净流入量		10 000	10 000	12 000	12 000	10 000
固定资产残值						1 000
流动资产回收						20 000
现金流量	−60 000	10 000	10 000	12 000	12 000	31 000

根据表 7—10 的资料，计算 ARR：

$$ARR=\frac{(10\ 000+10\ 000+12\ 000+12\ 000+31\ 000)\div 5}{60\ 000}\times 100\%$$

$$=25\%$$

本例中期望年平均报酬率如果大于 25%，则此项投资方案应予拒绝；反之，则应接受。

【例 7—7】　某公司有 A，B 两个投资方案，原始投资额均为 100 000 元，其税后净利的预计数额如表 7—11 所示。试用年平均报酬率法作出选择哪个方案的决策。

表 7—11　　两个方案的预计税后净利　　单位：元

指标＼年度	1	2	3	4	5
A 方案税后净利	5 000	10 000	15 000	20 000	25 000
B 方案税后净利	10 000	11 000	12 000	17 000	

根据上述资料，计算两个方案的 ARR：

$$ARR(A\ 方案)=\frac{(5\ 000+10\ 000+15\ 000+20\ 000+25\ 000)\div 5}{100\ 000}\times 100\%$$

$$=\frac{15\ 000}{100\ 000}\times 100\%=15\%$$

$$ARR(B\ 方案)=\frac{(10\ 000+11\ 000+12\ 000+17\ 000)\div 4}{100\ 000}\times 100\%$$

$$=\frac{12\ 500}{100\ 000}\times 100\%=12.5\%$$

上述计算结果表明，A 方案的 ARR 高于 B 方案，所以应选择 A 方案。

下面我们评述一下年平均报酬率法的优缺点。

ARR 法的优点是以衡量投资方案的获利能力作为它的主要目的，克服了回收期法的第一个缺点，考虑到了投资方案在其寿命期间内的全部现金流量。

ARR 法的缺点首先是因其着眼于年均报酬，而忽视了投资方案在其寿命期间内各年的现金流量（或净利）的差异，也忽视了在两个投资方案之间进行比较时，各方案现金流量不同的先后数额。其次，不能反映投资方案的风险程度。最后，与回收期法一样，ARR 法也没有考虑货币的时间价值因素。由于年平均报酬率法计算的期限远远长于回收期法，因此在这一点上，年平均报酬率法忽视货币的时间价值所产生的后果也远比回收期法严重。因此，实际工作中单独使用年平均报酬率法进行决策的情况比较少见。

二、贴现法

贴现法是要考虑复利与贴现的决策方法，主要有净现值法、内含报酬率法和获利能力指数法三种。

(一) 净现值法

净现值（NPV）是指投资方案未来现金净流入量的现值与投资额的现值之间的差额。其计算公式为：

$$\begin{aligned} NPV &= \frac{A_1}{(1+t)} + \frac{A_2}{(1+t)^2} + \cdots + \frac{A_n}{(1+t)^n} - A_0 \\ &= \sum_{t=1}^{n} \frac{A_t}{(1+i)^t} - A_0 \end{aligned}$$

式中，A_0为原始投资额；A_t为第 t 期的现金净流入量；i 为贴现率。其中，$\frac{1}{(1+i)^n}$可以查 DF 表，不必再自行计算。

净现值法是指在进行长期投资决策时，以备选方案的 NPV 作为评判方案优劣标准的一种决策分析方法。

NPV 的计算步骤如下：

（1）计算投资方案的现金流量，确定原始投资额与方案寿命期内各年的现金净流入量。

（2）确定贴现率，即适当的报酬率或资本成本。

（3）根据确定的贴现率，将现金流量折算成现值。

（4）计算现值的代数和（现金流入量为正值，现金流出量为负值），求出 NPV。

运用 NPV 比较方案的优劣时：

（1）如果一个投资方案的 NPV >0，则可以接受该方案；如果 NPV<0，则拒绝该方案。

（2）如果在若干投资方案中进行选择，则应在 NPV >0 的方案中，取 NPV 大的方案。

净现值的大小既取决于现金流量，也取决于所用的贴现率。对于同一项投资方案来讲，贴现率越小，净现值越大；反之，净现值越小。

下面举例说明净现值法的应用。

1. 对一个投资方案的决策

【例 7—8】 某投资方案的预计现金流量如表 7—12 所示。贴现率为 10%。试用净现值法做出采纳与否的决策。

表 7—12　　某投资方案的现金流量　　单位：元

指标＼年度	0	1	2	3	4	5
原始投资额	－60 000					
现金净流入量		30 000	15 000	15 000	15 000	15 000
现金流量	－60 000	30 000	15 000	15 000	15 000	15 000

解：

$$NPV = 30\ 000 \times DF_{0.10,1} + 15\ 000 \times (DF_{0.10,2} + DF_{0.10,3} + DF_{0.10,4} + DF_{0.10,5}) - 60\ 000$$
$$= 30\ 000 \times 0.909 + 15\ 000 \times (0.826 + 0.751 + 0.683 + 0.621) - 60\ 000$$
$$= 70\ 485 - 60\ 000$$
$$= 10\ 485(\text{元})$$

结论：由于 NPV >0，说明该投资方案现金净流入量的现值补偿原始投资额后还有余额，故该方案可以接受。

2. 对若干方案的选择

【例 7—9】 某公司现有 E，F 两个投资方案可供选择，其预计现金流量如表 7—13 所示。该企业的资本成本为 8%。试运用净现值法做出选择。

表 7—13　　两个方案的现金流量　　单位：元

年度	0	1	2	3	4	5
E 方案	−130 000	100 000	20 000	10 000	20 000	20 000
F 方案	−130 000	20 000	40 000	70 000	20 000	20 000

解：

$$NPV(E) = 100\ 000 \times DF_{0.08,1} + 20\ 000 \times DF_{0.08,2} + 10\ 000 \times DF_{0.08,3}$$
$$+ 20\ 000 \times DF_{0.08,4} + 20\ 000 \times DF_{0.08,5} - 130\ 000$$
$$= 100\ 000 \times 0.926 + 20\ 000 \times 0.857 + 10\ 000 \times 0.794$$
$$+ 20\ 000 \times 0.735 + 20\ 000 \times 0.681 - 130\ 000$$
$$= 16\ 000(\text{元})$$

$$NPV(F) = 20\ 000 \times DF_{0.08,1} + 40\ 000 \times DF_{0.08,2} + 70\ 000 \times DF_{0.08,3}$$
$$+ 2\ 0000 \times DF_{0.08,4} + 20\ 000 \times DF_{0.08,5} - 130\ 000$$
$$= 20\ 000 \times 0.926 + 40\ 000 \times 0.857 + 70\ 000 \times 0.794 + 20\ 000 \times 0.735$$
$$+ 20\ 000 \times 0.681 - 130\ 000$$
$$= 6\ 700(\text{元})$$

结论：两个方案的 NPV 均为正值，但 E 方案的 NPV 大于 F 方案的 NPV，故应选择 E 方案。

细心的读者可能已经发现，本例的现金流量资料与例 7—5 的资料相同（见表 7—9），但例 7—5 运用的是回收期法，E，F 两方案的回收期相同，不分优劣。但运用净现值法进行分析，两者的差别就显示出来了。这正是贴现法优于非贴现法之处。

3. 现金流量为年金时的决策方法

如果一项投资方案在其寿命期内，各年的现金流量相等，则可将它们作为年金对待，用年金现值系数（查 ADF 表）换算为现值，再减去原始投资额，求出净现值。

【例 7—10】 某公司现有 A，B 两个投资方案，其有关资料如表 7—14 所示。

若资本成本为 12%，试运用净现值法选择出较优的方案。

表 7—14　　两个投资方案的有关资料

指标	A 方案	B 方案
原始投资额（元）	−675 000	−675 000
投资项目寿命（年）	20	20
每年现金净流入量（元）	120 000	100 000

解：

由于 A 方案在其 20 年的寿命期内，每年的现金净流入量都是 120 000 元，B 方案每年的现金净流入量都是 100 000 元，因此可以将这两者分别视同年金对待。

$$
\begin{aligned}
NPV(A) &= 120\,000 \times ADF_{0.12,20} - 675\,000 \\
&= 120\,000 \times 7.469 - 675\,000 \\
&= 221\,280(\text{元})
\end{aligned}
$$

$$
\begin{aligned}
NPV(B) &= 100\,000 \times ADF_{0.12,20} - 675\,000 \\
&= 100\,000 \times 7.469 - 675\,000 \\
&= 71\,900(\text{元})
\end{aligned}
$$

结论：由于 A 方案的净现值大于 B 方案，故应选择 A 方案。

4. 分次投资的决策分析

前面的举例都是假设投资发生在项目初期（0 年），因而原始投资额本身就是现值，不必再用复利现值系数换算。在实际工作中，有的投资方案的投资是分次投入建设项目上的。这时，在运用净现值法进行计算时，需要将 0 年以后的各次投资额折算成现值，计算出投资的总现值。

【例 7—11】 某投资方案的预计现金流量如表 7—15 所示。若资本成本为 15%，试用净现值法作出该方案采纳与否的决策。

表 7—15　　某方案的预计现金流量　　单位：元

指标＼年度	0	1	2	3	4
投资额	−60 000	−30 000			
现金净流入量		10 000	20 000	40 000	50 000

解：

$$
\begin{aligned}
NPV &= 10\,000 \times DF_{15\%,1} + 20\,000 \times DF_{15\%,2} + 40\,000 \times DF_{15\%,3} \\
&\quad + 50\,000 \times DF_{15\%,4} - 60\,000 - 30\,000 \times DF_{15\%,1} \\
&= 10\,000 \times 0.870 + 20\,000 \times 0.756 + 40\,000 \times 0.658 + 50\,000 \times 0.572 \\
&\quad - 60\,000 - 30\,000 \times 0.870 \\
&= -7\,360(\text{元})
\end{aligned}
$$

结论：因为 $NPV<0$，所以该投资方案不可取。

5. 在若干寿命不等的方案之间选择

如果两个备选方案的原始投资额相等，但两者的寿命不等，此时往往寿命长的项目净现值大，寿命短的项目净现值小。在这种情况下，若仅用净现值指标作为评判优劣的标准，则很难正确辨出优劣。因此还需要将各投资方案的净现值换算为以每年年末为时点的年均净收益，取年均净收益大的方案为可行方案。具体换算方法如下：

$$\text{年均净收益}=NPV\times CRF_{i,n}$$

式中，CRF 为资本回收系数，是年金贴现系数（ADF）的倒数，即 $1/ADF_{i,n}$。

换算的原理取自年金的现值计算方式：

$$P=R\times ADF_{i,n}$$

所以 $$R=P\times\frac{1}{ADF_{i,n}}$$

这里，年均净收益实际上是年金的概念。所以，将净现值乘以 ADF 的倒数，即可求出年均净收益指标。

【例 7—12】 某企业有甲、乙两个投资项目，两者的原始投资额相等，但寿命不同。资本成本为 10%，现金流量如表 7—16 所示。试比较其优劣。

表 7—16　**甲、乙两项目的现金流量**　单位：元

指标＼年度	0	1	2	3	4
甲的现金流量	−20 000	13 000	13 000	8 000	—
乙的现金流量	−20 000	10 000	10 000	10 000	8 000

解：

先分别计算两者的净现值。

$$\begin{aligned}NPV(\text{甲})&=13\,000\times DF_{10\%,1}+13\,000\times DF_{10\%,2}\\&\quad+8\,000\times DF_{10\%,3}-20\,000\\&=13\,000\times0.909+13\,000\times0.826+8\,000\times0.751-20\,000\\&=8\,563(\text{元})\end{aligned}$$

$$\begin{aligned}NPV(\text{乙})&=10\,000\times DF_{10\%,1}+10\,000\times DF_{10\%,2}+10\,000\times DF_{10\%,3}\\&\quad+8\,000\times DF_{10\%,4}-20\,000\\&=10\,000\times0.909+10\,000\times0.826+10\,000\times0.751+8\,000\times0.683-20\,000\\&=10\,324(\text{元})\end{aligned}$$

再分别计算两者的年均净收益。

$$\begin{aligned}\text{年均净收益}(\text{甲})&=NPV(\text{甲})\times CRF_{10\%,3}\\&=8\,563\times\frac{1}{ADF_{10\%,3}}\end{aligned}$$

$$=8\ 563\times\frac{1}{2.487}$$

$$=3\ 443(\text{元})$$

$$\text{年均净收益(乙)}=\text{NPV(乙)}\times\text{CRF}_{10\%,4}$$

$$=10\ 324\times\frac{1}{\text{ADF}_{10\%,4}}$$

$$=10\ 324\times\frac{1}{3.17}$$

$$=3\ 257(\text{元})$$

结论：虽然甲项目的净现值小于乙项目，但甲项目只用了 3 年的时间，而乙项目用了 4 年的时间。因此，本例不宜直接用净现值指标作为评判标准。从年均净收益指标看，甲项目大于乙项目，故应选择甲项目。

净现值法的优点在于它的原理通俗易懂，适用于任何均匀的现金流量（年金的现值）或不规则的现金流量，充分考虑了投资方案发生现金流量的先后时间以及整个寿命期间内的收益，体现了货币的时间价值，因而是一种使用较为广泛的长期投资决策方法。

净现值法的主要缺点是，在投资额不相等的若干方案之间进行比较时，单纯看净现值的绝对额并不能做出正确的评价。因为在这种情况下，不同方案的净现值是不可比的。

【例 7—13】 假设某公司有甲、乙两个投资方案可供选择，它们的净现值指标如表 7—17 所示。

表 7—17　　甲、乙两方案的净现值　　单位：元

指标	甲方案	乙方案
现金净流入量的现值	65 000	11 000
原始投资额	−60 000	−6 000
净现值	5 000	5 000

从表 7—17 中可以看出，甲、乙两方案的净现值均为 5 000 元，若以净现值指标作为评判标准的话，两个方案无优劣之分。但事实上，甲方案的原始投资额为乙方案的 10 倍，显然乙方案更优。

对这类投资决策就不能用净现值法，可以采用获利能力指数法。

（二）获利能力指数法

获利能力指数（PI）指投资方案未来现金净流入量的现值与投资额的现值之比。获利能力指数与净现值的不同之处在于，它不是一个绝对数，而是相对数。其计算公式为：

$$\text{获利能力指数}=\frac{\text{现金净流入量的现值}}{\text{投资额的现值}}$$

获利能力指数法是将未来现金流量用时间价值折算后反映投资项目获利能力的一种方法。如果投资方案是期初一次投资，那么上式的分母就是原始投资额；如果是分期投

资，则需先将各期投资分别按贴现率折算成现值，然后再计算。

获利能力指数大于1，说明除了收回投资，还可获利，则方案可取。

获利能力指数小于1，说明其投资未能全部收回，则方案不可取。

如果在若干获利能力指数均大于1的方案之间进行选择，则取其大者。

获利能力指数与净现值之间存在如下关系：

NPV>0，则 PI>1。

NPV=0，则 PI=1。

NPV<0，则 PI<1。

【例7—14】 试根据例7—13中的资料（见表7—17），计算甲、乙两个投资方案的获利能力指数，并作出选择。

解：

$$PI(甲)=\frac{65\ 000}{60\ 000}=1.08$$

$$PI(乙)=\frac{11\ 000}{6\ 000}=1.83$$

结论：由于乙方案的获利能力指数大于甲方案，故应选择乙方案。

由此例可以看出，用净现值法计算的两个不相上下的投资方案，用获利能力指数法则可以分出高低。但需要说明的是，不能因此得出结论，认为获利能力指数法优于净现值法。事实上，在实际工作中，净现值法的应用要比获利能力指数法普遍得多。之所以出现本例的情况，原因在于，净现值法以绝对数表示，不便于在不同投资额的方案之间进行比较；而获利能力指数法以相对数表示，可以在不同投资额的方案之间进行比较。因而在决策分析时，可以将这两种方法结合起来运用。

【例7—15】 某投资方案现金流量的预计数据如表7—18所示，资本成本为14%，试计算该方案的获利能力指数，并作出决策。

表7—18　　**某方案的现金流量**　　单位：元

指标＼年度	0	1	2	3
投资额	−50 000	−25 000		
现金净流入量		20 000	45 000	50 000

解：

表7—18显示，该方案的投资是分两次进行的。因此，在计算获利能力指数时，应将两次投资额折算为投资的总现值。

$$\begin{aligned}现金净流入量的现值&=20\ 000\times DF_{14\%,1}+45\ 000\times DF_{14\%,2}+50\ 000\times DF_{14\%,3}\\&=20\ 000\times 0.877+45\ 000\times 0.769+50\ 000\times 0.675\\&=85\ 895(元)\end{aligned}$$

$$投资额的现值=50\ 000+25\ 000\times DF_{14\%,1}$$
$$=50\ 000+25\ 000\times 0.877$$
$$=71\ 925(元)$$

$$PI=\frac{85\ 895}{71\ 925}=1.194$$

结论：获利能力指数为 1.194，说明各年现金净流入量总现值为投资现值的 1.194 倍，也就是说，除了收回投资，尚可获得其现值相当于投资 0.194 倍的收益。所以，该投资方案的 PI>1，故可采纳之。

（三）内含报酬率法

所谓内含报酬率（IRR），指的是一个投资方案的内在报酬率，它是在未来现金净流入量的现值正好等于投资额的现值的假设下所求出的贴现率，也就是使投资方案的净现值等于零（NPV=0）时的贴现率。

内含报酬率法是通过计算投资方案的 IRR，将其与最低的期望报酬率（资本成本）相比较，以便对方案进行取舍的一种长期投资决策方法。

内含报酬率法的基本原理是：公司投资的最低期望报酬率是已知的，它由公司管理层提出，如依据已计算出的公司加权平均资本成本。当一个投资方案的内含报酬率高于加权平均资本成本时，说明在收回该方案的投资后，还会产生剩余的现金流入量，此时，该投资方案的净现值将为正值；若内含报酬率只等于加权平均资本成本，则投资方案的净现值为零；若内含报酬率低于加权平均资本成本，投资方案的净现值将为负值。

因此，在将内含报酬率与资本成本进行比较，据以作出投资方案取舍的决策时，应按下列标准进行：若内含报酬率大于资本成本，则方案可取；若内含报酬率小于资本成本，则方案不可取。

【例 7—16】 某公司现有一投资方案，原始投资额为 80 000 元，经济寿命为 5 年，预计未来每年的现金净流入量为 20 000 元。该公司的资本成本为 10%。试用内含报酬率法作出方案取舍的决策。

解：

$$NPV=20\ 000\times ADF_{IRR,5}-80\ 000$$

令 NPV=0，有

$$20\ 000\times ADF_{IRR,5}-80\ 000=0$$

$$ADF_{IRR,5}=\frac{80\ 000}{20\ 000}=4$$

查 ADF 表，在 $n=5$ 的一行中，找到最接近 4 的年金贴现系数为 3.993，其对应的贴现率为 8%。

因此，该投资方案的 IRR 近似于 8%。

结论：由于该投资方案的 IRR 的近似值（8%）小于资本成本（10%），故该方案不可取。

【例 7—17】 某公司现有一投资方案，原始投资额为 12 000 元，第 1～10 年的预计现金净流入量均为 2 500 元。该公司的资本成本为 12%。

要求：计算出具体的内含报酬率，并作出该方案取舍的决策。

解：

$$NPV=2\ 500\times ADF_{IRR,10}-12\ 000$$

令 NPV=0，有

$$2\ 500\times ADF_{IRR,10}-12\ 000=0$$

$$ADF_{IRR,10}=\frac{12\ 000}{2\ 500}=4.8$$

一般情况下，未知利率可以从有关表中查出，但有时却不能，这时就要运用插值法计算未知利率。

设：与年利率 i_1 和 i_2 相对应的复利系数为 f_1 和 f_2，未知年利率 i_3 的值在 i_1 和 i_2 之间，则相应的复利系数 f_3 必然在 f_1 与 f_2 之间。求未知利率的插值法公式如下：

$$i_3=\frac{f_1-f_3}{f_1-f_2}(i_2-i_1)+i_1$$

用插值法计算 IRR。

查 ADF 表（因表中间距为 2%，无 17%一栏），可知：

$$ADF_{16\%,10}=4.833,\quad ADF_{18\%,10}=4.494$$

则

$$f_1=4.833,\quad i_1=0.16,\quad f_2=4.494,\quad i_2=0.18,\quad f_3=4.8$$

$$\begin{aligned}i_3&=\frac{4.833-5.8}{4.833-4.494}\times(0.18-0.16)+0.16\\&=0.161\ 9=16.19\%\end{aligned}$$

结论：由于该投资方案的 IRR（16.19%）高于资本成本（12%），故可以采纳。

【例 7—18】 某公司拟用 100 000 元投资兴建一条生产线，预计使用 5 年。投产后各年的现金净流入量如表 7—19 所示。假设资本成本为 16%，试用内含报酬率法作出采纳与否的决策。

表 7—19 **某投资项目的现金流量** 单位：元

指标 \ 年度	0	1	2	3	4	5
原始投资额	−100 000					
现金净流入量		25 000	30 000	35 000	40 000	45 000

解：

本例与前两例不同。前两例都是假定投资方案每年的现金净流入量相等。在这种情况下，IRR 的计算比较简单，即将每年的现金净流入量视同年金看待，反求 i 即可。

而本例各年的现金净流入量不相等，则不能视同年金看待，这时只能使用试误法来求出 IRR 的值。所谓试误法，是指分次试用不同的贴现率，计算现金流量的现值，直至现金流入的现值等于现金流出的现值为止的一种方法。

在应用试误法时，首先要主观地选用一个贴现率，再用此贴现率去计算投资方案的净现值。在实际工作中，大多数公司的资本成本通常介于 10%～20%之间，故投资方案的报酬率一般不低于 10%，所以对大部分投资方案来讲，可以先选用 10%的贴现率作为测试的起点（此数据并不绝对，在经济周期的不同阶段，市场利率与报酬率的水平会有起伏）。具体做法是，可先以 10%的贴现率计算投资方案的净现值，如果净现值为零，则此贴现率即为内含报酬率；若净现值为正值，则应提高贴现率，再重新计算净现值；若净现值为负值，则应降低贴现率，并重新计算净现值。不断重复上述步骤，直至找到一个使净现值为零的贴现率为止。如果相邻的两个贴现率使投资方案的净现值接近于零，即一个净现值为正值，另一个净现值为负值，则可以采用插值法求出内含报酬率。

在本例中，先设贴现率为 15%，计算其净现值：

$$\begin{aligned}NPV &= 25\,000\times DF_{15\%,1}+30\,000\times DF_{15\%,2}+35\,000\times DF_{15\%,3}\\&\quad+40\,000\times DF_{15\%,4}+45\,000\times DF_{15\%,5}-100\,000\\&=25\,000\times0.87+30\,000\times0.756+35\,000\times0.658+40\,000\times0.572\\&\quad+45\,000\times0.497-100\,000\\&=12\,705(\text{元})\end{aligned}$$

再设贴现率为 20%，计算其净现值：

$$\begin{aligned}NPV &= 25\,000\times DF_{20\%,1}+30\,000\times DF_{20\%,2}+35\,000\times DF_{20\%,3}\\&\quad+40\,000\times DF_{20\%,4}+45\,000\times DF_{20\%,5}-100\,000\\&=25\,000\times0.833+30\,000\times0.694+35\,000\times0.579+40\,000\times0.482\\&\quad+45\,000\times0.402-100\,000\\&=-720(\text{元})\end{aligned}$$

再设贴现率为 18%（因本书附表 2，即 DF 表中未列出 19%一栏，故采用 18%进行测试），计算其净现值：

$$\begin{aligned}NPV &= 25\,000\times DF_{18\%,1}+30\,000\times DF_{18\%,2}+35\,000\times DF_{18\%,3}\\&\quad+40\,000\times DF_{18\%,4}+45\,000\times DF_{18\%,5}-100\,000\\&=25\,000\times0.847+30\,000\times0.718+35\,000\times0.609+40\,000\times0.516\\&\quad+45\,000\times0.437-100\,000\\&=4\,335(\text{元})\end{aligned}$$

由以上测试可知，该方案的 IRR 在 18%～20%之间。下面采用插值法计算具体的 IRR。

根据上述计算结果，已知：

$$f_1(\text{NPV})=4\ 335,\quad i_1=0.18,\quad f_2(\text{NPV})=-720,\quad i_2=0.20,\quad f_3(\text{NPV})=0$$

$$i_3=\frac{f_1-f_3}{f_1-f_2}(i_2-i_1)+i_1$$

$$=\frac{4\ 335-0}{4\ 335-(-720)}\times(0.20-0.18)+0.18$$

$$=0.197\ 2=19.72\%$$

结论：由于该投资方案的内含报酬率为 19.72%，高于 16%的资本成本，故该投资方案可以采纳。

本章小结

固定资产投资属于长期投资，其特点是时间长（投资回收期一般在 1 年以上）、耗资大（需要进行专门的筹资工作）、风险大（由于事关今后若干年，限制了对未来不利客观因素的准确预测），而且长期投资一旦完成，是不容反悔的，如果要改变当初的决策，就要付出相当大的代价。因此，长期投资具有不可逆性。公司管理当局在进行长期投资决策时，一定要采用科学的决策方法。现金流量是进行长期投资决策所必须考虑的一个很重要的计量信息。在分析投资方案时，最重要也是最困难的步骤就是估计投资方案的现金流量。一般来讲，投资所需的时间越长，风险也就越大。由于风险的存在，投资者要求获得比无风险情况下更多的收益，以补偿投资者所冒的风险，或者说是对冒风险的报酬，即风险价值。长期投资决策方法是指公司在进行投资决策分析时运用的专门技术方法，以便在各项备选方案中，通过进行对比分析，选出较优的投资方案。长期投资决策方法，可以分为非贴现法与贴现法两类。

思考题

1. 在长期投资决策领域，为什么有一些传统的指标和做法受到挑战？
2. 对于净现值法和内含报酬率法，你比较欣赏哪一个？为什么？
3. 通过风险价值的计算，体会风险与获利并存的含义。

重点概念

1. 现金流量：投资项目在未来一定时期内，现金流入和现金流出的数量。
2. 权责发生制：对于收入和费用，不论是否已有货币资金的收付，按其是否体现各个会计期间的经营成果和收益情况，确定其归属期。也就是说，凡是本期已经实现的收入和已经发生的费用，不论款项是否实际已经收付，均作为本期的收入和费用入账；凡是不属于本期的收入和费用，即使款项已在本期收付，均不作为本期的收入和费用处理。

3. 风险价值：投资者因冒着风险进行投资而要求的超过货币时间价值的那部分通常按百分率计量的额外报酬。

4. 回收期法：以收回原始投资所需时间作为评判投资方案优劣标准的一种投资决策方法，也称还本期间法。

5. 年平均报酬率：平均每年的现金净流入量或净利润与原始投资额的比率。

6. 净现值：投资方案未来现金净流入量的现值与投资额的现值之间的差额。

7. 获利能力指数：投资方案未来现金净流入量的现值与投资额的现值之比。

8. 内含报酬率：投资方案的内在报酬率，它是在未来现金净流入量的现值正好等于投资额的现值的假设下，所求出的贴现率。

第8章

流动资产投资管理

本章要点

公司持有现金的动机。

公司现金管理的目的。

公司现金管理的主要内容：编制现金收支预算、控制日常现金收支和确定最佳现金余额。

有价证券的管理。

应收账款的成本：机会成本、管理成本和坏账成本。

应收账款政策：信用标准和信用条件。

应收账款的回收策略：应收账款的账龄分析、坏账准备和确定收账政策。

存货的计价。

存货成本：订货成本、储存成本和缺货成本。

存货控制的ABC控制法和经济批量法。

引导案例

对于我国许多制造公司和分销商来说，公司宝贵的资金常常被不断增长的库存量挤占，流动资产不流动成为公司发展的障碍。财务管理者希望在保证物料供应和产品销售顺畅的前提下，尽量减少库存，最好实现零库存，以实现利润最大化。

沃尔玛，一家零售企业，在销售收入上超过世界上那么多的巨无霸企业，如石油巨头、汽车大王、金融大鳄等，连续多年高居世界500强第一名，究竟有何法宝？沃尔玛首创交叉配送的独特作业方式，没有入库储存与分拣作业，进货时直接装车出货。在竞争对手每五天配送一次商品的情况下，沃尔玛每天至少送货一次，这意味着可以减少商店或者零售店里的库存，使得零售场地和人力管理成本都大大降低。灵活高效的物流配送系统是沃尔玛达到最大销售量和低成本的存货周转的核心。

第1节　现金的管理

我们在这里所讲的现金是广义的概念，实际上是指公司所拥有的货币资金。现金是流动性最强的资产，拥有一定的现金，可以防止财务风险，但现金拥有量过大，又会影响到公司资金的利用效果。在现代财务管理中，人们越来越重视现金的管理，重视现金流量的状况。

一、公司持有现金的动机

公司持有现金的动机可以分为一般动机和特殊动机。

（一）一般动机

公司持有现金的一般动机又分为三种情况。

1. 支付动机

公司为了保证日常的营业，必须保持一定数额的现金，以满足日常支付的需要，如用于购买材料、支付工资、缴纳税款、支付水电费和办公费等。公司每天都有现金流入和流出，但收支并不等额，所以必须保留一部分现金余额，防止收不抵支。

2. 预防动机

公司为了应付意外事件或紧急事件对现金的需求，一般需要持有一定数额的现金。通常，公司的预计现金需要量是根据日常营业的需求预测的，但一些偶发事件会造成某一时点对现金的紧急需求，如客户未能及时付款、生产或安全事故等，会打破公司的现金收支计划。为防止出现临时性的现金短缺，公司现金持有量中除了满足日常开支，还应多持有一些，以满足这类突发事件的现金需要。

预防动机所需现金数额的多少取决于三个因素：（1）预测现金收支的可靠程度；（2）公司临时筹款能力；（3）公司能够承担风险的程度。一般来讲，公司经营越平稳，日常或突发的风险越小，预测偏差越小，为预防动机所持的现金就越少；反之，所需现金数额越大。

3. 投机动机

公司持有现金的另一个动机是等待获利机会的出现，如在证券价格出现剧烈波动时，从事投机活动以获取高额收益。对许多公司来讲，这种情况并不多见。但在实际工作中，确实有一些公司对投机活动情有独钟，因为投机的成功使其获得的回报往往比一般投资高得多。这样，在看好预期收益的情况下，公司可以积累大笔现金，在可投机的项目上快进快出，大赚一笔。

以上介绍的三种一般动机是经济学家凯恩斯提出的，至今已得到普遍检验与承认。

（二）特殊动机

除了一般动机，公司还会因为一些特殊性的考虑持有一定数额的现金：

(1) 公司持有充足的现金以便获得商品交易中的现金折扣，从而获得更多的收益。

(2) 公司持有充足的现金可以维持与提高公司的信用等级。在评定公司的信用等级或进行公司信用分析时，现金的绝对额与相对数是一项很重要的因素。

(3) 公司持有充足的现金可以有效地提高公司在商业竞争中的灵活性。

二、公司现金管理的目的和内容

(一) 现金管理的目的

公司现金管理的目的，是在保证公司正常业务经营及偿还债务和缴纳税款需要的同时，降低现金的占用量，并从暂时闲置的现金中获得最大的投资收益。财务管理通过对现金的管理，不仅要灵活调动资金，保证生产经营业务的正常进行，还要对涉及现金收支的业务进行监督。

现金管理一般由公司财务部门负责。为了达到现金管理的目的，应做到以下几点：

(1) 积极筹措资金，保证供应部门采购所需的现金量。

(2) 灵活调度资金，在满足现金开支的前提下，防止大量现金闲置。

(3) 遵守国家现金管理制度，按规定做好现金收支工作。

(4) 制定和遵守公司的现金管理措施，确保现金的安全与完整。

(二) 现金管理的内容

公司现金管理的内容主要包括三个方面。

1. 编制现金收支预算

公司通过编制现金收支预算，预测预算期间公司的现金收支状况，计算按年分季及分月的现金收支数量，合理安排现金流量，认真规划和控制公司现金的收支。

2. 控制日常现金收支

对公司日常的现金收支进行控制，就是对现金流量进行管理，力求加速收款、延缓付款（指在不影响信用前提下的技术性做法，并非有意拖延付款）。

3. 确定最佳现金余额

财务管理者应采用一定的方法确定最佳现金余额，当公司的实际现金余额与最佳现金余额不一致时，采用短期融资策略或归还借款和投资于有价证券等策略来达到理想状态。

三、现金收支预算

现金收支预算包括现金收入、现金支出、净现金流量和现金余缺等项目。

(一) 现金收入

现金收入包括营业现金收入和其他现金收入两部分。

1. 营业现金收入

主要是指产品销售收入，编制现金收支预算时可以从公司销售预算中获取该数据。公司按照以销定产的原则，在编制公司全面预算时，首先应编制销售预算，然后以其作为编制其他预算的基础。财务人员在根据销售预算中的有关资料编制现金预算时，应注意以下两个问题：

（1）销售预算中的销售收入数据，在预计时是按照权责发生制原则确认的，与现金预算中的现金收入指标并不一致。这样就要求编制人员分析现销与赊销的不同规律，将现销与赊销数据分离开，预计出现金收入的时间和金额。

（2）销售预算中的销售收入数据，是按照正常的销售业务状况预计的，并没有考虑到坏账、现金折扣、销货退回等因素。在编制现金预算时，应考虑到这些因素。

2. 其他现金收入

其他现金收入主要有设备租赁收入、证券投资的利息收入、固定资产变价收入及股利收入等。

（二）现金支出

现金支出主要包括营业现金支出和其他现金支出两大部分。

1. 营业现金支出

营业现金支出主要包括材料采购支出、职工薪酬支出、制造费用支出、销售费用和管理费用支出等。

在确定现金预算中的材料采购支出时，应注意以下几点：

（1）现金预算中的材料采购支出数据与材料采购预算有一定的联系，但要注意，两个预算中的指标并不相等。在利用材料采购预算中的数据时，要区分现购和赊购，确认材料采购现金支出的时间和数额。

（2）在预测材料采购现金支出指标时，应充分估计预算期材料价格的波动、供求关系的变化、采购和运输方式的变化及运杂费的变化等外界因素。

（3）预计采购过程中可能发生的退货、可能享受的折扣等因素，以便准确地预计现金支出数额。

在确认预算期职工薪酬支出时，应注意以下几点：

（1）直接人工的工资与生产预算有一定的联系。在计件工资制下，工资与产量成正比例地增减变动；在计时工资制下，工资的变动相对稳定，产量的小幅增减变动不会反映到工资上，但大幅的产量波动，也会引起工资的大幅变动。

（2）估计预算期有无大范围调整职工薪酬的举措。

（3）估计预算期有无大规模增加用工或减员的举措。

在确认制造费用、管理费用和销售费用现金支出时，应注意以下几点：

（1）确认现金预算中这些费用的现金支出数据时，与制造费用预算、管理费用预算和销售费用预算有一定的联系，但数额并不相等。这是因为这些费用预算中有些项目并不需要用现金支出，例如折旧费、摊销费等。因此，在确认这些费用的现金支出数时，应将这些折旧费、摊销费扣除。

（2）要考虑到每个会计期间都发生的有规律的费用支出，如房屋租金、水电费等按期支付的费用，应在预算中充分安排其支出的金额。

(3) 要分析这些费用支出的变动部分和固定部分，合理安排现金支出。

2. 其他现金支出

其他现金支出主要包括固定资产投资支出、偿还债务的本金和利息支出、所得税支出、股利支出等。

固定资产投资支出属于公司的长期投资，事先应编制资本支出预算，有关现金支出预计数据可从中获取。偿还债务的本金和利息支出数据可以从有关借款计划中获取。所得税的数额应以当年预计的利润为基础进行估算。股利支出数额可以根据公司股利政策确认。

(三) 现金净流量

现金净流量是指公司现金收入与现金支出的差额，其计算公式如下：

现金净流量＝现金收入－现金支出

＝营业现金收入＋其他现金收入－营业现金支出＋其他现金支出

(四) 现金余缺

现金余缺是公司预算期期末现金余额与最佳现金余额相减后的差额。如果前者大于后者，说明现金有多余，应设法进行投资或偿还债务；如果前者小于后者，则说明现金出现短缺，应着手筹资以补不足。

现金余缺的计算公式如下：

现金余缺＝期末现金余额－最佳现金余额

＝期初现金余额＋现金收入－现金支出－最佳现金余额

＝期初现金余额±现金净流量－最佳现金余额

四、公司现金的日常控制

在公司的各项资产中，现金的收支是最频繁的。尽管财务管理人员制定了科学、合理的现金收支预算，但计划赶不上变化。对于增减变动如此频繁的现金流量，要想完全吻合预算，难度非常大。因此，财务管理一定要加强现金的日常控制。现金控制的主要目的是加快现金周转速度，提高现金使用效率。为达到这一目的，主要有以下几种控制方法。

1. 加快收款速度

由于支票递送和通过银行系统划拨支票都需要时间，如果能缩短这一票据交换时间，就能大大减少现金开支。加速票据交换的最有效方法就是所谓的锁箱法。这种方法是，公司在销售客户分布较广的地区邮局设立一个加锁信箱，让客户将货款送到当地的信箱，然后让银行取走信箱内支票并存入特别活期账户。银行对这些支票进行当地交换后，以电汇存入该公司的银行账户。利用这种方法，一般能将收款的时间缩短1～5天，从而可以节省大量现金。当然，在今天电子商务发展迅速、银行结算方式更加现代化的背景下，锁箱法这种传统做法的应用性受到挑战。

2. 延缓付款速度

如果公司能有效地延缓付款速度，也能有效地节省现金开支。常用的方法是采取复杂的付款方式和付款手续等。例如比较常见的做法是采取使用汇票付款方式。因为支票经由持票人提示后即应立即支付，而汇票则必须由发票人承兑并存入相应款项后才能支付。

需要指出的是，公司作为商品交易中的一方，不断处于买方或卖方的位置。谁都想加速收款，延缓付款。你不可能在商品交易中，让现金收付业务永远处于有利于自己的状况，而使他人处于不利的境地。所以，只要公司能够按期收款、按期付款，应当就是比较成功的现金控制效果了。

3. 巧妙运用现金浮游量

所谓现金浮游量，是指公司账户上存款余额与银行账户上的存款余额之间的差额。出现浮游量的主要原因是公司开出支票、收款人收到支票并将其送交银行，直至银行办理完款项划转，通常需要一定时间。因此，现金浮游量实际上是公司与银行双方出账与入账的时间差造成的。在这个时间差内，公司虽然已开出支票，但仍可以动用银行存款上的这笔款项，以达到充分利用现金的目的。

4. 设法使现金流入与流出同步

在实际工作中，财务管理者应设法使现金流入与现金流出发生的时间趋于一致，这样可以使公司所持有的交易性现金余额保持较低水平，从而提高公司现金的使用效率。

五、确定最佳现金余额

公司的最佳现金余额，就是使现金持有总成本最低的现金持有量或余额。确定最佳现金余额的方法较多，这里只介绍两种。

（一）成本分析模式

这种模式就是通过分析持有现金的成本，确定使现金持有成本最低的现金余额。

公司持有现金是有代价的，通常会发生三种成本。

1. 资本成本

公司持有现金付出的最直接代价，就是它的资本成本。如果一个公司的加权平均资本成本为 5%，年均持有 40 万元的现金，那么这家公司每年现金的资本成本为 2 万元。由此不难看出，公司持有现金量越大，其资本成本越高。既要持有一定的现金，又不希望它的资本成本过高，这就是财务管理所要面对的难题。

2. 管理成本

公司为管理现金需要开支一些费用，如管理人员的工资、安全措施费等。这些现金的管理成本数额基本上是固定的，一般不会因现金余额的变动而变动。

3. 短缺成本

公司由于在其账户上缺少现金会产生一些可计量的损失，如公司因未能持有规定的现金余额而向银行支付的罚金；因在银行的活期存款账户上透支而影响未来贷款等。现金的短缺成本随现金余额的增加而下降，随现金余额的减少而上升。

在实际工作中，计算最佳现金余额的具体做法是，先分别计算出各种方案的资本成本、管理成本和短缺成本，然后计算各方案三种成本之和，最后选出总成本最低的方案，其相应的现金持有量就是最佳现金余额。

例如，某公司现有三个现金余额方案，其有关资料如表 8—1 所示。

表 8—1　　**现金余额方案**　　单位：元

成本＼现金余额	70 000	80 000	90 000
资本成本	5 600	6 400	7 200
管理成本	3 000	3 000	3 000
短缺成本	3 000	1 500	1 000
总成本	11 600	10 900	11 200

从表 8—1 可以看出，该公司现金余额为 80 000 元时，总成本最低，为 10 900 元。这样，该公司的最佳现金余额就确定为 80 000 元。

（二）存货模式

存货模式是利用存货管理中经济批量模型的基本原理来确定公司最佳现金余额。

存货模式的基本原理是：假设公司现金支出的发生额在一定时期内是均衡的，而现金收入是每间隔一段时间发生一次，在此期间内，短期有价证券可以作为现金的替代品，而且可以获得比现金高的收益。如果公司的现金余额不足、支付出现困难时，可以将一部分所持有的有价证券转换成现金，这样就会发生相应的转换成本，这是现金与有价证券转换的固定成本，如手续费、税款等。这类成本只与交易次数有关，而与现金余额无关。如果公司的现金余额过多，就会失去持有有价证券获取投资收益的机会，就形成了持有现金的机会成本。即由于持有现金而放弃了持有证券所能获得的收益，公司所放弃的这种收益就是持有现金的机会成本。该机会成本通常表现为有价证券的利率，它与现金余额成正方向变化，而转换成本与现金余额成反方向变化。利用存货模式确定的最佳现金余额就是使现金持有成本即持有现金的机会成本和证券转换成本之和最低的现金持有量。

根据上述原理，人们推导并建立起最佳现金余额的计算公式，此处省略全部的数学推导过程，只给出最终的结果，即最佳现金余额公式：

$$G=\sqrt{\frac{2TF}{i}}$$

式中，G 为最佳现金余额；T 为一定时期内现金需求总额；F 为每次转换成本；i 为短期有价证券利率。

例如，某公司预计全年需要现金 80 000 元，现金与有价证券的转换成本每次为 100

元，有价证券的利率为 4%，计算该公司的最佳现金余额：

$$G=\sqrt{\frac{2\times 80\ 000\times 100}{4\%}}=20\ 000(\text{元})$$

该公司的最佳现金余额为 20 000 元，这就意味着公司从有价证券转换为现金的次数为 4 次（80 000÷20 000）。通过存货模式可以精确地计算出该公司的最佳现金余额和变现次数，这使财务管理者对如何控制现金余额有了量化的依据。但是，该模式建立在公司现金收入间隔发生，而支出是均衡发生的假设基础之上，从而使该模式的运用受到一定的限制。

第 2 节　有价证券的管理

公司持有的有价证券有长短期之分，这里讲的有价证券主要指短期的，长期有价证券则属于公司长期投资的范畴。在实际工作中，现金和短期有价证券关系密切，难以严格划分。由于两者易于转换，因此在财务管理实践中，管理其中一项就意味着在管理另一项，上一节中介绍的计算最佳现金余额的存货模式就十分明显地告诉了我们这一点。

一、公司持有短期有价证券的动机

公司持有短期有价证券的主要动机有两点。

1. 作为现金的替代品

短期有价证券具有很强的变现性，在相当程度上可以作为现金的替代品。当公司急需现金开支而现金余额又不足时，可以迅速将公司持有的短期有价证券变现。在实际工作中，有的公司之所以乐意将短期有价证券作为现金的替代品，一是由于短期有价证券的变现能力强，易于转换成现金；二是持有短期有价证券可以获得一些利息收入。

2. 进行短期投资

公司出于财务安全的考虑，可以将有价证券作为短期投资的主要工具。公司购买有价证券作为短期投资往往是出于以下需要：

（1）有的公司的经营具有季节性特征，在一年中的某些月份现金会出现较多的余额，而另一些月份则可能出现现金短缺。在这种情况下，公司可以在现金充裕时购入有价证券，然后在现金短缺时出售证券，以增加现金余额。

（2）公司由于某些业务的特征，会出现到期集中支付大笔款项的情况，如公司发行的债券即将到期，需还本付息；新建、扩建厂房；以现金支付股利等。在这些情况下，公司可以事先投资于有价证券，当大笔现金开支到期时，将证券变现，以满足开支的需要。

（3）公司在进行长期投资时，从预测方案到决策，再到实施，往往有一个时间过程，有时由于投资方案的复杂性，这个过程会耗费较多时间。在这种情况下，公司可以先将为长期投资所筹资金投资于短期有价证券，先期取得一定的短期投资收益。待长期投资方案实施后，由于资金是陆续投放的，因而公司可将短期有价证券陆续变现，以满足长期投资对资金的需要，同时将短期投资的收益期延长。

二、有价证券的选择

目前，在我国金融市场上，有以下几种证券可以作为短期投资的对象。

1. 银行定期存单

这是短期投资中最常用的一种证券，不仅安全风险小，而且可以根据公司需要决定存款期限的长短。

2. 国库券

这是由财政部直接发行的用于弥补财政收支不平衡的有价证券，不仅无风险，而且不会违约延期偿还。但因为无风险，利率也不会很高。

3. 政府公债

这是由政府为筹集建设资金而发行的长期债券，风险小，利率固定，市场价格波动不大，但往往作为长期投资，在证券市场上有的可以买卖。

4. 金融债券、企业债券和股票

这些证券投资形式除了国家银行发行的金融债券，其他的相对来讲风险较大，当然投资报酬率也较高。风险过大的证券一般不适合作为短期投资的对象。

一般来讲，在选择有价证券时，财务管理人员应主要考虑两大因素。

(1) 收益性。在其他条件相同的情况下，财务管理人员将选择收益最高的有价证券。当然，收益高的证券往往风险过大，所以在逐利的同时，不要忘了规避风险。

(2) 风险性。在其他条件相同的情况下，财务管理人员将选择风险最小的有价证券。财务管理人员应注意四种风险：

1) 违约风险。指借款者无力偿还本金和利息的风险。

2) 利率风险。债券的价格随市场利率的变化而变化，特别是长期债券的价格对市场利率变化的敏感程度比短期债券更大，其利率风险也更大。例如，一笔长期债券的利率为 10%，发行时市场利率也为 10%，但一年后市场利率提高到 12%，而债券利率不变，这样必然导致债券的市场价值下降，从而给持有者带来损失，这就是利率风险带来的损失。

3) 购买力风险。是指由于通货膨胀使一定数量的货币购买力降低的风险。在通货膨胀期间，人们认为收益率高的投资比收益率固定的投资风险小，所以此时人们的投资取向往往是房地产、普通股股票这类资产，而非政府债券、长期债券之类收益固定的资产。

4) 流动性风险。若资产能在很短的时间内以接近市价出售，就被认为具有较高的流动性。例如，投资者购买一个知名度不高的公司发行的债券，若在短期内卖出，很可能卖出价格低于其价值，但如果购买政府公债的话，在长期内卖出的价格会接近市场价格。因此，后者的流动性风险就小一些。

第3节 应收账款的管理

这里所讲的应收账款包括应收销货款、应收票据和其他应收款等。在实际工作中，有一种应收账款是由于销售和收款的时间差造成的，不属于商业信用，这里不予考虑，而只介绍属于商业信用的应收账款的管理。

一、应收账款的作用

1. 促进销售

在市场竞争非常激烈的领域，采取赊销方式是促销的一种重要手段。采用赊销方式的公司，实际上既向客户销售了商品，又在短期内向客户提供了资金。这是对客户十分有吸引力的销售方式，特别是在市场疲软、银根紧缩的情况下，赊销起到的促销作用就更加明显了。

2. 扩大市场

公司为了扩大市场，往往要采取一系列优惠政策吸引客户，其中以优惠的信用条件进行销售，就是战胜竞争对手、扩大市场占有率或开拓新市场的有力措施。特别是这样做不致引起不正当竞争的嫌疑。

3. 减少存货

如果公司存货较多，特别是那些季节性生产的公司，在销售淡季，往往会造成产品积压。面对大批存货，公司要支付大量的管理费、仓储费、保险费等。这时，公司可以采用赊销的方式，以一定的优惠信用条件将产品销售出去，将存货转化为应收账款，既降低了费用，也避免了因限产而造成的全年产量下降。

二、应收账款的成本

刚才我们谈到存货过多会使公司发生较多的费用，因此应设法使其转换为应收账款，其实应收账款也是有成本的，拥有债权也要付出代价。应收账款的成本包括如下内容。

1. 应收账款的机会成本

应收账款实际上是公司的资金被占用在结算过程中，如果这笔资金不占用在应收账款上，而是投资于其他项目，会给公司带来一定的投资收益。这种因投放于应收账款而放弃的其他收入，就是应收账款的机会成本。这种成本一般按同期有价证券的利率确定。

2. 应收账款的管理成本

应收账款是一种债权，公司为了维护自己作为债权人的权益，就要开支一些费用管理应收账款，主要包括财务部门调查客户信用情况的费用；收集相关信息的费用；为此耗费的办公费用；由于客户未能按时付款，公司为催收货款而发生的有关费用等。

3. 应收账款的坏账成本

这是指应收账款因故不能收回而造成的损失。

三、应收账款政策

应收账款政策又称信用政策，是公司对应收账款进行规划和控制的一些原则性规定，是公司财务政策的组成部分，主要包括信用标准和信用条件两大部分。

(一) 信用标准

信用标准就是赊购方的信用等级。财务管理人员在确定赊购方的信用等级前，先要对其从五个方面进行信用评估。

1. 品质

品质指客户的信誉，即履行偿债的可能性。公司应设法了解客户以往的偿债记录，看其是否一贯按期足额偿债，有无拖欠他人货款的不良习惯。这一点被认为是评价客户信用的首要因素。

2. 能力

这里所说的能力指客户的偿债能力。公司应分析客户流动资产的数量和质量，分析其有关反映偿债能力的指标。客户拥有一定数额的流动资产，特别是变现性强的流动资产占到一定的比例，意味着客户具有一定的偿债能力。当然，不能只看流动资产的数量，还要看其质量，如果冷呆背滞的存货过多，那么这样的流动资产再多也不能用于还债。

3. 资本

这是对客户财务状况的分析，测定其有形资产及获利的可能性，是对客户偿还债务的背景的调查。通常是通过客户提供的财务报表的有关数据，计算相关比率指标得出结论。

4. 担保

考察客户可能提供担保的资产。这时应重点关注不知底细或信用状况有争议的客户。客户能够以某些资产作为抵押品，就意味着一旦其不能偿还债务，公司就可以将抵押品抵补债务。因此，客户如果能提供足够的抵押品，就可以向其提供相应的信用。

5. 外部环境

分析社会经济发展趋势对客户偿债能力的影响，特别是在经济不景气的情况下，客户付款是否存在困难；国家产业政策调整对客户付款能力的影响；国家金融政策调整，如放宽信贷或紧缩银根等对客户偿债能力的影响等。

公司对客户这五个方面的调查，可以从公司以往与客户往来的经验中获取，也可以从专门的资信咨询机构获得。公司可以将客户的资信情况评定出信用等级，等级的划分是以赊销给客户所发生的坏账损失率来决定的。

不同信用等级下的坏账损失率如表 8—2 所示。

表 8—2　　信用等级表

信用等级	坏账损失率（%）
1	0
2	0～0.5
3	0.5～1
4	1～2
5	2～5
6	5～10
7	10～20
8	20 以上

公司根据客户的信用等级，采用相应的信用政策。一般来讲，对信用等级为 1～3 级的客户，采取从宽的信用条件；对信用等级为 4～5 级的客户，采取一般的信用条件；对信用等级为 6～7 级的客户，采取从严的信用条件；对信用等级为 8 级的客户，拒绝赊销。

信用政策的运用要宽严适当。运用过于严格，可以减少公司应收账款的数额，但也会影响销售的增加，从而影响公司的获利能力；运用过于宽松，虽然可以使销售增加，但加大了出现坏账损失的风险，最终也会影响公司的获利能力。

（二）信用条件

信用条件是公司给予客户购货的付款条件，主要包括信用期限、折扣率和折扣期限。例如，信用条件为 2/10，n/30 则表示，购货方可以在 30 天付款，但若能提前在 10 天内付款，则可以给予 2%的折扣。该信用条件中的 30 天即为信用期限，10 天即为折扣期限，2%即为折扣率。

1. 信用期限

信用期限是在正常情况下客户必须付清货款的时间限制。延长信用期限，可以刺激销售。因为信用期限长，说明公司给客户的信用条件宽松，客户乐于购买本公司的产品，这样就增加了公司的销售收入和利润。但是，提供信用期限以刺激销售的办法与信用标准不同，它不仅不能加速现金流入，而且需要增加资金投放，增加资金占用的机会成本，增加收账费用和坏账损失。当然，如果信用期限过短，就不足以吸引客户，从而会导致销售额下降。

因此，公司必须慎重研究，规定恰当的信用期限。信用期限的确定，主要是分析信用期限长短对公司收入和成本的影响。例如，对于延长信用期限，要看收入是否大于成本；否则，就不宜延长。

2. 信用折扣

为了加速资金周转，提前收回货款，防止坏账损失，企业往往在规定信用期限的同时，还规定，客户若提前支付货款可以给予一定的信用折扣。这种做法往往可以吸引一些乐意获取折扣的客户，使企业的销售量增加。但信用折扣也会给企业带来价格折扣损失，从而减少了销售收入。因此，当企业给予客户某种信用折扣时，应当考虑折扣所能带来的收益与成本的高低，权衡利弊，制定一个合理的信用折扣政策。

值得注意的是，信用折扣不仅对公司有利，对客户也是有利的。由于信用折扣的条件一般都很吸引人，因此客户是不会放弃机会的。如果某个客户放弃信用折扣的好处，往往说明它的财务状况不佳，无法提前付款以便享受折扣。这样的客户将提醒公司注意它的信用等级，在今后的业务往来中要特别关注它的偿债能力。

四、应收账款的收回策略

应收账款发生以后，财务管理人员对它的管理的最后也最关键的一步就是应收账款的收回。不管我们对应收账款的信用作用有多么欣赏，如果它不能到期收回，那么，公司面临的结局只有一个，那就是损失。当然，在正常情况下，大多数客户都能按期付款，应收账款的收回并不困难。但对有些客户来讲，问题就不那么简单了，拖欠付款已经给赊销方带来了困难和损失，而无法付款造成坏账损失是最令人头痛的事情。

对于应收账款，财务管理人员应采取各种有效措施努力争取按期足额收回，避免发生坏账损失。在实际工作中，人们往往采取如下一些措施：应收账款的账龄分析、坏账准备、确定收账政策等。

（一）应收账款的账龄分析

公司已发生的应收账款时间长短不一，有的尚未到期，有的已超过收款期，而且超过的时间也有长有短。经验表明，应收账款拖欠的时间越长，收不回来的可能性就越大。所以，财务管理人员必须对已发生的应收账款实行严密的监控，随时掌握应收账款的动态。这种监控可以通过编制账龄分析表进行。账龄分析表的格式如表 8—3 所示。

表 8—3　　　　**账龄分析表**

时间：2015 年 12 月 31 日

应收账款账龄	占应收账款总额的比重（%）
0～10 天	55
11～30 天	21
31～45 天	7
46～60 天	10
超过 60 天	7
合计	100

通过账龄分析表，财务管理人员可以了解到下列情况：

（1）尚未到期的应收账款的比例。表 8—3 显示，有 76%的应收账款处在信用期限（30 天）内，这些应收账款尚未到期，属于正常情况。当然，这些客户能否保证都在信用期限内付款，尚不得而知，但至少表明该公司目前多数应收账款尚属正常。

（2）逾期未付的应收账款的比例。表 8—3 显示，该公司超过 30 天信用期限未能收回的应收账款为24%，这个比例已不算小，特别是还有7%的应收账款已超过60天。这意味着公司已有相当多的资金被占用在应收账款上。至于超过60天的应收账款是否会形成坏账损失，应引起财务管理人员足够的重视。

财务管理人员通过账龄分析表，可以对当前公司应收账款回收的状况有一个大概的认识，能够区分不同情况，发现应收账款收回工作中的隐患，采取相应的有效措施，及时催收，防止坏账。

（二）坏账准备

在商业行为中，只要存在应收账款，无论你如何分析，如何催收，应收账款无法收回的风险总是存在的。因为商业信用涉及购销双方，市场经济条件下企业间竞争激烈，不可预见的因素很多，仅靠收款方单方面并不能防范风险。

公司无法收回的应收账款称为坏账。由于发生坏账而造成的损失，称为坏账损失。我国现行制度规定，坏账损失是指因债务人破产或者死亡，以其破产财产或者遗产清偿后，仍然不能收回的应收账款，或者因债务人逾期未履行偿债义务超过3年仍然不能收回的应收账款。

在商品交易中，公司的应收账款发生坏账损失是一件无法完全避免的事情。而对于公司来讲，有些商品的交易是大宗交易，应收账款涉及金额较大，一旦出现坏账损失，对公司的影响非同小可。因此，公司应当将出现坏账损失的可能性考虑在内，提前做好准备。

会计上有一条原则叫谨慎性原则，是指在会计核算中，应对企业可能发生的损失和费用作出合理预计。谨慎性原则要求会计人员在处理会计业务时应持谨慎态度，即确认一切可能的损失，避免预计任何可能的利润；不高估资产，不低估负债。

根据谨慎性原则，我国会计制度规定，企业应当定期或者至少于每年年度终了，对应收账款进行全面检查，预计各项应收款项可能发生的坏账，对于没有把握能够收回的应收款项，应当计提坏账准备。发生的坏账损失，冲减坏账准备金。

（三）确定收账政策

收账政策是指信用条件被违反时公司采取的收账策略，也就是公司催收到期或过期应收账款所遵循的程序。一般来讲，大多数客户是不需要公司特意去催收货款的，它们会遵守信用。但对于另外一些不能按期付款的客户，公司要明确收账政策。加紧催收欠款，是为了防止发生坏账损失，但会发生一定的收账费用。

收账政策中的变量是收款程序中的收账费用，假设其他条件不变，在某一范围内，收账费用开支越多，则坏账损失的比例越低，平均收账时间也越短。减少了坏账损失和平均坏账时间，就会增加公司的利润。这说明增加收账费用反而会给公司带来收益。

但是，催收账款也要谨慎和有耐心。某些客户延缓付款可能只是由于一时资金周转出现困难，并非失去了偿债能力。强行催账可能得罪这类客户，从而失去一个好的商业伙伴，影响公司今后的销售量，反而使利润受到损失。所以，要确定在客户过期付款多长时间后才开始采取严格的催收步骤。当然，收账政策也不能过于宽松，否则会使一些本来打算按期付款的客户也拖延付款。

收账费用与坏账损失两者之间并非线性关系。一般来讲，开始增加一些收账费用时，可能对坏账损失的减少帮助不大；但此后继续增加收账费用，可以对坏账损失的减少有明显的作用；在收账费用继续增加，达到某一限度之后，额外的支出对坏账损失的进一步减少并无明显作用。同理，平均收账时间与收账费用也有类似的关系。这里所谈到的某一限度，就是所谓的收账效用饱和点。因为对那种确实无力偿还债务的客户，无论花费多少收账费用，耗费多少时间，它仍然无法还债。所以，公司应确定一个合理的收账费用水平。

在确定公司的收账政策时，除了考虑上述因素，还要考虑采用何种收账方式，具体地讲，就是要针对不同情况，区别对待，对不同的过期账款采用不同的收账方式。例如，对刚刚超过付款期限的客户，不必过多地打扰；对过期稍长的客户，应给予礼貌的提醒；对过期较长的客户，应频繁写信或电话催收；对过期太长的客户，应给予严厉的警告，并派专人前去催收，必要时应采取法律手段。

第 4 节　存货的管理

存货是指公司在生产经营过程中为销售或者耗用而储存的各种资产，包括各种原材料、燃料、包装物、低值易耗品、在产品、外购商品、协作件、自制半成品、产成品等。

一、存货的作用

存货是公司的一项特殊资产，它是一项不能给公司直接带来收益的必要投资，又是一项维持公司正常生产经营活动的必要准备。存货是公司流动资产中所占比例最大的项目，又是公司流动资产中流动性最差的部分。公司的存货量越大，占用的资金也越多。

由此可见，对公司来讲，最理想的状态就是零库存。零库存的概念来源于日本的适时生产系统（JIT）。传统的生产系统是一种生产程序由前向后推动式的生产系统，后面的生产程序只是被动地接受前一生产程序转移下来的加工对象，继续加工未完工产品，这样就必然导致在生产经营的各个环节存在大量原材料、在产品、半成品存货，占用了大量的流动资金。而适时生产系统则相反，它是采取由后向前拉动式的生产系统，要求公司根据客户订货所提出的产品数量、质量和交货时间等特定要求作为组织生产的基本出发点，前一生产程序只能严格按照后一生产程序所要求的有关在产品、半成品的数量、质量和交货时间来组织生产，尽可能地在供、产、销各个环节实现零存货，也就是不需要建立原材料、在产品及产成品的库存准备。要做到这一点，就要求公司生产经营的各个环节相互协调，有关部门密切配合。

零库存是一种非常理想的状态，但要做到这一点，要求的条件太高。大多数企业目前还不能达到零库存的水平，这是因为存货对许多公司来讲有一定的作用。

1. 保证生产经营的需要

原材料供应是保证生产正常进行的必要条件。在实际工作中，很难做到原材料随时需要就可以随时购到。因为原材料的采购受很多因素的影响，即使市场供应充裕，价格的选择、运输的方式、采购的地点，甚至气候的变化等，也会影响原材料按时到货。而原材料一旦供应中断，公司的生产经营活动就会中断，这样的损失是任何公司都无法承受的。因此，保持一定的合理存货，对公司来讲不失为一项明智的选择。

2. 可以享受价格优惠

在采购物品时，我们都有这样的经验：零购时的价格往往较高，而整批购买在价格上常常有优惠。公司有时通过这种批、零价格的比较，会考虑整批购入原材料，然后分批使用，这样就会产生一定的存货。另外，当财务管理人员预测某种原材料价格即将上涨时，就有可能在其价格尚在低价位时购入作为存货，以备生产所需。

3. 有利于均衡生产

如果公司允许维持一定的产成品存货，就可以连续不断地生产，使公司的生产能力得到均衡、充分的利用。这在一些季节性生产的公司比较明显，由于市场对这类公司产品的需求是季节性的，如果公司均衡生产，在销售淡季积聚存货，在销售旺季时大量售出，公司的采购与生产业务部门不受销售业务的约束，可以使公司的各项生产活动按照最有效的方式进行，这样做对公司是有利的。

4. 保证销售货源

公司储备产成品存货，可以随时保证客户的需要。特别是在供需产生波动的时候，公司若有足够的产品存货，就可以保证及时交货，避免由于不能及时交货而造成坐失销售良机并因此降低市场占有率。因此，保持一定的产成品合理存货水平，对满足销售的及时性和机动性，提高公司的竞争力有一定的作用。

二、存货的计价

存货应当按照取得时的实际成本计价入账。

购入的存货，按照买价加运输费、装卸费、保险费，途中合理损耗，入库前的加工、整理及挑选费用以及缴纳的税金等计价。

自制的存货，如自制材料和自制半成品，按照制造过程中的各项实际支出计价。

委托外单位加工的存货，按照实际耗用的原材料或者半成品加运输费、装卸费、保险费和加工费等计价。

投资者投入的存货，按照评估确认或者合同、协议约定的价值计价。

盘盈的存货，按照同类存货的实际成本计价。

接受捐赠的存货，按照发票账单所列金额加上企业负担的运输费、保险费、缴纳的税金等计价；无发票账单的，按照同类存货的市价计价。

按照计划成本核算存货的企业，对存货的实际成本与计划成本之间的差异，应当单独核算。

按照实际成本核算存货的企业，由于每批存货购入的买价和运杂费不同，每购进一批，往往会使存货的实际单位成本发生变动，因而在每次领发存货时，就会产生按哪一种单价计价的问题；企业领用或者发出的存货，可以采用先进先出法、加权平均法、移动平均法、个别计价法等方法确定其实际成本。

1. 先进先出法

这种计价方法是以先收入的存货先发出为假定前提。日常发出存货时，应按库存货物中最先收入的那批货物的单价计价。这种方法的优点是，将计价工作分散在平时进行；缺点是在收发业务频繁、单价经常变动的情况下，核算工作量会很繁重。

2. 加权平均法

采用这种计价法，是以月初结存存货金额加上全月收入存货金额，除以月初结存存货数量加上全月收入存货数量，计算出以数量作为权数的存货平均单价。该平均单价只在月末计算一次。其计算公式为：

$$\text{加权平均单价}=\frac{\text{月初结存存货金额}+\text{全月收入存货金额}}{\text{月初结存存货数量}+\text{全月收入存货数量}}$$

采用这种方法，只有在月末计算出存货平均单价后，才能求得发出和结存存货的金额。因此，计价工作要集中在月末进行，而且平时在账内看不到存货的发出金额和结存金额，不利于存货的日常管理。但是，这种计价方法可以减少平时的核算工作量。

3. 移动平均法

采用这种计价方法，是用以前结余存货的金额加上本批收入存货的金额，除以以前结余存货的数量加上本批收入存货的数量，求得存货的平均单价，作为发出存货的计价标准。其计算公式为：

$$\text{移动加权平均单价}=\frac{\text{以前结存存货金额}+\text{本批收入存货金额}}{\text{以前结存存货数量}+\text{本批收入存货数量}}$$

采用这种方法，存货计价工作可以分散在月内进行，但每收进一批存货，就再重新计算一次单价，核算工作量比较繁重。

4. 个别计价法

这种计价方法是在发出存货时按所发存货收入时的单价计价。采用这种方法可以及时进行发出存货的计价和金额的核算，但在一次发出包括几批不同单价的存货时，核算工作比较复杂。

采用计划成本进行存货采购、收入、发出核算的企业，必须按期结转发出存货应负担的成本差异，将计划成本调整为实际成本。

三、存货成本

存货管理的目的是以最低的成本提供生产经营所需要的存货。在存货管理中，我们需要了解与存货相关的各项成本。一般来讲，存货成本分为三类：订货成本、储存成本和缺货成本。

1. 订货成本

这部分成本是指购买价格以外，从向对方发出订单起，到所购货物运达入库为止所发生的各种费用，包括订货业务费、差旅费、邮电费、仓库验收费等。当然，在实际工作中，有些存货是公司内部制造的，此时的订货成本则是指该公司发生的安排生产各种存货的一些费用，例如检查各种生产要素是否具备，安排生产进度以及编制各种管理单据和工厂的生产命令。除了管理费用，公司每次改变生产时，还会发生调整机器的费用。

每份订货单（或每批生产）的订货成本一般与订货的数量（或生产的数量）无关，然而，订货数量比较大的订货单（或较长期的大批量生产）将意味着该公司必然会减少订货的次数，从而降低全年的订货成本总额。

2. 储存成本

这部分成本是指为保存存货而发生的成本。一般来讲，储存成本包括以下几项。

（1）资本成本。当企业将一部分资金投资于存货时，就意味着这部分资金将被占用在存货上，而不能应用于其他投资领域，从而放弃了其他投资的收益，这就是存货的机会成本。该项占用在存货上的资本成本等于全部存货价值乘以短期借款利率，或乘以风险程度相同的其他投资机会预期的收益率（机会成本）。

（2）仓库保管成本。指租用或维护公司自有仓库场地而发生的成本，主要包括仓库使用费、保管人员的工资、自有仓库设备的折旧等。

（3）保险费用。这是公司为预防存货免遭天灾人祸而支付的保险费。存货保险费用的高低通常取决于存货价值。

（4）损失费用。指存货在运输途中或储存期间可能出现的损坏，这些损失不属于保险范围。

（5）变旧或变质。指存货因变旧（包括款式过时、顾客需求改变或其他因素）或变质而无法售出所发生的损失。

储存成本一般按公司所保持的存货数量成比例地增加，存货越多，储存成本也越大。

3. 缺货成本

这部分成本是指存货不能满足生产和销售需要时发生的损失，包括材料供应中断造成的停工损失、产成品库存不足造成的拖欠发货损失和丧失销售机会损失、高价购入应急物资所带来的损失等。

四、存货控制

存货控制就是公司在日常的生产经营过程中，按照存货计划的要求，对存货使用的周转情况进行组织、调节和监督。公司存货控制的方法很多，这里只介绍 ABC 控制法和经济批量法两种。

（一）ABC控制法

ABC控制法由19世纪意大利经济学家帕累托提出，后来经过不断发展和完善，现在广泛用于生产管理、存货管理和成本管理等许多领域，也称为帕累托分析法。它的基本原理就是：处理事情要分清主次、轻重，区别关键的少数和次要的多数，根据不同情况进行分类管理。

对于一个公司，特别是大公司来讲，存货的种类、规格繁多，如制造业的原材料存货，达数万种之多。面对品种众多的存货，管理人员如何能够既管理得井井有条，又不致耗费大量的人力和财力？ABC控制法可以说是一种高效的存货管理方法。

在存货控制中，运用ABC控制法就是要将存货分为A，B，C三类，针对三类存货的不同特点，采取不同的管理对策。采用该方法控制公司存货资金，一般分为以下几个步骤：

（1）计算每一种存货在一定时间内（一般为一年）的资金占用额。

（2）计算每一种存货资金占用额占全部资金占用额的百分比，并按大小顺序排列，编制表格。

（3）根据事先规定的标准，将最重要的存货归为A类，此类存货的品种数量占公司全部存货的5%～15%，资金占用额为60%～80%；将一般存货归为B类，此类存货的品种数量占20%～30%，资金占用额为15%～30%；将不重要的存货归为C类，此类存货的品种数量约占50%，资金占用额为10%。

（4）确定公司的存货控制原则：对A类存货进行重点计划和控制，因为A类存货品种少，资金占用量大，是存货管理的重点，应经常检查这类存货的库存情况，将存货量严格控制在定额之内，努力加速这类存货的周转；对B类存货可以作为次重点进行控制；对C类存货可以采用比较简化的方法进行管理，因为C类存货品种繁多，资金占用量不大，不必因此花费较多的管理费用。

（二）经济批量法

经济批量是指一定时期储存成本和订货成本总和最低的采购批量。建立经济批量数学模型需要作以下几点假设：

（1）所需存货市场供应充足，公司能够及时补充存货。

（2）已知全年存货需要量。

（3）不允许缺货。

（4）公司现金充足，不会因现金短缺而影响进货。

一般来讲，储存成本和订货成本这两种成本高低与订货批量多少的关系是相反的。订货的批量大，储存的存货就多，会使储存成本上升，但由于订货次数减少，则会使订货成本降低；反之，如果降低订货批量，可降低储存成本，但由于订货次数增加，会使订货成本上升。这意味着随着订购批量大小的变化，这两种成本是互为消长的。企业存货控制的目的，就是要分析订货成本、储存成本与订货量的关系，找出使这两种成本合计数最低的订购批量，即经济订购批量。

设 A 为每年需要量；Q 为每批订货量；F 为每批订货成本；C 为每件年储存成本，由此得出：

$$订购批数=\frac{A}{Q}$$

$$平均库存量=\frac{Q}{2}$$

$$全年订货成本=F\cdot\frac{A}{Q}$$

$$全年储存总成本=C\cdot\frac{Q}{2}$$

$$全年总成本(T)=\frac{Q}{2}\cdot C+\frac{A}{Q}\cdot F$$

下面利用导数来推导计算经济批量的公式。

因为 $T=\frac{CQ}{2}+\frac{AF}{Q}$，则求 T 对 Q 的导数，可得

$$T'=\left(\frac{CQ}{2}+\frac{AF}{Q}\right)'=\frac{C}{2}-\frac{AF}{Q^2}$$

令 $T'=0$，则

$$\frac{C}{2}-\frac{AF}{Q^2}=0$$

$$Q^2=\frac{2AF}{C}$$

经济批量

$$Q=\sqrt{\frac{2AF}{C}}$$

将上式代入

$$T=\frac{CQ}{2}+\frac{AF}{Q}$$

求得

$$T=\sqrt{2AFC}$$

例如，某公司全年需要甲零件 3 200 件，每订购一次的订货成本为 1 000 元，每件年储存成本为 10 元。将这些数据代入上述公式，可以求出：

$$经济批量\ Q=\sqrt{\frac{2AF}{C}}=\sqrt{\frac{2\times3\ 200\times1\ 000}{10}}$$

$=800$(件)

$$经济批数=\frac{A}{Q}=\sqrt{\frac{AC}{2F}}$$

$$=\sqrt{\frac{3\ 200\times10}{2\times1\ 000}}$$

$=4$(批)

$$最低年成本合计\ T=\sqrt{2AFC}$$

$$=\sqrt{2\times3\ 200\times1\ 000\times10}$$

$=8\ 000$(元)

本章小结

为了满足公司日常生产经营的需要，公司必须保证将一部分资金投放于流动资产。流动资产也可以看做公司投资的一种形态。流动资产投资管理包括现金的管理、有价证券的管理、应收账款的管理、存货的管理等。其中，现金和短期有价证券关系密切，难以严格划分。由于二者易于转换，因此在财务管理实践中，管理其中一项就意味着在管理着另一项。

思考题

1. 假设你是一名财务管理者，你将如何使用现金余额？
2. 到期不能收回货款对公司是一个损失，对社会是否也有危害？
3. 你认为在我国现有条件下，公司能否实现零库存，为什么？

重点概念

1. 现金：可以立即用来购买物品、支付各项费用或用来偿还债务的交换媒介或支付手段，主要包括库存现金和银行活期存款，有时也将即期或到期的票据看做现金。

2. 应收账款：公司在生产经营过程中所形成的应收而未收的款项，包括应收销货款、应收票据和其他应收款等。

3. 信用标准：客户获得公司的商业信用所应具备的基本要求。

4. 信用条件：公司给予客户购货的付款条件，主要包括信用期限、折扣率和折扣期限。

5. 坏账：公司经确认无法收回的应收账款。

6. 存货：公司在生产经营过程中为销售或者耗用而储存的各种资产。

分配篇

第9章

利润分配

本章要点

利润分配的顺序。

利润分配与股利。

两种对立的股利理论：股利无关论和股利相关论。

影响股利政策的八项主要因素。

比较常见的四种股利政策：剩余股利政策、固定股利额政策、固定股利支付率政策和低正常股利加额外股利政策。

股利发放的形式：现金股利、股票股利和实物股利。

股利支付程序。

引导案例

2004年4月，我国上市公司驰宏锌锗首次在我国证券市场向社会公开发行股票7 000万股，发行价每股5.72元，扣除发行费用后，实际募得资金3.8亿元。对我国上市公司来讲，上市筹资3.8亿元并不算多，但驰宏锌锗通过有效地运用资金，使之获取丰厚的利润，并将其分配给投资者。仅在2006年与2007年，驰宏锌锗分别实施了10送10派30元和10送5转5派20元的分红方案。仅现金分红数额，2006年和2007年就分别高达5.85亿元和7.80亿元。

第1节　利润分配的顺序

公司实现的利润总额按照国家规定作相应调整后，应依法缴纳所得税。公司的利润总额减去当期应负担的所得税税额，就构成公司的税后利润即净利润。我们通常所说的利润分配，就是指公司净利润的分配。

我国《公司法》和《企业财务通则》规定，公司年度净利润，除法律、行政法规另有规定，按照以下顺序分配：

（1）弥补以前年度亏损。

（2）提取净利润的 10％作为公司的法定公积金。法定公积金累计达到注册资本 50％以后，可以不再提取。

（3）公司从净利润中提取法定公积金后，经股东会或者股东大会决议，还可以从净利润中提取任意公积金。任意公积金提取比例由投资者决议。

（4）向投资者分配利润。企业以前年度未分配的利润，并入本年度利润，在充分考虑现金流量状况后，向投资者分配。

股东会、股东大会或者董事会违反上述规定，在公司弥补亏损和提取法定公积金之前向股东分配利润的，股东必须将违反规定分配的利润退还公司。

公司持有的本公司股份不得分配利润。

上述利润分配的顺序中，弥补亏损和提取法定公积金约束性很强，公司只是制度的执行者，不能采取不同的做法，否则就是财务违规行为。对财务管理来讲，可以做出各种不同决策的主要就是公司的股利政策。对公司来讲，将所获利润的多少作为股利分配给股东，多少留在公司作为再投资使用，这是需要认真权衡的问题，即股利政策。

第 2 节　利润分配与股利

一、对股利分配的认识

在前一节我们了解到，公司的税后利润在弥补以前年度亏损、提取公积金和公益金后才能向投资者分配利润。向投资者分配利润的基础，不仅包括公司本年度盈余，而且还可以将公司以前年度未分配的利润并入本年度。由此可以看出，股利分配是利润分配的最后一个步骤。

股利是股息和红利的总称，它由公司董事会宣布从公司的净利润中分配给股东，作为股东对公司投资的报酬。对这部分净利润，公司董事会有完全的支配权，它有权决定将多少利润分配给股东，这是决定股利的基本原则。股利究竟如何分配，与会计准则已经无关，因为作为利润分配的最后环节，应向投资者分配的利润额完全是按照国家有关会计和财务的制度计算出来的，剩下的事情纯粹是公司自身的财务政策问题。

公司董事会在考虑是否向股东分配股利、分配多少股利时，往往从公司本身需要及长远战略发展考虑，有时会将股利分配放在次要地位。大家知道，股份有限公司筹措自有资本的重要渠道可以是发行股票或增发新股，但这并不能成为经常性的手段。当公司需要保持一定比例的周转资本，或扩充产能急需资本时，内部筹资则是一个资本补充的经常性渠道，它实际上来自投资者投资的增值。也就是说，留存收益是最可靠和最便利的资本来源，而这些留存收益本来是可以分配给股东的股利。

公司董事会即使将股利分配放在决策的次要地位，也不能剥夺股东分配利润的基本权利。长期不分派股利会影响公司的声誉和股东对公司的信心。天平的一方是公司发展需要留存收益这一宝贵的资本来源，另一方是股东至少是一部分股东希望这些收益能转化为股利，以便落袋为安。董事会如何摆布这架天平，这就是股利政策问题了，是财务管理要研究的重要问题之一。

二、股东对股利分配的态度

前面我们讲过，财务管理的目标在于股东财富最大化，它与公司财富最大化是统一的，并不矛盾。但从上述内容来看，可能会给人一种二者有矛盾的感觉。为什么？从一般意义上讲，股东本质上与公司的利益应当是一致的。但是，各个股东购买股票的目的并非完全一致，因而对股利分派的态度也就不完全相同。

从这个角度出发，我们将公司股东分为三类，分别加以简单的分析，这样有助于对股利政策的理解。

1. 董事类型的股东

这类股东长期持有公司股权，通过股权将自己与公司紧密地联系起来，并希望这种关系是永久性的。公司董事往往属于这类股东，他们了解并熟悉公司的内情，大多是有权决定公司重要政策的人物。他们把公司看做自己的事业，与公司有着密切且长久的利害关系，自然希望尽量少将利润分配给广大股东，而是将利润留存于公司内使用。例如，他们可以利用自身的影响力，使董事会有权高估各项预计费用，并尽量将各项应摊提的大额费用在当期收入中抵扣，从而满足低估利润的愿望。这样操作的结果，自然是可供分配给股东的利润少了，实际上都留在了公司。

2. 投资者类型的股东

这类股东也较长期持有股份，他们购买股票的目的是获取股利，属投资性质。可以说他们是公司股东中的“栋梁”，因为他们坚定地持有公司的股票。但他们与董事类型的股东又不同，他们并没有将公司视为自己的“归属”。因为他们往往另有职业，就其自身而言，与公司的利害关系并非是第一位的。所以，这类股东只要求董事会真实地反映盈亏，既不低估也不高估，不要损害他们的利益，也不要损害公司的利益。

3. 投机者类型的股东

这类股东购买股票的目的就是希望通过在股票市场上低吸高抛来赚取价差。他们根本没有打算长期持有公司的股票，与公司保持长久的关系。在我国，人们对这类股东有个不准确但十分形象的说法：股民。因为他们中的多数人在股市上今天买、明天卖的时候，甚至都不清楚自己暂时持有股票的这家公司是干什么的，因而他们更不关心公司的长远利益了。当然，这类股东中也不乏大的投机家。对一个投机者来讲，他实际上并没有把自己当作公司的股东，只希望在买进股票的这个短暂时间内，公司短期收益提高，多派股息，从而导致股票价格上涨，以便他在价格高位时将股票抛出去。

通过对三类股东情况的分析可知，股利政策的确是财务管理中一件值得认真考虑的事情，如何协调这些矛盾和利益，是公司董事会年复一年要面临的决策问题。

第 3 节　股利理论

一、股利无关论和股利相关论

如前所述，公司所获净利润主要有两个用途：一是作为股利发放给股东；一是留存公司作为再投资使用。股利理论所要分析的是，公司净利润的这两项用途之间的分配对公司股票价格，进而对公司价值是否有影响，是否存在最佳的股利支付比率。在西方，最具代表性的是截然相反的两种股利理论：股利无关论和股利相关论。

（一）股利无关论

股利无关论认为股利分配对公司的股票价格不会产生影响。该理论由美国经济学家米勒和莫迪利亚尼于 1961 年创立，也称 MM 理论。

这一理论建立在以下假定之上：

（1）存在一个完整无缺的市场。

（2）不存在个人或公司所得税。

（3）没有股票的发行费用和交易费用。

（4）公司的投资决策和股利决策彼此独立。

（5）公司投资回收没有风险。

在上述五个假设前提的基础上，股利无关论有下述三个基本观点：

（1）在完全资本市场中，理性投资者的股利收入与资本增值两者之间没有区别。如果公司股利支付率太低，投资者可以卖掉一部分股票，以弥补股利的不足；如果公司股利支付率太高，投资者可以用多余的股利另外购入一些股票，以扩大投资。所以，投资者并不关心公司的股利政策，他认为获得股利与在股票上获得资本是一样的。也就是说，无论公司是选择将净利润留存用作再投资，还是选择支付股利，投资者都可以通过买卖股票使自己处于相同的境地。因此，无论公司制定何种股利政策，投资者对股利和资本并无偏好。

（2）股利政策无优劣之分，它对公司的股票市价不会产生任何影响。也就是说，股利支付比率的高低不影响公司的股价。

（3）股票价格主要由公司的获利能力决定。

上述股利无关论建立在十分严格的假设前提上，并通过数学证明得出严谨的结论。

但令我们吃惊的是，它的结论竟是股利政策无用。为什么说是令人吃惊？因为在实际生活中，经验告诉我们，公司股票价格会随股利的增减而变动。理论的结局与实践的感受产生了较大的差距，如何解释这个现象？股利无关论对此的解释是，股票价格的变动不能归因于股利增减本身，而应归因于股利所包含的有关公司未来盈利的信息内容。另外，由于股东的偏好不同，有的股东偏好于高水平的现金股利，有的股东偏好于高的资本利得。公司的任何股利政策都不可能同时满足所有股东的股利要求。因此，公司干脆不考虑股东的偏好。

事实上，问题的主要原因在于该理论的几个基本假设过于偏离现实。理论研究中的假设，可以使复杂问题简单化，有助于人们思路更清晰，但假设与现实偏差过大，则可能产生错误。由于这些假设描述的是一个完整无缺的市场，所以该理论也称作完整市场理论。

（二）股利相关论

股利相关论认为公司的股利政策对公司的价值并非无关，而是相关的。这一理论是美国学者格雷厄姆和多德于1951年提出的。他们认为大多数股票投资者是希望公司多支付股利，而非支付少量的股利，股票投资者在购买股票时肯定会考虑到股利这一因素。根据这个理论，股利政策影响着股票市价，支付的股利越多，股票的价格就越高，反之则越低。

股利相关论被人们形象地喻为“一鸟在手”理论。“一鸟在手”一词源自谚语“双鸟在林不如一鸟在手”。该理论的核心是：已经得到的现实价值比未得到的有风险的预期价值要更加重要，就像还停留在丛林中尚未被抓到的两只鸟比不上一只已抓在手中的鸟一样。

股利相关论的基础是对投资者心理状态的分析。其主要论点是：由于投资者对风险有天生的反感，而且认为风险将随着时间延长而增大，因此宁愿目前收到较少的股利，也不愿意等到将来再收回不确定的较多的股利或以较高的价格出售股票。也就是说，他们认为股利收入要比由留存收益带来的资本收益更为可靠。在此观点下，公司只有采取较高的股利支付率，才能有效地吸引投资者购买公司发行的股票，因而公司应定期地向股东支付较高水平的股利。

（三）实践时的选择

股利无关论者对此观点持不同看法，认为它混淆了公司的股利政策和投资政策对股票市价的影响。因为公司用留存收益进行再投资形式的资本利得的风险，取决于公司的投资决策而不是股利政策。

股利无关论与股利相关论是相互矛盾的，到底以哪一个为准？事实上，在实践中各公司都是根据本公司的特点选择适合自己的观点加以应用，在股利支付比率问题上一般采取中间路线。

在实际生活中，公司和股东对股利发放的比例，各有自己的考虑。

从公司的立场出发，主要考虑：

(1) 公司过去实施的股利政策，会对当前采取什么股利政策产生影响。

(2) 公司在考虑扩充产能急需资本来源时，就会减少股利的发放。

(3) 在资本结构中，当债务比较大时，公司会考虑多保留一些盈余。

(4) 当公司发行新股时，由于稀释效应，要想保持每股股利不变，就要提高股利支付比例。

从股东的立场出发，主要考虑：

(1) 稳定的股利可以增强股东对公司的信心，也有利于投资者分析股票价格的合理性，确定股价合理波动范围。

(2) 不同类型的股东有不同的投资目的，公司不能偏向某一类型股东的要求，而冷落其他股东的愿望。因此公司应权衡利弊，在股东的不同要求之间，选择适当的股利支付比例。

二、影响股利政策的因素

关于股利政策，无论公司如何权衡利弊，倾向哪一种理论或走中间路线，都不可能不受任何约束，完全由公司在一系列假设下按照理论模式来制定股利政策。在实际生活中，公司股利分配是在各种制约因素下进行的，公司不可能不受这些因素的影响。

影响股利政策的因素如下。

1. 法律因素

为了保护债权人和投资人的利益，我国有关法律对公司的股利分配规定有如下限制：

(1) 应体现资本保全的原则，不允许公司用资本（包括股本和资本公积金）发放股利。

(2) 应保证公司的积累，规定公司按税后利润的一定比例提取法定盈余公积金。

(3) 净利约束。规定股利只能从公司过去和现在的净利润中支付，以前年度若有亏损，必须足额弥补。

(4) 偿债能力约束。公司由于经营管理不善，出现亏损以致资不抵债，或者虽未严重亏损，但现金流动性差，以致出现偿债危机，均不能支付现金股利。

2. 契约限制

当公司以长期借款协议、债券契约、优先股协议、租赁合约等形式向外部筹资时，常常应对方的要求接受某些有关支付股利的限制。例如，债务契约中可能会规定股利只能从签约后所产生的盈利中支付；签约前的盈利不可用于派发股利；当流动资金低于契约中所限定的数额时，公司不得派发股利等。优先股的契约通常也会规定在累积的优先股股息付清之前，公司不得派发普通股红利。

这些契约性限制条款的目的在于，约束公司将利润的一部分用于再投资，保证公司有足够的经济实力作为偿债能力的基础，维护债权人的权益。

3. 资产的流动性

尽管法律上规定，公司的税后利润在满足了提留和补亏后，可以用来发放股利，但是，账面上的净利润并不等于现金。而公司现金股利的发放，需要具有足够的流动性较强的资产，如现金、有价证券。因此，公司即使有盈利，若手中缺少现金，也难以具备支付股利的能力。一般来讲，公司流动资产较多，变现能力较强，可支付的股利水平就会高一些；反之，固定资产较多、变现能力较差的公司，可支付的股利水平就会低一些。所以，在支付股利之前，财务管理部门应认真分析资产的流动性以及预期现金流入和现金流出的情况。

4. 利润的稳定性

公司能否获得长期稳定的利润，是其股利政策的重要基础。一般来讲，利润较稳定的公司支付的股利比利润不稳定的公司支付的股利要高；而利润不稳定的公司往往采取低股利政策。这是因为低股利政策可以将更多的利润转作再投资，以便提高公司自有资本的比重，减少财务风险，进而可以减少因利润下降而造成无法支付股利、公司股票市价下降的风险。

5. 筹资能力

对于那些新创建并快速发展的公司，由于具有较大的经营风险和财务风险，在金融市场上发行股票或举债筹资的能力受到限制，因而它们往往保留较多的盈余供经营使用，股利支付率一般较低。对于那些历史较长、声名显赫的公司，它们的品牌和声誉大大加强了其筹资能力，在投资者看来风险也较小，因而它们的股利支付率要比小公司高。

6. 公司控制权

公司支付较高的股利，会导致留存收益减少，这又意味着将来发行新股的可能性加大，而发行新股就会稀释公司的控制权。公司现有股东和管理层为了不使自己对公司的控制权被削弱，可能不愿意发行新股，而宁愿通过保留更多的利润来获取资本，因而对公司股利政策的影响就是降低股利支付率。

7. 投资机会

有良好投资机会的公司需要的资金量大，它们希望少发放股利，而将利润留在公司用于投资。对于缺乏良好投资机会的公司，则希望支付较高的股利，以免造成大量资金闲置。因此，具有很好的成长性的公司往往采取低股利政策，而经营规模已定、无进一步扩展空间的公司往往采取高股利政策。

8. 资本成本的比较

与发行新股相比，留存收益不需要支付筹资费用，资本成本低，对公司来讲是一种较为经济的筹资渠道。所以，从资本成本比较的角度看，公司为了扩大资金的需要，有可能采取低股利政策。当然，如果股票发行成本较低，公司的股利政策就可以比较灵活，因为此时公司既可通过出售股票也可通过留存收益来获取自有资本。

影响股利的因素很多，除了上述八个主要因素，还有其他的一些因素也会不同程度地影响股利政策的选择，这里不再一一介绍。

第4节　股利政策

通过上面的内容，我们知道了两种相互矛盾的股利理论，以及影响股利政策的各项因素。公司在选择股利政策时，要充分考虑这些因素的影响。在进行股利分配时，公司比较常用的股利政策主要有以下几种。

一、剩余股利政策

采取剩余股利政策，就是将公司的盈余首先用于良好的投资项目，然后将剩余的盈余作为股利进行分配。

实施剩余股利政策有以下四个步骤：

（1）测定合理的资本结构，也就是要确定自有资本与借入资本两者的比例关系，并在这一资本结构下，使加权平均资本成本达到最低水平。

（2）确定在此资本结构下投资所需要的自有资本数额。

（3）最大限度地使用留存收益来满足投资方案所需要的自有资本数额。

（4）投资方案所需要的自有资本数额完全满足后，若还有剩余盈余，再将其作为股利发放给股东。

【例9—1】　假设某公司2014年税后利润在提取了公积金和公益金后为1 000万元。2015年投资计划已定，所需资金为1 200万元。经测定，公司合理的资本结构应为权益资本占60%，债务资本占40%。按照此资本结构计算，公司投资方案所需的权益资本数额为：

$$1\ 200\times 60\%=720(\text{万元})$$

公司2014年全部可用于发放股利的净利润为1 000万元，在满足了上述投资计划所需资金后仍有剩余，其剩余部分应作为股利发放。2014年发放的股利数额为：

$$1\ 000-720=280(\text{万元})$$

假设该公司当年流通在外的普通股（无优先股）为5 000万股，那么每股股利应为：

$$\frac{280}{5\ 000}=0.056\ (\text{元})$$

我们知道，一个公司的投资计划和实现的利润每年都不相同，如果严格地执行剩余股利政策将会导致股利的波动。例如，在遇到好的投资机会的年份，公司就不会派发股利。假设在下一年投资机会很差，公司又会宣布发放大量股利。另外，即使投资机会稳定，现金流量的波动也会导致股利的变化。因此，公司在进行股利决策时，几乎不可能照搬剩余股利政策。但是，许多公司在实际工作中，经常应用剩余股利政策来帮助设立一个长期的目标股利支付率。

二、固定股利额政策

采用固定股利额政策，就是公司不论税后利润为多少，都支付给股东一定数额的固定股利，并不因为公司税后利润的变化而调整股利数额。公司只有在确信未来收益可以维持新增股利的时候才会宣布增加股利。制定这一政策的指导原则就是尽量避免减少年股利。

不过，考虑到通货膨胀的影响，有些公司过去采用固定股利额政策，后来转而实行稳定增长的股利政策，即公司制定一个目标股利增长率，例如每年增长2%，公司就可以在支付固定股利额的基础上，努力按照这个幅度增长，逐步提高股利支付水平，并避免通货膨胀的损失。当然，只有在利润稳定增长的前提下，这一政策才是可行的。

在实际工作中，许多公司都愿意采取这种股利政策。因为：

(1) 股利支付数额的波动将会导致股票价格的波动，从而提高公司普通股股本的成本。

(2) 稳定的股利向市场传递着公司正常运营的信息，有利于树立公司良好的形象，稳定股票的价格。

(3) 利用股利来支付当期消费的股东，通常希望能依靠固定的股利收入来维持其日常生活支出。如果股利派发不稳定，就不会受到此类股东的欢迎，会使公司的股票需求下降。

(4) 有些公司主管通常会认为，削减股利并不是最明智的，他们为了维持稳定的股利水平，会采取延缓某些投资计划、将实际资本结构脱离目标资本结构或出售普通股以筹措资金等措施。

该股利政策虽然受到许多公司的欣赏，但也存在股利的支付与公司的盈余相脱节的缺点。当公司收益较低时仍要支付固定的股利，就可能导致资金短缺，财务状况恶化；同时，不能像采取剩余股利政策那样保持较低的资本成本。

三、固定股利支付率政策

采取固定股利支付率政策，就是由公司确定一个股利占盈余的比率，长期按照这个比率支付股利。在这个股利政策下，公司各年支付的股利额随公司获得盈利的多少而上下波动。在公司赚取巨额利润的年份，其支付的每股股利可能很多，但在利润较低的年份，其每股股利必将很低。虽然从股利与盈利两者相互联系的角度看，这一政策是采取了固定股利率，但在实际工作中，采取这种政策的公司比较少。这是因为，一方面由于公司的盈余每年都会有变化，采取该股利政策会导致股利年年有变动，而股利的频繁变动对公司和投资者都不利；另一方面，采取该政策也不可能达到公司价值最大化的目的。

四、低正常股利加额外股利政策

采取这种政策，就是在一般情况下，公司每年只支付数额较低的股利。在公司经营业绩非常好时，除了定期股利，再增加支付额外的股利。这样可以使额外支付的股利不是固定的，并不意味着公司永久地提高了规定的股利率。这一政策实际上是上述第二项政策和第三项政策的折中办法。

采取这种股利政策的有利之处在于：

（1）该股利政策使公司具有较大的灵活性。当公司盈余较少或因投资需用较多资金时，可维持设定的较低但正常的股利；当盈余有较大幅度增长时，则可适当增加股利发放的幅度。这样，低正常股利部分可以保证不至于使股东有较强的股利跌落感；而增加的额外股利会使股东享受到公司获利的成果，增强对公司投资的信心，有利于稳定公司股票市价。

（2）该股利政策可以使那些依靠股利收入维持日常生活支出的股东，每年至少可得到一笔数额虽少但稳定的股利收入，从而吸引这类股东的投资。

该股利政策虽有上述好处，但对投资者来讲，股利将变得不太确定。站在公司的角度来看，在盈余和现金流量变动很大时，这种政策可以看做一个最佳选择。公司可以设定一个相当低的正常股利，甚至低到利润低的年度或计划高额投资的年度都可维持的水平，然后在有额外盈余的年度，再发放额外股利，但应注意支付额外股利的次数不宜频繁，否则，股东会认为股利会持续提高，这样将失去额外股利的意义。该项股利政策通常为季节性盈余较高的公司所采用。

第5节　股利的形式与支付程序

一、股利的形式

股利发放的形式主要有现金股利、股票股利和实物股利等几种。

（一）现金股利

以公司当年盈利或积累的留存收益用现金形式支付给股东的股利叫做现金股利。这是最常见的一种股利发放形式。

现金股利主要有以下几种。

1. 正常股利

公司根据其经营状况和盈利能力，有把握在未来一定时期按时按量向股东支付股利，是一种稳定的现金股利支付形式。

2. 额外股利

这是在固定股利之外，公司根据其本期盈利状况决定额外支付的股利，这类股利公司并不承诺发放的连续性。公司额外股利的发放与否、数额大小与公司当年的盈利状况和投资决策密切相关。

正常股利和额外股利都是对股东权益和税后利润的分配。

3. 清算股利

在公司清算资产时，将偿还债权人后的剩余部分在股东之间进行分配。清算股利与上述两种股利不同，它不是来源于公司的现金和留存收益，而是来源于公司资产的减少。

（二）股票股利

采取股票股利方式，实际上是发放一种额外增发的股票。公司发放这种股票，只不过是将公司的留存收益转移到股本账户上去。由于它并不实际向股东支付现金，只是引起公司利润在账面上的转移，因此不会影响公司和股东的资产价值。

我国上市公司在支付股票股利时的做法是：

（1）送股。这种做法是用公司的未分配利润以股利形式派送给股东。例如，5%的股票股利可使持有100股的股东无偿分到5股。

有时，我们看到一些上市公司采取转股的方式作为分配方案。这种做法是公司将公积金转为股本，按增加的股票数比例派送给股东。

转股是指用公司的资本公积金按权益折成股份转增，而送股是用公司的未分配利润以股利形式派送。对公司来说转增股本很容易，只是在会计账目上将资本公积转为股本。因此，严格意义上讲，转股不能看做对股东的分红回报。而送股则需要公司有足够的利润。送股和转股的相同之处在于并没有改变股东权益，但却增加了股本的规模。

（2）配股。这种做法是公司在增发股票时，以一定比例按优惠价格配给老股东股票。例如，在公司股票市价为每股11元时，公司以每股7元的价格，10股配3股给老股东，那么，持有100股的股东将可以支付210元购入30股配股。

配股与送股的区别在于：配股是有偿的；配股不会减少公司公积金；配股实质上是给予老股东的补偿，是一种以优惠价格购买股票的权利。

例如，本章引导案例中驰宏锌锗公司在2007年实施了10送5转5派20元的分红方案，即指每10股股票送股5股、转股5股、派发现金股利20元。

公司采取股票股利的方式往往是由于下列原因引起的：

（1）在公司盈利和现金股利预期不会增加的情况下，发放股票股利可以使股票价格降低，以便吸引投资者的投资兴趣。

（2）采取这种方式可以使股东分享公司的盈利但又不必支付现金，而且配股还可以收进一笔现金。这样公司可以将更多的现金留存下来，用于再投资，加快公司的发展步伐。

公司采取股票股利方式尽管有上述好处，但并不能滥用，它是有一定前提条件的：

（1）具有足够的公积金。在我国，公司将公积金转为股本，必须保证法定公积金不低于原股本的25%。没有足够的公积金，就不能采取送股的方式。

(2) 控股者是否欣赏该方法。首先，送股对于控股者来讲，只是一种账面游戏。例如，某公司目前股票市价为每股20元，若该公司宣布发放10%的股票股利，则每股市价降为18.18元（1÷1.1×20）。此时，某人持有该公司股票1 000股，股票市值为20 000元。送股后，每股市价由20元降至18.18元，但由于持有股票数量增至1 100股，其拥有的股票市值仍为20 000元（18.18×1 100）。因此，股票股利并不能增加股东所拥有的财富。其次，采用配股的方式需要持股者付出现金。由于控股者所持股票数量大，需要大笔现金，若不能买回配股份额，就意味着控股地位的削弱。

(3) 选择有利时机。送股配股能否给投资者带来实际利益，关键在于选择送配的有利时机。股市为牛市时，市场为多头主导，公司股价坚挺，此时为送配股的大好时机；反之，在熊市时，则有可能给持股者带来损失。

（三）实物股利

公司除了可采取上述现金股利、股票股利，还可采取实物股利的方式，即以公司现金以外的资产作为股利支付给股东。作为实物股利的财产可以是公司以前发行的债券或优先股；公司持有的其他公司的有价证券及政府债券；公司的实物财产，如商品等。

我国沪深股市的上市公司进行股利发放的形式一般只采用股票股利和现金股利两种。

二、股利支付程序

公司决定分派股利后，应由董事会将分派股利的事项向股东宣告，包括股利支付额、股权登记日、除权除息日及发放日等。

1. 股利宣告日

指公司董事会将股利支付情况予以公告的日期。

公司董事会需定期举行董事会会议，讨论并提出股利分配方案，由公司股东大会讨论通过后，正式宣布股利发放方案，宣布股利发放方案的那一天即为股利宣告日。

2. 股权登记日

指有权领取股利的股东有资格登记的截止日期，也称作除权日。只有在股权登记日前（含登记日当天）在公司股东名册上有名字的股东，才有权分享股利。一般由证券交易所的计算机系统自动登记股东名册。

这是由于自公司宣布发放股利至公司实际将股利发出要有一定的时间间隔。由于上市公司的股票在此时间间隔内处在不停的交易之中，公司股东会随股票交易而不断易人，为了明确股利的归属，公司必须确定股权登记日。

3. 除权除息日

指领取股利的权利与股票相互分离的日期。在除权除息日前，股利权从属于股票，持有股票者即享有领取股利的权利。自除权除息日开始，股利权与股票分离，新购入股票的人不能分享股利。在不考虑股价波动的情况下，除息日每股的跌幅一般相当于每股股利。

当上市公司向股东分派股息时，就要对股票进行除息；当上市公司向股东送红股时，就要对股票进行除权。当一家上市公司宣布上年度有利润可供分配并准备予以实施时，则该只股票就称为含权股，因为持有该只股票就享有分红派息的权利。除权或除息的产生是因为投资人在除权或除息日之前与当天购买者，两者买到的是同一家公司的股票，但是内含的权益不同，显然不公平。因此，必须在除权或除息日当天向下调整股价，称为除权或除息参考价。

在股票的除权除息日，证券交易所要计算出股票的除权除息价，以作为投资者在除权除息日开盘的参考。因为在开盘前拥有股票是含权的，而收盘后的次日其交易的股票将不再参加利润分配，所以除权除息价实际上是将股权登记日的收盘价予以调整。

（1）计算除权价的公式如下：

送红股后的除权价＝股权登记日的收盘价/(1＋每股送红股数）

配股后的除权价＝(股权登记日的收盘价＋配股价×每股配股数)/(1＋每股配股数)

例如：某股票股权登记日的收盘价是21.84元，每10股送3股，即每股送红股数为0.3，则次日股价为：

21.84/(1＋0.3)＝16.80(元)

例如：某股票股权登记日的收盘价为21.84元，10股配3股，即每股配股数为0.3，配股价为每股15.00元，则次日股价为：

(21.84＋15.00×0.3)/(1＋0.3)＝20.26(元)

（2）计算除息价的公式如下：

除息价＝股息登记日的收盘价－每股所分红利现金额

例如：某股票股息登记日的收盘价是21.84元，每股送红利现金0.1元，则其次日股价为：

21.84－0.1＝21.74(元)

（3）计算除权除息价的公式如下：

若股票在分红时既有现金红利又有红股还配股，则：

$$\text{除权除息价}=\frac{\text{股权登记日的收盘价}+\text{配股价}\times\text{每股配股数}-\text{每股所分红利现金额}}{1+\text{每股送红股数}+\text{每股配股数}}$$

例如：某股票股权登记日的收盘价为21.84元，每10股派发现金红利1.00元，送3股，配2股，配股价为15.00元/股，即每股分红0.1元，送0.3股，配0.2股，则次日除权除息价为：

(21.84＋15.00×0.2－0.1)/(1＋0.3＋0.2)＝16.49（元）

本章引导案例中的驰宏锌锗曾经在2007年的股票市场中名声大震。由于2006年度采取大比例分红的分配方案，它的股价于2007年4月11日最高到每股154元，当天的收盘价是147.45元，是当时A股市场每股价格最高的一家上市公司。次日对2006年度的分红除权除息，除权除息方案是：每10股送10股派息30元（含税），当天的收盘价是79.45元。

2008年初，驰宏锌锗因有重大事项要商议，且具有不确定性，为了避免给投资者带来风险，按规定于2008年1月18日股票停牌，之前交易日的收盘价为77.92元。该公司2008年4月21日股票复牌，同时进行对2007年度的分红除权除息，除权除息方案是：每10股送5股资本公积转增5股派息20元（含税），当天的收盘价是34.16元。当时我国上市公司红利税率为10%。

4. 股利支付日

指向股东正式发放股利的日期，也称作付息日。

本章小结

公司的税后利润在弥补以前年度亏损、提取法定公积金和公益金后才能向投资者分配利润。由此可以看出，股利分配是利润分配的最后一个步骤。公司所获净利润主要有两个用途：一是作为股利发放给股东；一是留存公司作为再投资使用。股利理论所要分析的是，公司净利润的这两项用途之间的分配对公司股票价格，进而对公司价值是否有影响，是否存在最佳的股利支付比率。在西方，最具代表性的是截然相反的两种股利理论：股利无关论和股利相关论。在实际生活中，影响公司股利政策的因素主要有八项。在进行股利分配时，公司比较常用的股利政策主要有四种：剩余股利政策、固定股利额政策、固定股利支付率政策和低正常股利加额外股利政策。股利发放的形式主要有现金股利、股票股利和实物股利。股利支付有一定的程序。

思考题

1. 如何理解利润分配与股利分配？

2. 对股利无关论与股利相关论，你将作出怎样的评价？

3. 如果你是公司决策者，你会采取哪种股利政策？如果你是一般股东，你会赞同哪种股利政策？

重点概念

1. 股利：从公司净利润中以现金、股票的形式或其他资产支付给公司股东的一种报酬。

2. 股利政策：所涉及的主要是公司对其收益进行分配或留存以用于再投资的决策问题。

专题篇

第10章

兼并与收购

本章要点

并购的形式：吸收合并或新设合并、收购股票、收购资产。

并购的动因。

并购的运作过程：确定目标公司、对目标公司估值、并购的出价、并购的支付方式。

防御性策略：毒丸计划、交叉董事会、白衣骑士、黄金降落伞。

引导案例

2015 年全球企业并购交易规模高达 5 万亿美元，成为有史以来并购交易规模最大的年份。

2015 年 11 月 23 日美国制药巨头辉瑞公司和爱尔兰制药企业艾尔建公司宣布，两家公司已经达成价值约 1 600 亿美元的合并交易，从而缔造全球最大制药企业。这也是迄今为止全球第二大合并交易。根据协议条款，艾尔建每股股票可交换 11.3 股辉瑞股票。

辉瑞公司并不讳言减少纳税是两家公司合并的原因之一。辉瑞公司在美国的税率约为 25%，位于大型制药公司中税率最高之列。艾尔建公司总部位于爱尔兰都柏林，其税率约为 15%。合并交易完成后，美国辉瑞公司会将其位于纽约的总部搬迁到爱尔兰。该合并案也是美国历史上规模最大的一宗税收倒置交易。所谓税收倒置交易，是指在美国注册的公司收购低税辖区内的公司，然后把总部转移到海外。

这是年度规模最大也最有争议的一宗交易，因为除了避税，交易并没有让辉瑞和艾尔健产生多少协同效应。而基于明显避税原因进行的并购，将会引起各国法律和舆论的关注。

（全球最大的并购案为 2000 年 1 月美国在线宣布以 1 810 亿美元收购时代华纳，成立美国在线-时代华纳公司。）

第 1 节　什么是并购

一、并购的概念

并购是兼并和收购的统称。

兼并也称吸收合并，指一个公司吸收其他公司，被吸收的公司解散。我国《公司法》还提到新设合并形式，指两个以上公司合并设立一个新的公司，合并各方解散。本书将吸收合并和新设合并统称为兼并。

收购是指一个公司或一批投资者作为买方，即收购方，收购卖方，即目标公司。收购方需以现金或现金等价物购买目标公司的股票或资产。

二、并购的形式

从上述并购的概念可以得出，并购有以下三种形式。

1. 吸收合并或新设合并

吸收合并形式，指一个公司吸收其他公司，被吸收的公司解散，兼并公司保持其名称和身份。

新设合并形式，指两个以上公司合并设立一个新的公司，合并各方解散。新设合并形式除了会产生一个全新的公司，其他方面都与吸收合并形式相同。

公司合并，应当由合并各方签订合并协议，并编制资产负债表及财产清单。公司应当自作出合并决议之日起 10 日内通知债权人，并于 30 日内在报纸上公告。债权人自接到通知书之日起 30 日内，未接到通知书的自公告之日起 45 日内，可以要求公司清偿债务或者提供相应的担保。公司合并时，合并各方的债权、债务，应当由合并后存续的公司或者新设的公司承继。

公司合并，登记事项发生变更的，应当依法向公司登记机关办理变更登记；公司解散的，应当依法办理公司注销登记；设立新公司的，应当依法办理公司设立登记。

2. 收购股票

收购方以现金、股票或其他证券购买目标公司的股票。收购方可以采取要约收购、协议收购、认购股份及其他合法方式进行收购。

收购人自愿发出收购要约，应当公告，并载明下列事项：

（1）收购人的名称、住所。

（2）收购人关于收购的决定。

（3）被收购的上市公司名称。

（4）收购目的。

（5）收购股份的详细名称和预定收购的股份数额。

（6）收购期限、收购价格。

（7）收购所需资金额及资金保证。

（8）公告上市公司收购报告书时持有被收购公司股份数占该公司已发行的股份总数的比例。

采取要约收购方式的，收购人在收购期限内，不得卖出被收购公司的股票，也不得采取要约规定以外的形式和超出要约的条件买入被收购公司的股票。

采取协议收购方式的，收购人可以依照法律、行政法规的规定同被收购公司的股东以协议方式进行股份转让。以协议方式收购上市公司时，达成协议后，收购人应当在两日内通知上市公司，并予公告。在公告前不得履行收购协议。

3. 收购资产

收购方通过购买目标公司的全部资产实现收购。这种收购方式可以避免在收购股票方式下由于少数股东不愿意出让股票带来的问题。但这种方式要求进行资产的过户，由此带来较高的成本代价。

第 2 节　并购的动因

很多公司在发展过程中，都有做大、做强的意愿或冲动。当然，它们可以通过发行股票、发行债券、向银行借款等各种方式筹措资金，以扩充公司的产能或经营规模。这些做法在前面有关章节中都有所论述。在公司实践中，既然已经有那么多可以使公司扩张的途径，为什么公司还要采取并购的方式？因为公司并购可以产生巨大的协同效应。总结起来，大概有如下动因。

一、规模经济

协同效应理论认为，公司的经营活动存在规模经济。规模经济是指通过扩大生产规模而引起经济效益增加的现象。在规模经济条件下，随着产量的增加，长期平均总成本具有下降的趋势，则意味着规模经济可以产生节省成本、增加效益的结果。但这并不仅仅意味着生产规模越大越好，因为规模经济追求的是能获取最佳经济效益的生产规模。一旦公司生产规模扩大到超过一定的规模，边际效益会逐渐下降，甚至引发规模不经济现象。

由此看来，只有大公司可以通过大批量生产实现成本节约，获得规模经济产生的效果。所以，通过并购这种比自身逐步积累更快捷的方式形成规模经济，成为公司并购的动因之一。当然，事物总有两个方面。不能因为规模经济的好处，就因此认定小公司已无立身之处。如上所述，公司生产规模并非越大越好，大公司的管理难度远远超过小公司。而小公司管理层级少，公司内部沟通便捷，对市场反应快，同样可以在市场经济中获取收益。

二、纵向整合

纵向整合是指并购双方处于同一产业链的上下游公司之间的合并。例如，医药批发公司可能认为处于它的上下游公司的医药生产企业和医药零售企业的利润率高于自己；另外，生产、批发、零售等诸多环节会产生较高的成本。因此，医药批发公司就会产生纵向整合的意愿。

纵向整合的动因源于人们认为由此可以带来协作的好处，以保证产业链中的上下游公司目标一致，相互配合，缩短生产经营周期，节约成本，均衡利润水平。但要进行纵向并购，往往要等到公司规模已经足够大时，才具有这样的能力。在规模已经很大的情况下，继续“上下游通吃”，要防止合并后由于规模过大而运营困难。

三、减少竞争

同一行业的公司之间存在竞争的关系，通过横向并购，即并购同一行业的主要竞争对手，可以达到减少竞争的目的。横向并购使原来在同一产销领域的竞争对手合为一体，消除了价值，扩大了市场份额。如果并购双方原来就是行业的龙头企业，二者合并后就有可能“独霸天下”，形成规模经营，优化资源配置。当然，也就有可能形成垄断。众所周知，垄断破坏了市场竞争。公司在获得垄断利润的同时，却由整个社会承担垄断的成本。因此，很多国家都制定了反垄断的相关法律以限制有可能形成高度垄断的横向并购活动。

例如，2014 年 9 月 26 日，全球巧克力糖果制造商龙头企业好时公司宣布，已完成对上海金丝猴食品股份有限公司 80％股权的交割和收购。上海金丝猴公司是我国知名民营控股糖果公司。预计收购全部完成后，其总额相当于 35.432 亿元人民币。通过本次收购，好时公司将借助金丝猴公司标志性品牌优势、多样化产品系列、国内生产能力和不断壮大的销售团队，加速在中国的发展。金丝猴公司也将受益于好时公司的规模和经营范围，保持旗下品牌的持续、长期发展。

四、多元化

在财务管理实践中，有时会看到两个经营业务风马牛不相及的公司合并，如一家房地产公司与一家饲料公司合并。公司为什么要采取这种混合并购的方式？一个很重要的动因就是多元化。有这种财务管理理念的人认为，多元化可以带来如下好处：

（1）减少风险。通过混合并购，将不同行业的公司合并在一起，不仅扩大了经营范围，更重要的是降低了只从事一个行业而可能带来的行业风险，正所谓“东方不亮西方亮”。在实践中，我们常常看到由于经济周期、行业周期、宏观经济政策或环境保护政策等的变化导致某个行业出现了快速发展或衰落的现象，所以，投资者产生通过多元化经营以分散风险的想法和做法也就不足为奇了。在我国，人们在谈论投资理财时，常常听到一个形象的说法，“鸡蛋不能放在一个篮子里”。但是，人们忽略了一个概念，这是指证券投资组合的一个规则，并不一定适合实业投资组合。实业投资组合始终存在多元化与专业化的分歧。对合并后的大公司来讲，减少了特定风险。但持不同观点的人认为，既然投资者自己可以通过购买不同行业的公司股票达到分散风险的目的，那么，公司的股东完全可以自己通过证券投资组合实现投资多元化，这样做的结果会比通过公司并购的成本要低，操作也简单，何必要允许公司采取混合并购的方式去分散风险！

（2）增强举债能力。混合并购使公司规模扩大，分散了风险，降低了破产的可能性，因而具有较强的举债能力。

五、获取技术

我们生活在一个科学技术发展迅速的时代。公司间的竞争，更多体现的是人才的竞争、技术的竞争。公司如果不能掌握所处领域一定的核心技术，就难以做大、做强，雄霸四方。但是，人才的培养、核心技术的开发，绝非一朝一夕之功。当然，公司可以通过招聘的方式获取掌握新技术的人才。但将这些人才组合起来，形成团队，明确开发路径，产生开发成果，并非简单易行。所以，通过并购一个拥有核心技术和掌握新技术的大量人才的高科技公司就成为有效的解决途径。

例如，2004 年我国联想集团斥资 12.5 亿美元购入美国 IBM 公司全部个人电脑（PC）业务。此次并购双方各有不同的动因。从联想集团的角度，这样重要的并购活动会基于若干理由，但其中一项主要动因便是通过并购获得 IBM 公司的研发和技术优势。

六、提高效率

有些原本不错的公司，由于现任公司高管平庸，导致公司运营效率低下，从而引起公司股价下跌。对这样的公司，投资者会抛出所持有的股票。理论上，股东可以不卖出股票，而是通过投票表决的方式更换公司高管，但在实践中往往难遂人意。这样的公司，就有可能成为收购方眼中的目标公司，因为收购方会认为，凭借自身高效率的运营能力，可以在收购目标公司后，派出具有高效率的管理团队取代目标公司的高管。通过新的管理团队的努力，使目标公司再塑辉煌，进而提升股价。这样，在低价时收购的目标公司，其股价就有了一定的升幅。如果此时转售出目标公司的股份，就可以获利。

基于此动因而进行的并购存在某种不确定性。新的管理团队可能会成功地提高目标公司的运营效率，也可能会水土不服，管理成效甚微。

第 3 节　并购的运作过程

并购的运作过程不仅包括公司的并购战略和战术，而且涉及许多法律、会计、税收等问题，往往比较复杂。下面仅就并购过程中主要的内容加以阐述。

一、确定目标公司

并购对公司来讲，是一项战略性决策。并购应由公司最高管理层根据公司的发展战略，考量客观经济环境的变化，判断宏观经济走势，分析若干潜在目标公司的质地后做出决策。当公司最高管理层作出并购的决策后，确定哪一家公司为目标公司就成为并购运作过程关键的一步。如前所述，公司并购基于不同的动因。在某种动因的支配下，公司会寻找满足其动因的目标公司。

二、对目标公司估值

在确定目标公司后，一项重要的工作就是对目标公司进行估值。估值几乎是决定并购成败的关键。估值相对贴切，就意味着收购了一个物有所值的目标公司。但如果估值过高，将付出高昂的收购代价，得不偿失。

在对目标公司估值时，应当充分考虑评估目的、市场条件、评估对象自身条件等因素，恰当选择价值类型，并合理使用评估假设。

收购方或委托注册资产评估机构收集并分析的目标公司的资料和其他相关资料，通常包括：

（1）目标公司相关权益状况及有关法律文件、目标公司涉及的主要权属证明资料。

（2）公司的历史沿革、主要股东及持股比例、主要的产权和经营管理结构资料。

（3）公司的资产、财务、经营管理状况资料。

（4）公司的经营计划、发展规划和未来收益预测资料。

（5）目标公司以往的评估及交易资料。

（6）影响公司经营的宏观、区域经济因素的资料。

（7）公司所在行业现状与发展前景的资料。

（8）证券市场、产权交易市场等市场的有关资料。

（9）可比公司的财务信息、股票价格或者股权交易价格等资料。

收购方或委托注册资产评估机构应当根据评估目的、评估对象、价值类型、资料收集情况等相关条件，分析收益法、市场法和成本法（资产基础法）三种估值基本方法的适用性，恰当选择一种或者多种估值基本方法。

(一) 收益法

公司价值评估中的收益法是指将预期收益资本化或者折现，确定评估对象价值的评估方法。

收购方应当结合目标公司的历史经营情况、未来收益可预测情况、所获取评估资料的充分性，恰当考虑收益法的适用性。

收益法常用的具体方法包括股利折现法和现金流量折现法。

1. 股利折现法

股利折现法是将预期股利进行折现以确定评估对象价值的具体方法，通常适用于缺乏控制权的股东部分权益价值的评估。

2. 现金流量折现法

现金流量折现法就是对目标公司预期未来的现金流量进行折现计算出现值之和的方法。该方法是公司估值中重要的方法之一。

现金流量折现法通常包括公司自由现金流量折现模型和股权自由现金流量折现模型。估值时应当根据公司未来经营模式、资本结构、资产使用状况以及未来收益的发展趋势等，恰当选择现金流量折现模型。

公司自由现金流量是指目标公司的全部现金流入量扣除成本费用和必要的投资后剩余的现金流量。

公司股权自由现金流量是指目标公司的全部现金流入量扣除成本费用、必要的投资、偿还债权人本金和利息、支付优先股股利后剩余的现金流量。

收购方应当充分分析目标公司的资本结构、经营状况、历史业绩、发展前景，考虑宏观和区域经济因素、所在行业现状与发展前景对公司价值的影响，对其未来收益预测进行必要的分析、判断和调整，在考虑未来各种可能性及其影响的基础上合理确定评估假设，形成未来收益预测。

评估时应当关注未来收益预测中主营业务收入、毛利率、营运资金、资本性支出等主要参数与评估假设的一致性。当预测趋势与企业历史业绩和现实经营状况存在重大差异时，应当对产生差异的原因及其合理性进行分析。

对现金流量进行折现，除了需要预测现金流量，很重要的是要预测收益期与折现率这两个数据。

收购方应当根据国家有关法律法规、目标公司所在行业现状与发展前景、协议与章程约定、经营状况、资产特点和资源条件等，恰当确定目标公司收益期。

收购方应当综合考虑评估基准日的利率水平、市场投资收益率等资本市场相关信息和所在行业、目标公司的特定风险等相关因素，合理确定折现率。

（二）市场法

公司价值评估中的市场法，是指将评估对象与可比上市公司或者可比交易案例进行比较，确定评估对象价值的评估方法。

收购方应当根据所获取可比公司经营和财务数据的充分性和可靠性、可收集到的可比公司数量，恰当考虑市场法的适用性。

市场法常用的两种具体方法是上市公司比较法和交易案例比较法。

1. 上市公司比较法

上市公司比较法是指获取并分析可比上市公司的经营和财务数据，计算适当的价值比率，在与目标公司比较分析的基础上，确定目标公司价值的具体方法。

上市公司比较法中的可比公司应当是公开市场上正常交易的上市公司，评估结论应当考虑流动性对目标公司价值的影响。

2. 交易案例比较法

交易案例比较法是指获取并分析可比公司的买卖、收购及合并案例资料，计算适当的价值比率，在与目标公司比较分析的基础上，确定目标公司价值的具体方法。

运用交易案例比较法时，应当考虑目标公司与交易案例的差异因素对价值的影响。

在采用市场法时，收购方应当恰当选择与目标公司进行比较分析的可比公司。可比公司应当与目标公司属于同一行业，或者受相同经济因素的影响。同时，应当关注业务结构、经营模式、企业规模、资产配置和使用情况、公司所处经营阶段、成长性、经营风险、财务风险等因素。

市场法中所采用的价值比率通常包括盈利比率、资产比率、收入比率和其他特定比率。

收购方在选择、计算、应用价值比率时，应当考虑：

（1）选择的价值比率有利于合理确定目标公司的价值。

（2）计算价值比率的数据口径及计算方式一致。

（3）应用价值比率时对可比公司和目标公司间的差异进行合理调整。

（三）成本法

公司价值评估中的成本法（资产基础法），是指以被评估公司评估基准日的资产负债表为基础，合理评估公司表内及表外各项资产、负债的价值，确定评估对象价值的评估方法。

收购方应当根据会计政策、公司经营等情况，对目标公司资产负债表表内及表外的各项资产、负债进行识别。

需要指出的是，并非每项资产和负债都可以被识别并用适当的方法单独评估。当存在对评估对象价值有重大影响且难以识别和评估的资产或者负债时，应当考虑资产基础法的适用性。

以持续经营为前提对公司价值进行评估时，资产基础法一般不应当作为唯一使用的评估方法。

收购方对同一评估对象采用多种评估方法时，应当对各种初步评估结论进行分析，结合评估目的、不同评估方法使用数据的质量和数量，采用定性或者定量分析方式形成最终评估结论。

对目标公司估值的一个关键问题在于，如何量化和折现并购带来的价值增加。如上所述，公司并购可以产生巨大的协同效应，而由此产生额外的价值。支付给目标公司的价格相当于目标公司在并购前的市场价值加上收购溢价。我们将并购前的市场价值看做目标公司的独立价值。由于预期到收购方的溢价支付，股票市场中关于潜在的并购传闻通常会推动目标公司的股价上涨。目标公司的独立价值就是指目标公司在受到并购传闻影响之前的股价。因此，收购方额外支付的溢价必须小于协同效应产生的价值时，并购交易的净现值才能为正。

三、并购的出价

当收购方完成了对目标公司的估值后，就可以采取要约收购、协议收购、认购股份及其他合法方式进行收购，这样就意味着向资本市场公开宣布以特定价格购买目标公司大量股份的意图。但这个特定价格只是收购方一厢情愿的价格，因为目标公司可能抵制被收购，或者不同意收购价格。这样，目标公司的股东就会惜售手中的股票。而收购方为了达到目的，通常不得不抬高收购价格。所以，收购方在宣布并购时，目标公司股价上涨的幅度不等于收购方多付出的溢价。

四、并购的支付方式

收购方可以采取的并购支付方式主要有两种：现金支付方式和股票支付方式。

(一) 现金支付方式

现金支付方式指收购方以现金为支付手段，向目标公司购买资产或向目标公司的股东购买股份以完成交易。现金支付方式操作便捷，且不改变并购公司的股权结构；目标公司的股东及时收到现金，减少了未知的风险。但该方式对并购公司的现金需求压力大，容易造成现金流量的紧张状况。

例如，2010 年 8 月 2 日，我国吉利控股集团正式完成对美国福特汽车公司旗下瑞典沃尔沃轿车公司的全部股权收购。吉利集团向福特公司支付了 13 亿美元现金和 2 亿美元银行票据，余下资金也陆续结清。

(二) 股票支付方式

股票支付方式指收购方增发本公司的新股票作为支付手段，将其交换目标公司的资产或交换目标公司股东的股票以完成交易。股票支付方式不需要并购公司支付大量现金，不会造成现金流量的紧张；目标公司的股东成为并购公司的股东，没有因为并购而“出局”。但对于并购公司的老股东而言，由于股权结构的变化，他们的股权被稀释了。

第 4 节　防御性策略

并购涉及买卖双方。对善意并购来讲，目标公司的董事会赞同并购，会与收购方积极进行协商，谈好价格后再交给股东投票表决。但并非在所有情况下，目标公司的董事会都支持并购。对敌意并购来讲，目标公司的董事会或公司高管会采取措施对抗并购。敌意并购要想成功，收购方必须绕过目标公司的董事会，直接说服目标公司的股东通过投票表决，推翻现任的董事会，使收购方提名的候选人进入董事会。为了对抗敌意收购，防止大权旁落，目标公司的董事会或公司高管会采取许多防御策略。这些防御策略或使收购方提高收购报价，或使目标公司的董事会或公司高管更安全。

一、毒丸计划

毒丸计划指目标公司的现有股东在满足特定条件时，拥有按深度折价购买目标公司或收购方股票的权利。这样就会大大抬高收购成本，迫使收购方放弃并购。

“毒丸”一词借自间谍圈。有的间谍面临暴露或被俘时吞下事先准备好的含氰化物的毒丸，防止敌方的拷问使自己泄露机密。显然，吞下毒丸意味着自杀。运用在财务管理上，毒丸计划使人们害怕这种股票。收购方如果坚持并购，就会付出更高的代价，甚至赔本；目标公司依此阻止了并购，但对管理较差的公司来讲，则失去了改善公司管理的机会，虽然保护了现任的管理者，却最终损害了公司的价值。

例如，2005 年 2 月 19 日，上海盛大网络发展有限公司向外界宣布，他们和控股公司一起，在美国纳斯达克市场上，斥资 2.3 亿多美元，购买了新浪公司 19.5%的股份，成为新浪公司第一大股东。随后，新浪公司宣布采纳被称为毒丸的股东购股权计划来防止盛大公司通过二级市场继续增持股票。

2 月 22 日，针对盛大公司的收购，新浪公司抛出的毒丸计划为：对于 3 月 7 日记录在册的新浪公司股东所持的每一股股票，都能获得一份购股权。如果盛大公司继续增持新浪公司股票比例超过 20%，或者有某个股东持股超过 10%，这个购股权将被触发，购股权依附于每股普通股股票，不能单独交易。这意味着，一旦购股权被触发，除了盛大公司以外的股东们，就可以凭着手中的购股权以半价购买新浪增发的股票。

2006 年 11 月盛大公司宣布出售 370 万股份，持股比例从 19.5%减为 11.4%，这意味着盛大公司放弃了对新浪公司的控制权，新浪公司的毒丸计划产生了预期的效果。

二、交叉董事会

为了防止收购方通过做目标公司股东的工作，使其提名的董事进入目标公司的董事会，从而掌握大权，推翻现任董事会，取消毒丸计划，达到并购的目的，一些上市公司设立交叉董事会。在交叉董事会中，每位董事的任期为 3 年，所有董事的任期按照交叉的顺序，从而使董事会每年只能改选其中 1/3 的董事。这样，即使收购方提名的董事进入目标公司的董事会，也只能取得其中少数的席位，难以立即获得控制权。所以，面对交叉董事会，收购方需要用两三年的时间陆续进入董事会，使得控制董事会的时间大大延长。这种拖延战术增加了并购的难度，也有可能使并购的初始条件发生变化，进而延迟或阻止了并购。

三、白衣骑士

对目标公司来讲，不是所有的敌意并购都能够成功阻止。既然难以避免并购，有时目标公司会求助某一家对它比较友好的公司将其并购。这个出手相助的公司就称为白衣骑士。白衣骑士的收购报价会比敌意收购的报价高，而且往往还会保留目标公司高管的职位。当然，白衣骑士不可能损害自身利益而充当违背市场规则的所谓“骑士”。为了吸引友好公司与敌意收购者竞价并最终击退后者，处于被收购威胁中的目标公司通常会与这家友好公司达成一些协议。毫无疑问，这些协议都会尽可能地使白衣骑士从中获益。

四、黄金降落伞

目标公司的董事、高管在并购后有可能被解雇。他们不仅失去了职位，而且被辞退，这样的结局会使他们成为并购的坚决反对者。黄金降落伞是指一旦因为公司被并购而导致董事、高管人员被解雇，公司将提供丰厚的辞退补偿费。制定黄金降落伞制度的公司，可以使董事、高管没有后顾之忧，即便被辞退，也可以体面、安全地离开公司，因而执意阻止并购的意愿就不会特别强烈。当然，过高的辞退补偿金也可能带来不同的影响，如股东会感到损害了自身的利益；收购方会觉得巨额的辞退补偿金使得收购成本过高；某些董事、高管会为了个人利益而低价出卖公司。

本章小结

并购有吸收合并或新设合并、收购股票、收购资产三种形式。公司并购可以产生巨大的协同效应。因此，并购的动因可以来自规模经济、纵向整合、减少竞争、多元化、获取技术、提高效率等。并购的运作过程不仅包括公司的并购战略和战术，而且涉及许多法律、会计、税收等问题，往往比较复杂。并购过程中主要的内容包括：确定目标公司；对目标公司估值（估值基本方法有收益法、市场法和成本法）；并购的出价；并购的支付方式。并购涉及买卖双方，并非在所有情况下，目标公司的董事会都支持并购。为了对抗敌意收购，目标公司会采取许多防御策略，如毒丸计划、交叉董事会、白衣骑士、黄金降落伞等。

思考题

1. 你认为评价并购成功与否的时间节点是双方达成合并交易的时刻还是若干年后的总结。

2. 公司并购的动因除了本章总结的因素，你认为还有哪些？

3. 如果你是公司决策者，你认为并购是将公司做大、做强的主要途径吗？

4. 如果你是目标公司的决策者，你在面对收购方的时候会考虑哪些主要问题？

重点概念

1. 并购：兼并和收购的统称。兼并也称吸收合并，指一个公司吸收其他公司，被吸收的公司解散。新设合并形式则指两个以上公司合并设立一个新的公司，合并各方解散。吸收合并和新设合并统称为兼并。收购是指一个公司或一批投资者作为买方，即收购方，收购卖方，即目标公司。

2. 公司价值评估中的收益法：指将预期收益资本化或者折现，确定评估对象价值的评估方法。

3. 公司价值评估中的市场法：指将评估对象与可比上市公司或者可比交易案例进行比较，确定评估对象价值的评估方法。

4. 公司价值评估中的成本法（资产基础法）：指以被评估公司评估基准日的资产负债表为基础，合理评估公司表内及表外各项资产、负债价值，确定评估对象价值的评估方法。

5. 毒丸计划：指目标公司的现有股东在满足特定条件时，拥有按深度折价购买目标公司或收购方股票的权利。这样就会大大抬高收购成本，迫使收购方放弃并购。

附　表

附表 1　　**1 元的终值表（CF）**

$CF=(1+i)^n$

n	1%	2%	3%	4%	5%	6%
1	1.010	1.020	1.030	1.040	1.050	1.060
2	1.020	1.040	1.061	1.082	1.102	1.124
3	1.030	1.061	1.093	1.125	1.158	1.191
4	1.041	1.082	1.126	1.170	1.216	1.262
5	1.051	1.104	1.159	1.217	1.276	1.338
6	1.062	1.126	1.194	1.265	1.340	1.419
7	1.072	1.149	1.230	1.316	1.407	1.504
8	1.083	1.172	1.267	1.369	1.477	1.594
9	1.094	1.195	1.305	1.423	1.551	1.689
10	1.105	1.219	1.344	1.480	1.629	1.791
11	1.116	1.243	1.384	1.539	1.710	1.898
12	1.127	1.268	1.426	1.601	1.796	2.012
13	1.138	1.294	1.469	1.665	1.886	2.133
14	1.149	1.319	1.513	1.732	1.980	2.261
15	1.161	1.346	1.558	1.801	2.079	2.397
16	1.173	1.373	1.605	1.873	2.183	2.540
17	1.184	1.400	1.653	1.948	2.292	2.693
18	1.196	1.428	1.702	2.026	2.407	2.854
19	1.208	1.457	1.754	2.107	2.527	3.026
20	1.220	1.486	1.806	2.191	2.653	3.207
25	1.282	1.641	2.094	2.666	3.386	4.292
30	1.348	1.811	2.427	3.243	4.322	5.743

续前表

n	7%	8%	9%	10%	12%	14%
1	1.070	1.080	1.090	1.100	1.120	1.140
2	1.145	1.166	1.188	1.210	1.254	1.300
3	1.225	1.260	1.295	1.331	1.405	1.482
4	1.311	1.360	1.412	1.464	1.574	1.689
5	1.403	1.469	1.539	1.611	1.762	1.925
6	1.501	1.587	1.677	1.772	1.974	2.195
7	1.606	1.714	1.828	1.949	2.211	2.502
8	1.718	1.851	1.993	2.144	2.476	2.853
9	1.838	1.999	2.172	2.358	2.773	3.252
10	1.967	2.159	2.367	2.594	3.106	3.707
11	2.105	2.332	2.580	2.853	3.479	4.226
12	2.252	2.518	2.813	3.138	3.896	4.818
13	2.410	2.720	3.066	3.452	4.363	5.492
14	2.579	2.937	3.342	3.797	4.887	6.261
15	2.759	3.172	3.642	4.177	5.474	7.138
16	2.952	3.426	3.970	4.595	6.130	8.137
17	3.159	3.700	4.328	5.054	6.866	9.276
18	3.380	3.996	4.717	5.560	7.690	10.575
19	3.617	4.316	5.142	6.116	8.613	12.056
20	3.870	4.661	5.604	6.728	9.646	13.743
25	5.427	6.848	8.623	10.835	17.00	26.462
30	7.612	10.063	13.268	17.449	29.960	50.950

续前表

n	15%	16%	18%	20%	24%
1	1.150	1.160	1.180	1.200	1.240
2	1.323	1.346	1.392	1.440	1.538
3	1.521	1.561	1.643	1.728	1.907
4	1.749	1.811	1.939	2.074	2.364
5	2.011	2.100	2.288	2.488	2.932
6	2.313	2.436	2.700	2.986	3.635
7	2.660	2.826	3.185	3.583	4.508
8	3.059	3.278	3.759	4.300	5.590
9	3.518	3.803	4.435	5.160	6.931
10	4.046	4.411	5.234	6.192	8.594
11	4.652	5.117	6.176	7.430	10.657
12	5.350	5.936	7.288	8.916	13.215
13	6.153	6.886	8.599	10.699	16.386
14	7.076	7.988	10.147	12.839	20.319
15	8.137	9.266	11.974	15.407	25.196
16	9.358	10.748	14.129	18.488	31.243
17	10.761	12.468	16.672	22.186	38.741
18	12.375	14.463	19.673	26.623	48.039
19	14.232	16.777	23.214	31.948	59.568
20	16.367	19.461	27.393	38.338	73.864
25	32.919	40.874	62.669	95.396	216.542
30	66.212	85.850	143.371	237.376	634.820

续前表

n	28%	32%	36%	40%	50%
1	1.280	1.320	1.360	1.400	1.500
2	1.638	1.742	1.850	1.960	2.250
3	2.097	2.300	2.515	2.744	3.375
4	2.684	3.036	3.421	3.842	5.062
5	3.436	4.007	4.653	5.378	7.594
6	4.398	5.290	6.328	7.530	11.391
7	5.630	6.983	8.605	10.541	17.086
8	7.206	9.217	11.703	14.758	25.629
9	9.223	12.166	15.917	20.661	38.443
10	11.806	16.060	21.647	28.925	57.665
11	15.112	21.199	29.439	40.496	86.498
12	19.343	27.983	40.037	56.694	129.746
13	24.759	36.937	54.451	79.371	194.620
14	31.691	48.757	74.053	111.120	291.929
15	40.565	64.359	100.712	155.568	437.894
16	51.923	84.954	136.690	217.795	656.840
17	66.461	112.139	186.277	304.913	985.260
18	85.071	148.024	253.338	426.879	1 477.890
19	108.890	195.391	344.540	597.630	2 216.800
20	139.380	257.916	468.574	836.683	3 325.260
25	478.905	1 033.590	2 180.080	4 499.880	25 251.000
30	1 645.504	4 142.070	10 143.000	24 201.400	191 750.000

附表 2 **1 元的现值表（DF）**

$$DF=\frac{1}{(1+i)^n}$$

n	1%	2%	3%	4%	5%	6%	7%	8%	9%	10%	12%
1	0.990	0.980	0.971	0.962	0.952	0.943	0.935	0.926	0.917	0.909	0.893
2	0.980	0.961	0.943	0.925	0.907	0.890	0.872	0.857	0.842	0.826	0.797
3	0.971	0.942	0.915	0.889	0.864	0.840	0.816	0.794	0.772	0.751	0.712
4	0.961	0.924	0.889	0.855	0.823	0.792	0.763	0.735	0.708	0.683	0.636
5	0.951	0.906	0.863	0.822	0.784	0.747	0.713	0.681	0.650	0.621	0.567
6	0.942	0.888	0.838	0.790	0.746	0.705	0.666	0.630	0.596	0.565	0.507
7	0.933	0.871	0.813	0.760	0.711	0.665	0.623	0.584	0.547	0.513	0.452
8	0.924	0.854	0.789	0.731	0.677	0.627	0.582	0.540	0.502	0.467	0.404
9	0.914	0.837	0.766	0.703	0.645	0.592	0.544	0.500	0.460	0.424	0.361
10	0.905	0.820	0.744	0.676	0.614	0.558	0.508	0.463	0.422	0.386	0.322
11	0.896	0.804	0.722	0.650	0.585	0.527	0.475	0.429	0.388	0.351	0.288
12	0.887	0.789	0.701	0.625	0.557	0.497	0.444	0.397	0.356	0.319	0.257
13	0.879	0.773	0.681	0.601	0.530	0.469	0.415	0.368	0.326	0.290	0.229
14	0.870	0.758	0.661	0.578	0.505	0.442	0.388	0.341	0.299	0.263	0.205
15	0.861	0.743	0.642	0.555	0.481	0.417	0.362	0.315	0.275	0.239	0.183
16	0.853	0.728	0.623	0.534	0.458	0.394	0.339	0.292	0.252	0.218	0.163
17	0.844	0.714	0.605	0.513	0.436	0.371	0.317	0.270	0.231	0.198	0.146
18	0.836	0.700	0.587	0.494	0.416	0.350	0.296	0.250	0.212	0.180	0.130
19	0.828	0.686	0.570	0.475	0.396	0.331	0.277	0.232	0.195	0.164	0.116
20	0.820	0.673	0.554	0.456	0.377	0.312	0.258	0.215	0.178	0.149	0.104
25	0.780	0.610	0.478	0.375	0.295	0.233	0.184	0.146	0.116	0.092	0.059
30	0.742	0.552	0.412	0.308	0.231	0.174	0.131	0.099	0.075	0.057	0.033

续前表

n	14%	15%	16%	18%	20%	24%	28%	32%	36%	40%	50%
1	0.877	0.870	0.862	0.847	0.833	0.806	0.781	0.758	0.735	0.714	0.667
2	0.769	0.756	0.743	0.718	0.694	0.650	0.610	0.574	0.541	0.510	0.444
3	0.675	0.658	0.641	0.609	0.579	0.524	0.477	0.435	0.398	0.364	0.296
4	0.592	0.572	0.552	0.516	0.482	0.423	0.373	0.329	0.292	0.260	0.198
5	0.519	0.497	0.476	0.437	0.402	0.341	0.291	0.250	0.215	0.186	0.132
6	0.456	0.432	0.410	0.370	0.335	0.275	0.227	0.189	0.158	0.133	0.088
7	0.400	0.376	0.354	0.314	0.279	0.222	0.178	0.143	0.116	0.095	0.059
8	0.351	0.327	0.305	0.266	0.233	0.179	0.139	0.108	0.085	0.068	0.039
9	0.308	0.284	0.263	0.226	0.194	0.144	0.108	0.082	0.063	0.048	0.026
10	0.270	0.247	0.227	0.191	0.162	0.116	0.085	0.062	0.046	0.035	0.017
11	0.237	0.215	0.195	0.162	0.135	0.094	0.066	0.047	0.034	0.025	0.012
12	0.208	0.187	0.169	0.137	0.112	0.076	0.052	0.036	0.025	0.018	0.008
13	0.182	0.163	0.145	0.116	0.093	0.061	0.040	0.027	0.018	0.013	0.005
14	0.160	0.141	0.125	0.099	0.078	0.049	0.032	0.021	0.014	0.009	0.003
15	0.140	0.123	0.108	0.084	0.065	0.040	0.025	0.016	0.010	0.006	0.002
16	0.123	0.107	0.093	0.071	0.054	0.032	0.019	0.012	0.007	0.005	0.002
17	0.108	0.093	0.080	0.060	0.045	0.026	0.015	0.009	0.005	0.003	0.001
18	0.095	0.081	0.069	0.051	0.038	0.021	0.012	0.007	0.004	0.002	0.001
19	0.083	0.070	0.060	0.043	0.031	0.017	0.009	0.005	0.003	0.002	0.000
20	0.073	0.061	0.051	0.037	0.026	0.014	0.007	0.004	0.002	0.001	0.000
25	0.038	0.030	0.024	0.016	0.010	0.005	0.002	0.001	0.000	0.000	—
30	0.020	0.015	0.012	0.007	0.004	0.002	0.001	0.000	0.000	—	—

附表 3　　1 元的年金终值表（ACF）

$$ACF=\frac{(1+i)^n-1}{i}$$

n	1%	2%	3%	4%	5%	6%
1	1.000	1.000	1.000	1.000	1.000	1.000
2	2.010	2.020	2.030	2.040	2.050	2.060
3	3.030	3.060	3.091	3.122	3.152	3.184
4	4.060	4.122	4.184	4.246	4.310	4.375
5	5.101	5.204	5.809	5.416	5.526	5.637
6	6.152	6.308	6.468	6.633	6.802	6.975
7	7.214	7.434	7.662	7.898	8.142	8.394
8	8.286	8.583	8.892	9.214	9.549	9.897
9	9.369	9.755	10.159	10.583	11.027	11.491
10	10.462	10.950	11.464	12.006	12.578	13.181
11	11.567	12.169	12.808	13.486	14.207	14.972
12	12.683	13.412	14.192	15.026	15.917	16.870
13	13.809	14.680	15.618	16.627	17.713	18.882
14	14.947	15.974	17.086	18.292	19.599	21.051
15	16.097	17.293	18.599	20.024	21.579	23.276
16	17.258	18.639	20.157	21.825	23.675	25.673
17	18.430	20.012	21.762	23.698	25.840	28.213
18	19.615	21.412	23.414	25.645	28.132	30.906
19	20.811	22.841	25.117	27.671	30.539	33.760
20	22.019	24.297	26.870	29.778	33.066	36.786
25	28.243	32.030	36.459	41.646	47.727	54.865
30	34.785	40.568	47.575	56.085	66.439	79.058

续前表

n	7%	8%	9%	10%	12%	14%
1	1.000	1.000	1.000	1.000	1.000	1.000
2	2.070	2.080	2.090	2.100	2.120	2.140
3	3.215	3.246	3.278	3.310	3.374	3.440
4	4.440	4.506	4.573	4.641	4.779	4.921
5	5.751	5.867	5.985	6.105	6.353	6.610
6	7.153	7.336	7.523	7.716	8.115	8.536
7	8.654	8.923	9.200	9.487	10.089	10.730
8	10.260	10.637	11.028	11.436	12.300	13.233
9	11.978	12.488	13.021	13.579	14.776	16.085
10	13.816	14.487	15.193	15.937	17.549	19.337
11	15.784	16.645	17.560	18.531	20.655	23.044
12	17.888	18.977	20.141	21.384	24.133	27.271
13	20.141	21.495	22.953	24.523	28.029	32.089
14	22.550	24.215	26.019	27.975	32.393	37.581
15	25.129	27.152	29.361	31.772	37.280	43.842
16	27.888	30.324	33.003	35.950	42.753	50.980
17	30.840	33.750	36.974	40.545	48.884	59.118
18	33.999	37.450	41.301	45.599	55.750	68.394
19	37.379	41.446	46.018	51.159	63.440	78.969
20	40.995	45.762	51.160	57.275	72.052	91.025
25	63.249	73.106	84.701	98.347	133.334	181.871
30	94.461	113.283	136.308	164.494	241.333	356.787

续前表

n	16%	18%	20%	24%	28%	32%
1	1.000	1.000	1.000	1.000	1.000	1.000
2	2.160	2.180	2.200	2.240	2.280	2.320
3	3.506	3.572	3.640	3.778	3.918	4.062
4	5.066	5.215	5.368	5.634	6.016	6.362
5	6.877	7.154	7.442	8.048	8.700	9.398
6	8.977	9.442	9.930	10.980	12.136	13.406
7	11.414	12.142	12.916	14.615	16.534	18.696
8	14.240	15.327	16.499	19.123	22.163	25.678
9	17.518	19.086	20.799	24.712	29.369	34.895
10	21.321	23.521	25.959	31.643	38.592	47.062
11	25.733	28.755	32.150	40.238	50.399	63.122
12	30.850	34.931	39.580	50.895	65.510	84.320
13	36.786	42.219	48.497	64.110	84.853	112.300
14	43.672	50.818	59.196	80.496	109.610	149.240
15	51.660	60.965	72.035	100.815	141.310	197.990
16	60.925	72.939	87.442	126.011	181.870	262.360
17	71.673	87.068	105.931	157.253	233.790	347.310
18	84.141	103.740	128.117	195.994	300.250	459.450
19	98.603	123.414	154.740	244.033	385.320	607.470
20	115.380	146.628	186.688	303.601	494.210	802.860
25	249.214	342.603	471.981	898.092	1 706.800	3 226.800
30	530.312	790.948	1 181.882	2 640.916	5 873.200	12 941.000

续前表

n	36%	40%	50%
1	1.000	1.000	1.000
2	2.360	2.400	2.500
3	4.210	4.360	4.750
4	6.725	7.104	8.125
5	10.146	1.946	13.187
6	14.799	16.324	20.781
7	21.126	23.853	32.172
8	29.732	34.395	49.258
9	41.435	49.153	74.887
10	57.352	69.814	113.330
11	78.998	98.739	170.990
12	108.440	139.240	257.490
13	148.480	195.930	387.240
14	202.930	275.300	581.860
15	276.980	386.420	873.780
16	377.690	541.990	1 311.700
17	514.660	759.780	1 968.500
18	700.940	1 064.700	2 953.800
19	954.280	1 491.600	4 431.700
20	1 298.800	2 089.200	6 648.500
25	6 053.000	11 247.200	50 500.300
30	28 172.200	60 501.100	583 500.000

附表 4 **1 元的年金现值表（ADF）**

$$ADF=\frac{1}{i}\left(1-\frac{1}{(1+i)^{n}}\right)$$

n	1%	2%	3%	4%	5%	6%	7%
1	0.990	0.980	0.971	0.962	0.952	0.943	0.935
2	1.970	1.942	1.914	1.886	1.859	1.833	1.808
3	2.941	2.884	2.829	2.775	2.723	2.673	2.624
4	3.902	3.808	3.717	3.630	3.546	3.465	3.387
5	4.853	4.713	4.580	4.452	4.330	4.212	4.100
6	5.796	5.601	5.417	5.242	5.076	4.917	4.766
7	6.728	6.472	6.230	6.002	5.786	5.582	5.389
8	7.652	7.326	7.020	6.733	6.463	6.210	5.971
9	8.566	8.162	7.786	7.435	7.108	6.802	6.515
10	9.471	8.983	8.530	8.111	7.722	7.360	7.024
11	10.368	9.787	9.253	8.761	8.306	7.887	7.499
12	11.255	10.575	9.954	9.385	8.863	8.384	7.943
13	12.134	11.348	10.635	9.986	9.394	8.853	8.358
14	13.004	12.106	11.296	10.563	9.899	9.295	8.746
15	12.865	12.849	11.938	11.118	10.380	9.712	9.108
16	14.718	13.578	12.561	11.652	10.838	10.106	9.447
17	15.562	14.292	13.166	12.166	11.274	10.477	9.763
18	16.398	14.992	13.754	12.659	11.690	10.828	10.059
19	17.226	15.679	14.324	13.134	12.085	11.158	10.336
20	18.047	16.351	14.878	13.590	12.462	11.470	10.594
25	22.023	19.524	17.413	15.622	14.094	12.783	11.654
30	25.808	22.397	19.600	17.792	15.373	13.765	12.409

续前表

n	8%	9%	10%	12%	14%	16%	18%
1	0.926	0.917	0.909	0.893	0.877	0.862	0.847
2	1.783	1.759	1.736	1.690	1.647	1.605	1.566
3	2.577	2.531	2.487	2.402	2.322	2.246	2.174
4	3.312	3.240	3.170	3.037	2.914	2.798	2.690
5	3.993	3.890	3.791	3.605	3.433	3.274	3.127
6	4.623	4.486	4.355	4.111	3.889	3.685	3.498
7	5.206	5.033	4.868	4.564	4.288	4.039	3.812
8	5.747	5.535	5.335	4.968	4.639	4.344	4.078
9	6.247	5.995	5.759	5.328	4.946	4.607	4.303
10	6.710	6.418	6.145	5.650	5.216	4.833	4.494
11	7.139	6.805	6.495	5.938	5.453	5.029	4.656
12	7.536	7.161	6.814	6.194	5.660	5.197	4.793
13	7.904	7.487	7.103	6.424	5.842	5.342	4.910
14	8.244	7.786	7.367	6.628	6.002	5.468	5.008
15	8.559	8.060	7.606	6.811	6.142	5.576	5.092
16	8.851	8.313	7.824	6.974	6.625	5.669	5.162
17	9.122	8.544	8.022	7.120	6.373	5.749	5.222
18	9.372	8.756	8.201	7.250	6.467	5.818	5.273
19	9.604	8.950	8.365	7.366	6.550	5.878	5.316
20	9.818	9.129	8.514	7.469	6.623	5.929	5.353
25	10.675	9.823	9.077	7.843	6.873	6.097	5.467
30	11.258	10.274	9.427	8.055	7.003	6.177	5.517

续前表

n	20%	24%	28%	32%	36%	40%	50%
1	0.833	0.806	0.781	0.758	0.735	0.714	0.667
2	1.528	1.457	1.392	1.332	1.276	1.224	1.111
3	2.106	1.981	1.868	1.766	1.674	1.589	1.407
4	2.589	2.404	2.241	2.096	1.966	1.849	1.605
5	2.991	2.745	2.532	2.345	2.181	2.035	1.737
6	3.326	3.020	2.759	2.534	2.339	2.168	1.824
7	3.605	3.242	2.937	2.678	2.455	2.263	1.883
8	3.837	3.421	3.076	2.786	2.540	2.331	1.992
9	4.031	3.566	3.184	2.868	2.603	2.379	1.948
10	4.193	3.682	3.269	2.930	2.650	2.414	1.965
11	4.327	3.776	3.335	2.978	2.683	2.438	1.977
12	4.439	3.851	3.387	3.013	2.708	2.456	1.985
13	4.533	3.912	3.427	3.040	2.727	2.469	1.990
14	4.611	3.962	3.459	3.061	2.740	2.478	1.993
15	4.675	4.001	3.483	3.076	2.750	2.484	1.995
16	4.730	4.033	3.503	3.088	2.758	2.489	1.997
17	4.775	4.059	3.518	3.097	2.763	2.492	1.998
18	4.812	4.080	3.529	3.104	2.767	2.494	1.999
19	4.844	4.097	3.539	3.109	2.770	2.496	1.999
20	4.870	4.110	3.546	3.113	2.772	2.497	1.999
25	4.948	4.147	3.564	3.122	2.776	2.499	2.000
30	4.979	4.160	3.569	3.124	2.778	2.500	2.000

参考文献

1. 陈兴滨编著. 管理会计学. 北京：中国人民大学出版社，2012

2. 陈兴滨主编. 会计学基础. 北京：高等教育出版社，2009

3. Stephen A. Ross，Randolph W. Westerfield，Jeffrey F. Jaffe. 财务管理. 北京：机械工业出版社，2000

4. 斯蒂芬·罗斯，伦道夫·韦斯特菲尔德，布拉德福德·乔丹. 财务管理精要. 北京：人民邮电出版社，2003

5. 乔纳森·伯克，彼得·德马佐. 财务管理. 北京：中国人民大学出版社，2009

6. 何志勇，郑长德，张绍学编著. 财务管理. 成都：西南财经大学出版社，1998

7. 柯大钢，王平心，郭丽红编著. 财务管理. 西安：西安交通大学出版社，1999

8. 焦清平，陈先伍，曾光明编著. 财务管理学. 北京：中国审计出版社，1999

9. 罗锐韧，曾繁正主编. 财务管理. 北京：红旗出版社，1997

10. 刘星，李嘉明，刘渝琳编著. 企业理财学. 重庆：重庆大学出版社，1998

图书在版编目（CIP）数据

财务管理/陈兴滨编著. —5版. —北京：中国人民大学出版社，2016.7
“十三五”普通高等教育应用型规划教材. 会计与财务系列
ISBN 978-7-300-22965-2

Ⅰ.①财… Ⅱ.①陈… Ⅲ.①财务管理-高等学校-教材 Ⅳ.①F275

中国版本图书馆CIP数据核字（2016）第126945号

“十三五”普通高等教育应用型规划教材·会计与财务系列
财务管理（第五版）
陈兴滨　编著
Caiwu Guanli

出版发行	中国人民大学出版社		
社　址	北京中关村大街31号	邮政编码	100080
电　话	010－62511242（总编室）		010－62511770（质管部）
	010－82501766（邮购部）		010－62514148（门市部）
	010－62515195（发行公司）		010－62515275（盗版举报）
网　址	http://www.crup.com.cn http://www.ttrnet.com(人大教研网)		
经　销	新华书店		
印　刷	北京七色印务有限公司	版　次	2000年8月第1版 2016年7月第5版
规　格	185 mm×260 mm　16开本		
印　张	14.75 插页1	印　次	2020年4月第3次印刷
字　数	300 000	定　价	32.00元

教师教学服务说明

中国人民大学出版社工商管理分社以出版经典、高品质的工商管理、财务会计、统计、市场营销、人力资源管理、运营管理、物流管理、旅游管理等领域的各层次教材为宗旨。

为了更好地为一线教师服务，近年来工商管理分社着力建设了一批数字化、立体化的网络教学资源。教师可以通过以下方式获得免费下载教学资源的权限：

在“人大经管图书在线”（www.rdjg.com.cn）注册，下载“教师服务登记表”，或直接填写下面的“教师服务登记表”，加盖院系公章，然后邮寄或传真给我们。我们收到表格后将在一个工作日内为您开通相关资源的下载权限。

如您需要帮助，请随时与我们联络：

中国人民大学出版社工商管理分社

联系电话：010－62515735，62515749，62515987

传　　真：010－62515732，62514775　　　　电子邮箱：rdcbsjg@crup.com.cn

通讯地址：北京市海淀区中关村大街甲59号文化大厦1501室（100872）

教师服务登记表

姓名		□先生　□女士	职　　称		
座机/手机			电子邮箱		
通讯地址			邮　　编		
任教学校			所在院系		
所授课程	课程名称	现用教材名称	出版社	对象（本科生/研究生/MBA/其他）	学生人数
需要哪本教材的配套资源					
人大经管图书在线用户名					

院/系领导（签字）：

院/系办公室盖章